教研相长七书

近代山西社会研究

JIAO YAN XIANG ZHANG QI SHU

——走向田野与社会（第2版）

行龙◎主编

中国社会科学出版社

图书在版编目（CIP）数据

近代山西社会研究：走向田野与社会／行龙主编. —2 版.
—北京：中国社会科学出版社，2018.3
ISBN 978 – 7 – 5203 – 2279 – 9

Ⅰ. ①近…　Ⅱ. ①行…　Ⅲ. ①社会史—研究—山西—近代
Ⅳ. ①K292. 5

中国版本图书馆 CIP 数据核字（2018）第 058970 号

出 版 人	赵剑英
责任编辑	安　芳
责任校对	张爱华
责任印制	李寡寡

出　　版	中国社会科学出版社
社　　址	北京鼓楼西大街甲 158 号
邮　　编	100720
网　　址	http://www.csspw.cn
发 行 部	010 – 84083685
门 市 部	010 – 84029450
经　　销	新华书店及其他书店

印　　刷	北京君升印刷有限公司
装　　订	廊坊市广阳区广增装订厂
版　　次	2018 年 3 月第 1 版
印　　次	2018 年 3 月第 1 次印刷

开　　本	710×1000　1/16
印　　张	13.25
插　　页	2
字　　数	210 千字
定　　价	56.00 元

"教研相长七书"总序

"教学相长",可谓耳熟能详。《礼记·学记》谓:"是故学然后知不足,教然后知困。知不足然后能自反也,知困然后能自强也。故曰:教学相长也。"这里所说的"教研相长",则是强调教学和研究的互相促进,互相提高。教学和研究,两者融为一体,相得益彰,那是一个大学教师应该感到很欣慰的事情。

山西大学中国社会史研究中心成立 20 多年来,秉持教研相长的优良传统,一直强调在做好科学研究的同时,做好本科和研究生的教学工作。既要把自己的研究成果融入教学实践中,又要把教学实践中的问题引入自己的科学研究中,由"知不足""知困",到"自反""自强",确实朝着"教研相长"的方向不断努力。

2008 年 5 月,在山西大学举行的建校 106 周年纪念活动中,我在大会上有一个发言,题目叫作"走向田野与社会的史学",初步总结了社会史研究中心成立以来立足前沿、学科融合、关注现实、培养人才、教研相长五个方面所谓的"经验之谈"。其中的"教研相长"如此谈道:

> 教师的天职是教书育人,传道、授业、解惑即为师之本。目前,高校普遍存在的一个令人担忧的现象是重科研而轻教学,它与不合理的各种考核和晋升条件有直接的关联,也与社会风气的影响直接相关。我记得,1985 年留校任教后,乔志强先生曾和我有过一次认真的谈话,主题就是讲教学是教师的第一要务,站不稳三尺讲台,就没有立身之本,青年教师要把过好教学关当作工作后的第一关去认真对待,不得丝毫马虎。三十年来,我一直把老师的忠告铭记心间,即使在最近这些年繁重的行政工作压力下,我也尽量给本科生

上课，争取上好每一节课。对自己的学生我也如此要求，尽管可能会累一点，但我们作为一个教师，心里实在有一种良心上的满足感。目前，由我带头的《区域社会史研究导论》课程已成为国家优秀精品课程，团队也获得国家优秀教学团队的荣誉。我们还以精品课程为核心，开展了"校园历史文化节""鉴知精品课程青年教师培训班"两项活动，有关的教材也在积极的编写过程中。事实证明，通过高质量的教学活动，大大促进了科学研究的广度和深度。教研相长绝非空词。

"教研相长"是山西大学中国社会史研究中心成立以来的一个好传统。乔志强先生在世时，不仅开拓性地率先开展社会史的研究，而且带领众弟子编写《中国近代社会史》一书，以此获得了教育部优秀教学成果奖，成为至今许多高校本科生、研究生的必读书和教材。乔先生仙逝后，我们又继承和发扬这一传统，虽然将研究的重心由整体社会史转向区域社会史，但教研相长却一以贯之，努力以赴。围绕10多年前为本科生开设的《区域社会史研究导论》课程，我们组建了"区域社会史"教学团队，获得了国家精品课程、视频公开课、优秀教学团队等荣誉，山西大学历史学科以此成为国家级特色学科，并建立了国家级的校外大学生实践教学基地。2014年，山西大学中国社会史研究中心被人力资源和社会保障部、教育部共同授予"全国教育系统先进单位"的荣誉称号。

毋庸讳言，目前中国高等教育仍然面临着许多挑战和问题，其中重科研轻教学的现象表现比较突出，许多高校的研究机构人员很少甚或没有为本科生上课的教学任务，导致科研与教学的严重脱节。重知识传授轻能力培养，重课堂学习轻研究训练，已经成为普遍诟病的问题。山西大学中国社会史研究中心不足10人，我们既作为研究团队，又作为教学团队，一肩双任，虽苦犹乐，这是因为我们首先是一个大学的老师。在科研和教学的长期实践过程中，我们确实有一份责任感，又有一份快乐感。

"教研相长七书"的一个小小意愿，就是把我们长期以来围绕中国社会史、区域社会史的教学实践公之于世，接受大学生、研究生和社会各界的意见和批评，以便继续深化这方面的工作。

以下就"教研相长七书"分别作以简要的介绍：

一、乔志强主编《中国近代社会史》（人民出版社1992年版）。该书为乔志强先生"和青年教师的集体尝试"，该书分社会构成、社会生活、社会功能三编建构中国近代社会史的知识体系，内容包括人口、家庭、宗族；社区与民族；社层变动；物质生活；精神生活；人际关系；教养功能；控制功能等。有学者称为"乔氏体系，三大板块"。正文之前有乔志强先生撰写的长达35页的"导论"，讨论社会史研究的对象、社会史的知识结构、研究社会史的意义、怎样研究社会史四个问题。这是国内第一本系统的社会史研究著作，有评论认为此书为社会史研究"从理论探讨到实际操作迈出的第一步"，"具有某种划时代的意义"。该书又有台北南天书局1998年6月中文繁体本，已经成为许多大学本科生、研究生的必读教材。

二、行龙主编《区域社会史研究导论》。2004年开始，由我牵头在山西大学历史系开设《区域社会史研究导论》课程，期间，或历史专业选修课，或全校公开课，连续十余年未曾间断。该课程以"集体授课"的形式进行，中国社会史研究中心的8位教师共同担当本课程的授课任务。2007年，该课程被评为国家级精品课程，次年区域社会史教学团队被评为国家级优秀教学团队；2013年，该课程作为教育部精品视频公开课向社会开放。授课的同时，我们就在进行着相关教材的编写，结合授课实际和学生的反映，大家一起讨论，反复修订，课程讲授—田野考察—修订教材，不断地循环往复，终于完成了这本经过10余年努力而成的教材。该书共七章一个绪论，讲授区域社会史研究的趋向、学科定位、区域特性、小地方与大历史、区域社会史研究的理论、方法、资料等内容，意在提供给学生一个怎样研究区域社会史的入门教材。

三、行龙主编《近代山西社会研究——走向田野与社会》（中国社会科学出版社2002年版）。本书为"山西大学百年校庆学术丛书"之一种，"是我和近几届硕士研究生共同完成的"。"本书除前面两篇有关社会史及区域社会史的理论问题（行龙：《中国社会史研究中的几个问题》；乔志强、行龙：《近代华北农村社会变迁论——兼论地域社会史研究的理论与方法》）外，对近代以来山西人口、水资源及水案、灾荒、集市、民教冲突、祁太秧歌等分专题进行了研究。应当说这些问题都是之前很少涉猎或没有研究过的问题，我们试图从社会史的角度对此进行探讨。"时间过得真快，一晃该书已面世14个年头，昔日的硕士生已成长为大学的教授，我感到很是欣慰。又，正是本书当年的责任编辑郭沂纹先生的肯定和支持，才催生了"教研相长七书"，对此要对她道一声感谢！

四、行龙主编《集体化时代的山西农村社会研究》。此书可以看作前书的姊妹篇，也是社会史研究中心硕士生毕业论文修改而成。集体化时代的农村社会研究，是近年来中心的一个主要研究方向，多篇硕士、博士论文围绕此方向展开。该书所涉内容包括两大类：一类为集体化时代的某个村庄问题的研究，典型农村如西沟、张庄，一般农村如赤桥、剪子湾、道备等；另一类为专题研究，如新区土改、医疗卫生、水土保持、农田水利、文化生活等。需要说明的是，正如前书的副标题一样，各篇论文的形成，都实践和体现了"走向田野与社会"的理念。论文"或以资料翔实见长，或以立题新颖取胜，各位都注意到充分利用田野调查和地方文献，下过一番苦功夫"。现经中心诸位教师讨论，从数十篇中选取十篇结集出版，接受读者的指正与批评。

五、行龙主编、郭永平副主编《在田野中发现历史——学生田野调查报告（永济篇）》。走向田野与社会，是我们多年来从事社会史和区域社会史教研工作中的追求与实践。"这里的田野包含两层意思：一是相对于校园和图书馆的田地与原野，也就是基层社会和农村；二是人类学意义上的田野工作，也就是参与观察实地考察的方法；这里的社会也有两层含义：一是现实的社会，我们必须关注现实社会，懂得从现在推延到过去或者由过去推延到现在；二是社会史意义上的社会，这是一个整体的社会，一个'自下而上'的社会。"① 田野工作是中心和历史学专业每一届学生的必修课，多年来，我们一直坚持这一做法，学生收获良多。

位于山西省南部的永济，是我们与永济市人民政府共同建立的国家大学生校外实践教学基地，近年来，山西大学社会史研究中心的教师结合《区域社会史研究导论》课程讲授，带领学生在永济进行了多次田野考察，该书收录的学生作品含学术论文、调查报告、田野日记三部分。

---

① 行龙：《走向田野与社会》（修订版），生活·读书·新知三联书店2015年版，第19页。

虽显稚嫩，但对我们而言却十分重要，因为这是多年来学生田野工作的一次集中展现。

六、行龙著《山西区域社会史十五讲》。该书从我近年来发表的数十篇有关山西区域社会史的论文中辑出。书分六部分内容，涉及山西区域社会史研究的主要脉络，新的研究领域、田野考察、资料发掘、人物研究及山西大学校史的相关问题。这些论文都是在教学过程中"初次亮相"，进而吸收各方意见成稿，也可以说是本人"教研相长"的成果。

七、胡英泽、张俊峰主编《区域社会史研究读本》。这个"读本"，或可叫做"选本"，也就是一个教学参考书。记得我们读大学的时候，有一门课程是"历史要籍介绍及选读"，很受学生欢迎。区域社会史是一个新兴的研究领域，30年来却有那么多的成果出现，既要选的精当，又要使学生爱读，既要有理论方法的引导意义，又要兼顾具体的实践操作，实在也是一件很难的事情。又，这个读本只收录了部分中国学者的作品，限于篇幅未能收录海外学者的作品（有机会可再编一本《海外读本》），意在使读者减少隔膜感而增进亲近感，这样的初衷或许更符合读者的口味。"学识有限，难免挂一漏万，留遗珠之憾"，并非一句客套话。

"教研相长七书"编订之际，既有一分欣慰，又有一分忐忑。我们在长期从事历史研究的过程中，认真地从事了相关的教学工作，从大家的谈论中，从学生的反映中，我们能够感受到做教师的快乐。另外，"教研相长"又是一个需要长期坚持和努力的过程，在目前这样的环境中也是需要比别人付出更多心血的过程。过程之漫长并不可怕，好在这个过程是快乐的。

时值2016年教师节即将来临，新的学期也将开始，愿以"教研相长七书"以为纪念，期望读者诸位多加指教。

"教研相长七书"整理、编排过程中，马维强同志付出了辛勤的劳动，特以致谢。

行 龙

2016年8月29日

于山西大学中国社会史研究中心

目　　录

缘　起

　　在迎接山西大学百年华诞的日子里，我们决定奉献给读者这本有关山西区域社会史的著作。

　　山西大学创建于风雨如晦的 20 世纪初，历史系从中斋文学院独立出来，则在炮火连天的 1936 年。自此以后，历史系一直是本校师资雄厚且颇具特色的院系，前辈学者以其丰硕的教学科研成果为本系赢得了应有的声誉。不应忘记的是，本系老一代学人如梁园东、阎宗临等就对生于斯、长于斯的山西地方历史给予极大关注，20 世纪 70 年代末我曾有幸聆听郝树侯先生的"山西历史文献"、罗元贞先生的"武则天研究"等课程，《山西地方史研究》《太原史话》《元好问》等由本系教师撰写的著作都是我们大学时代的必读书目。

　　1982 年，我有幸考取乔志强先生的硕士研究生，中国近代社会史便成为我迄今为止的主要研究方向。乔志强先生祖籍交城，谙熟山西历史地理，20 世纪 50 年代即有《曹顺起义史料汇编》问世。20 世纪 70 年代末又有《山西制铁史》《义和团山西地区史料》等论著出版。他总是教导我们历史研究要以史实为基础，提倡以小见大，不发空洞的议论，而地域的研究正是学习和掌握历史研究理论与方法的好途径。拙作硕士论文《近代山西人口问题》即是在先生精心指导下完成的，也是我逐步熟悉山西历史文献的开端。1992 年，《中国近代社会史》交稿后，先生又力倡从区域社会史角度开展对华北农村社会变迁的研究，1998 年由先生做主编，众弟子参加撰写的《近代华北农村社会变迁》又由人民出版社出版，初步建立了从社会史到区域社会史的理论体系。

　　1995 年仲秋，蒙戴逸先生厚爱，我有幸入中国人民大学清史研究所攻读博士学位，在撰写博士论文的过程中，我就进一步开展区域社会史的想法求教戴逸、李文海、乔志强等先生，是他们热情的鼓励和肯定，才促使我坚定了决心。近几年来，我除了致力于历史时期山西人口、资源与环境的研究外，在我指导的硕士研究生中，山西社会史也成为一个主要的研究方向。我的基本想法是，区域的即是世界的，史学工作者对自身乡土历史的研究具有田野调查，搜集文献，亲身体验等得天独厚的条件，只要锲而不舍，必定会有收获。本书即是我和近几届硕士研究生共同完成的。其中《近代华北农村社会变迁》由乔志强先生生前和我共同撰写，《山西近代人口问题》增加了文末的附录部分，《明清以来洪洞水案与乡村社会》以下分别由张俊峰、郝平、张万寿、赵英霞、毕苑撰写。韩晓莉同志为本书打印、校对付出了辛勤的劳动，特此致谢。

本书除前面两篇有关社会史及区域社会史的理论问题外，对近代以来山西人口、水资源及水案、灾荒、集市、民教冲突、祁太秧歌等分专题进行了研究。应当说这些问题都是之前很少涉猎或没有研究过的问题，我们试图从社会史的角度对此进行探讨，尤其是几位年轻学者的文章，或以资料翔实见长，或以立题新颖取胜，各位都注意到充分利用田野调查和地方文献，下过一番苦功夫，这也是我颇感欣慰的。当然，本书肯定也存在一些不足之处，敬希读者给予批评。

本书出版之际，恰值业师乔志强先生逝世三周年，愿以此书敬献先生在天之灵。

行　龙

中国社会史研究中的几个问题

20 世纪 80 年代以来，顺应中国社会主义现代化建设的潮流，伴随着国内外学术交流和发展的步伐，中国社会史研究在传统史学领域中异军突起，成就斐然。然而，迄今为止，社会史研究中的一些基本理论问题仍未得到很好的解决，这在一定程度上影响到中国社会史研究在 21 世纪的走向及其进一步的健康发展。笔者不揣浅陋，现议及三题，愿就教于方家。

一 "专史说"与"范式说"

20 世纪 80 年代中期中国社会史复兴伊始，有关其学术定位的问题就一直处在热烈的讨论过程中。大体而言，社会史复兴的前十年间，多数学者将其定位于同政治史、经济史、文化史等平行的专门史。最近几年来，又有一些学者从历史研究的"范式"意义出发，认为社会史并不是历史学中的专门史或分支，而是一种审视历史的新视角、新态度和新方法。此所谓"专史说"和"范式说"。

社会史研究领域出现"专史说"和"范式说"，其实是符合逻辑的顺理成章之事，从社会史产生和发展的学术背景来看，西方和中国社会史的研究在某种程度上有着共同的经历。

西方社会史是在批判 19 世纪占主导地位的兰克为代表的实证史学基础上产生的，兰克史学注重叙述事件而缺少推理分析；注重抄录史实而不作概括归纳；注重研究个人而忽视集团；注重上层人物而忽视下层民众，是一种"事件的历史"和"叙述的历史"。19 世纪末 20 世纪初，群众解放运动及全球性世界的形成，极大地改变了西方社会传统的生活方式和传统文化,这一变化同样在思想界及史学界引起激烈争论。在批判兰克史学的基础上,一些史学家身体力行,以自己的史学实践反对政治史而从事社会史。其实,早在 18 世纪,被称为社会史鼻祖的伏尔泰的《路易十四时代》,就不失为一部生动反映该时代法国社会生活图景的不朽史书。德国史家希棱《论古代各国的政治、交通和商业》一书,充分强调人类物质生活如实物、衣服、居住条件等对历史发展的决定性作用,提出了以描述社会生活为主要目标的社会史图式。1929 年,法国年鉴派创始人费弗尔和布洛克联合创办《经济社会史年鉴》,刊物的名称就显示出他们一反传统史学只注重政治、军事、外交史的倾向,而以经济史、社会史为重的雄心。费弗尔早在其 1922 年出版的《土地与人类演进:历史地理学引论》中就提出,史学家不能仅限于探究地理因素对于某桩政治、军事事件的影响,"他们感兴趣的是诸民族生活的各方面,包括物质和精神文化、科学、艺术、信仰、工业、商业、社会阶层和团体的总体发展"。在英国,屈威廉更明确地表述"撇开政治的人民史就是社会史"。可以说,西方社会史是作为反对以政治史为主的传统史学而面世的,一些史家也是把社会史作为一门专史来界定的,社会生活诸领域是早期西方社会史研究的重要方面。

值得重视的是,西方社会史学界,尤其是年鉴学派在从事社会史研究的过程中,非常强调其新视角和方法论的意义。《年鉴》创刊伊始的 8 人编委会中,除了 4 位历史学家外,还有地理学家、社会学家、经济学家、政治学家各 1 人。其办刊方针首先是要打破史学研究的专业局限和学科局限。年鉴学派创始人正是考虑到"社会"一词的模糊性和包容性而为刊物命名:"我们完全知道,在目前,'社会'作为一个形容词,由于含义过多而最终会变得毫无意义……确切地说,正因为该词含义'模糊'。我们才同意让这一根据历史的旨意而创造出来的词来命名一本不想受任何框框约束的杂志。"在年鉴学派的史学实践中,新史料、新手段和新技术、结构分析法、跨学科研究法、全面审视法等都得到了充分的利用与展示。巴勒克拉夫对年鉴派史学作过这样的评述:"它的目标不是为了推行某种新教条或新哲学,而是要求一种新态度和新方法。它不是把历史学家限制在某种严格的理论框框中,而是开拓新的视野。"

中国社会史的产生与复兴与西方几乎有着大致相同的学术背景。20

世纪之交，以梁启超为代表的新史学，就曾猛烈批判旧史学"知有朝廷而不知有国家"，"知有个人而不知有群体"，"知有陈述而不知有今务"，"知有事实而不知有理想"的种种弊端。20世纪80年代，社会史研究在中国的复兴明显受到社会实践和思想解放的冲击。一方面，十一届三中全会之后，党的工作重心转移到以经济建设为主的轨道上来，具有中国特色的社会主义现代化建设自上而下地全面展开，这一历史的转折在社会生活领域引起了明显的变化，全面地正确地理解中国历史和国情，成为现代化建设过程中必须正视的问题。另一方面，随着思想解放和改革开放的进程，西方的史学理论，包括社会史的理论与方法开始引入我国，史学界越来越感觉到，一个时期以来，以政治史尤其是以阶级斗争为主导的史学研究，并不能反映历史的全部与真实，补充既往史学研究模式而丧失的历史内容成为多数社会史研究者的共识，由此社会史研究在中国得以复兴。应该说，20世纪80年代社会史研究在中国复兴后，多数学者将其视为历史学中的专门史，社会结构、社会生活、社会问题、社会关系、社会控制等是其研究的主要内容。但是，学者们并没有完全忽视社会史学的方法论意义，他们一面在呼吁更新研究者的知识结构，一面在提倡和运用诸如计量法、学科渗透法、比较法和新史料等新的方法和手段，至于其实践的效果如何是另一个问题。

总之，中西社会史的产生和发展有着大致相同的学术背景。"专史说"与"范式说"并不互相矛盾，更没有高下之分。从社会史初期的研究对象来说，中西之间某种程度上也有大体相同的范畴，霍布斯鲍姆列举的英国五六十年代"令人感兴趣的社会史研究"课题，就包括人口与家族血缘关系、城市、阶级和社会团体、"心智"、集体意识或"文化"、社会变迁、社会运动或社会反抗现象。从具有具体研究对象和内容的学科意义上来讲，社会史可以说是一种专门史。另一方面，从史学研究的方法和视角来讲，社会史以其鲜明的总体史追求、自下而上的视角与跨学科的研究方法，为陈旧的史学研究带来翻天覆地的变化，它又是一种新的"范式"，两者都是社会史蕴含的本质内容。

"一门学科并不完全通过它的对象来被定义，它所具有的限制也完全可以以其方法的特殊性质来被确定。"年鉴派大师布洛克此语应当对我们的讨论有所启迪。

二 "总体史"与"碎化"

西方社会史从它的诞生之日起，就高举"总体史"的旗帜向传统史学发起了冲击。在年鉴派创始人那里，总体史应该包括人类的全部活动，是"属于人类，取决于人类，服务于人类的一切，是表达人类，说明人类的存在、活动、爱好和方式的一切"。布洛克宣称，"历史不容画地为牢"，"唯有总体的历史，才是真历史"。第二代年鉴派的代表人物布罗代尔，以其著名的"长时段"理论进一步丰富和深化了总体史的思想，他不仅坚持从整个人类社会的宏观范围说明总体史，而且将地理环境、气候等一切与人类社会相关的领域都视作为总体史关注的领域。布罗代尔的名著《15至18世纪的物质文明、经济和资本主义》《菲利普二世时代的地中海与地中海世界》就是总体史研究的集大成之作。然而，企图包容一切的总体史设想本身就有其不可克服的内在矛盾，这是因为人类社会无所不有，布氏所谓的"集合的集合"更是无穷无尽。布罗代尔的高明之处就在于他一面在不懈地追求总体史的目标，一面又敏锐地意识到"无所不包，但永远不能囊括一切"，"理想的办法是先就一个问题进行全面叙述，并且一气呵成，但这是不可能实现的理想"。

年鉴派史学对总体史目标的设立，极大地拓宽了史学研究的领域。布罗代尔的《菲利普二世时代的地中海与地中海世界》就包括了山脉、平原、海岸、岛屿、气候、城市、交通、人口、劳动力、物价、商业、财政、运输、海盗、宗教、文化、战争等各个方面。20世纪60年代末至70年代初，随着年鉴学派第二代向第三代的过渡，年鉴派史学也进入"新史学"阶段，新一代的年鉴派代表人物不仅表现出强烈的革新精神，而且表现出一种明显的离心倾向，他们不仅恢复了政治史、叙述史的地位，而且把研究进一步引向心态史和历史人类学。气候、人体、性爱、饮食、起居、举止、死亡、恐惧、民俗、信仰、家庭、婚变、神话、传说、想象等均成为新史学的重要研究领域，诺拉径直将此称为"历史学爆炸"，他公开宣称："对我来说，正是总体历史这一概念在今天成了问题……我们处于史学碎化、多元、膨胀直至追求新奇的时代。"值得重视的是，总体史是三代年鉴派学人自始至终为之奋斗的目标，虽然他们在研究领域上各有侧重，但这并不妨碍他们"保持总体化的眼光"。第三代年鉴派学人研究的重点已不在于全面探索社会历史的各个领域，他们更多地倾向于大量专题性的、地方性的或专门领域的研究。但是，正如勒高夫悟出的那样："新史学所表现的是整体的、总体的历史，它所要求的是史学全部领域的革新。"

中国社会史学界也有"真正能够反映过去了的时代全部面貌的应该是通史，而通史总是社会史"的一家之言，但这里的社会史主要是从马克思主义社会形式模式立论，意在通史中应有社会结构、社会生活、社会意识等方面的内容，此与年鉴派的总体史有着本质的不同。也许是中国社会史复兴之后即被界定为专门史的缘故，或者由于社会史在中国开展的时间有限，史学的"碎化"在中国并没有西方那样强烈的反应。但是，它决不等于说，中国社会史学界没有"碎化"的倾向。由于社会史的定义五花八门，社会史研究的对象更是包罗繁芜，许多研究仅满足于题目的新鲜而忽视对社会史理论的体会与领悟，以致陷于具体问题的琐碎考证和欣赏性描述。已经有人讥讽我们的社会史是一个大杂物筐，政治史、经济史、军事史等包括不了的、什么婆婆妈妈的事，都可以往这个筐里装。这不能不说是社会史研究者应当重视的问题。

社会史的定义及其具体研究对象，在中西方社会史学界历来众说纷纭，迄无定论，这是社会史本身的学科特征所决定的。研究者赋予社会史不同的定义和内涵完全是一种正常的学术现象，关键的问题是，学者们只有在充分理解社会史的学科特征，并在具体研究实践中领悟体验，才能赋予具体研究以"社会史"意义，才能写出真正"社会史"意义上的作品来。要避免社会史的"碎化"现象，关键还是要把握总体史的方向。

有关年鉴学派对总体史的表述，第三代代表人物勒高夫的概括相当全面："这里所要求的历史不仅是政治史、军事史和外交史，而且还是经济史、人口史、技术史和习俗史；不仅是君王和大人物的历史，而且还是所有人的历史；这是结构的历史，而不仅仅是事件的历史；这是有演进的、变革的运动着的历史，不是停留的、描述性的历史；是有分析的、有说明的历史，而不再是纯叙述的历史：总之是一种总体的历史。"由此可见，总体史并不仅仅限于其研究范围的扩大，新的研究方法和手段，尤其是跨学科的研究方法也是总体史蕴含的主要内容。总体论这个概念既是认识论的又是方法论的，只有从认识论上确定研究对象的整体性和总体性，从方法论上在具体研究中把握总体性，才能"保持总体化的眼光"。其实，即使在相当数量的地方性和专题性的研究中，年鉴派史学也都体现出明确的总体史方向。比如勒华·拉杜里的《蒙塔尤——1294—1324 年奥克西坦尼的一个山村》，其研究对象只是中世纪法国南部一个拥有数百人的村庄，但它却试图把构成和表现 14 世纪初蒙塔尤社区生活的各种参数——揭示出来，"明确表示了新史学的总体研究愿望"。其他如古贝尔的《1600—1730 年的博韦与博韦人》，拉杜里的《朗格多克地区的农民》、瓦絮代勒的《战败者的观念》等都属于某一领域的开创性著作，它们"常常以各种方式来表示它们不受任何专业限制的雄心"。

从认识论和方法论上确定和把握总体性，始终保持总体化的眼光，才能使社会史走出"碎化"的阴影。

三 借鉴吸收与"本土化"

如果我们把 1929 年布洛克和费弗尔创办《经济社会史年鉴》作为现代意义上社会史研究开端的话，西方社会史已经走过了 70 余年的历程。70 年来，由年鉴派开创的社会史研究早已走出法国而走向世界，社会史已经成为世界性的史学。年鉴派三代学人撰写的一大批震动国际史坛的著作，极大地推动了世界各国，尤其是西方各国历史学的发展。可以毫不夸张地说，年鉴派史学模式是当今国际历史学发展过程中最有影响和意义的史学。

由于时代和历史的原因，现代意义上的社会史在西方问世将近半个世纪后才姗姗走向中国。20 世纪七八十年代之交，思想解放和改革开放的闸门一经开启，中西之间的学术交流才具有真正意义上的"学术"，在现实和理论的双重推动下，中国社会史研究勃然复兴。在迄今为止不到20 年的时间里，从形式上看，中国社会史学界已经过了对社会史概念与范畴、理论与方法、通史与专史等学科建设基本问题的讨论；大到系列的社会史丛书、断代的社会史研究，小到区域的社会史研究、各种各样的专题研究都进行了一定程度的尝试；西方社会史学界的代表性人物如布罗代尔、布洛克、勒华拉杜里及其代表著作纷纷以中文版问世，评介西方主要国家如法国、英国、美国、德国社会史研究的论著、论文更是令人目不暇接。然而，我们一面为中国社会史研究取得的成就而高兴，一面又为它表现出的稚嫩和问题而担忧。在借鉴吸收西方社会史研究有益成果的基础上，不少学者已发出了"社会史研究需要本土化"的呼声。

社会史研究的"本土化"，本来就是年鉴派史学十分强调的问题。布洛克曾提出一个著名的公式："通过过去来理解现在，通过现在来理解过去。"年鉴派史学不是让史料自己说话的实证史学，"而是由历史学家提出问题的史学"。简言之，即"问题的史学"。"问题的史学"视历史学和其他各门科学的研究程序相同，首先应提出假说，提出要解决的问题然后搜集和分析史料，证明假说成立与否，最后解决问题，找出历史过程的逻辑。这就是说，历史研究像其他各门科学一样，应从现实的问题出发，然后通过历史来认识问题。客观地讲，不同时代，不同国家和地区有着不同的现在和过去，中西之间就有着不同的现在与过去。历史与现实奇妙地沟通，现实的中国与历史的中国紧相粘连。中国社会史应该有自己的时代精神和历史使命，应该有中国特色的本土化的中国社会史。社会史学者只有全身心地投入到社会主义现代化建设的现实生活中去，才会发现社会史的问题；只有在马克思主义唯物史观的指导下，积极借鉴吸收西方社会史的理论与方法，才能进一步解决这些问题，才能写出具有中国本土特色的社会史论著。

要使中国社会史研究本土化，还有一课需要补上，这就是社会史的资料建设和利用。正是由于社会史研究在中国复兴时间有限，西方各种社会史的理论方法一时间纷纷引入，当人们还来不及完全吸收消化的时候，形式各样的社会史研究已全面铺开。这种不求深入只顾展开的现象使我们在一定程度上忽视了社会史资料的建设和利用。众所周知，任何一门历史学科的充实与发展，系统地整理和发掘资料都是必需的基础工作。对于极为分散的社会史资料，不仅需要花大力气搜集整理，而且需要从社会史角度加以利用，这一点在年鉴派史学中也得到了应有的重视。勒高夫认为，新史学扩大了历史文献的范围，甚至是经历了一场"资料革命"，"这些史料包括各种书写材料、图像材料、考古发掘成果、口头资料等。一个统计数字，一条价格曲线，一张照片或一部电影、古代的一块化石、一件工具或一个教堂的还原物,对于新史学而言都是第一层次的史料"。中国社会史研究有着丰富的资料来源,除了卷帙浩繁的正史外,志书、笔记、家谱、档案、报刊、日记,甚至小说、戏曲、文物、遗迹等无不透露着社会史的信息。中国的社会史有着不同于西方社会史的问题,更有着不同于西方的社会史资料。可以断言,没有中国自身丰富的社会史资料来源,就不可能产生具有中国本土化的社会史论著。我们已经高兴地看到,系统地搜集和整理社会史资料,哪怕是自己研究的某一领域的专题性资料,已经开始引起部分社会史学者的重视,更有一些中青年学者走出校园和研究所,从田野调查中获取图书馆里得不到的资料。然而,中国社会史资料犹如一片广袤的田野,尚需不懈地开发和耕耘。

社会史是一个充满活力和希望的学科。中国社会史研究方兴未艾,我们既要看到社会史研究已经取得的成就,更应关注其发展过程中存在的问题和未来的方向。在 21 世纪中国史坛上,社会史将占有它应有的位置。

近代华北农村社会变迁刍论

——兼论地域社会史研究的理论与方法

社会史研究已成为中国史苑中的一朵奇葩。自 20 世纪 80 年代以来，国内社会史研究者从探讨社会史的概念范畴和理论方法起步，进而深入到对社会构成、社会生活和社会问题的探讨，近年来，不少学者把研究目光投向地域社会史，应该说，这既是中国社会史研究向广度和深度继续发展的需要，也是拓展中国社会史研究之必然。在国内地域社会史研究方兴未艾之际，我们试图通过对近代华北农村社会变迁的初步探索，谈一点对地域社会史研究理论与方法的粗浅认识。

一

首先想说明一下我们对地域社会史这个概念的认识。

地域社会史，简言之，即地域范围的社会史。在这里，地域的含义包括：（1）它是一个人类活动的空间概念，是指一定的疆土范围；（2）它是一个地域系统，是一个相对概念，大到全球，可以包括整个人类的社会史；指一个国家即成为某国的社会史；指某个地区，即可规定为如华北农村社会史或某个城市社会史，还可以再缩小范围；（3）地域社会史的地域，它的划分是以社会及其发展的相近性为标准，而不是地域经济史以经济、地域文化史以文化来划定。当然，在社会及其发展相近性很大的地域，与其他地域就有很大的相异性，但也有某些方面的相近性；同时在地域内部除相近性很大而外，也有某些相异性。因而根据采用标准不同，地域可以划大划小，有相对性和重叠性；（4）地域社会史是研究一定地域内社会及其发展的历史，但社会及其发展与自然、经济、政治、科技、文化及其发展有密切的相互的多元联系，因而地域社会史既不同于地域经济史、地域文化史等，又密不可分，隔绝与混同都是不科学的。综上所述，地域社会史是以社会及其发展的相近性为依据而划定的一定地域的社会及其发展的历史。

以一定的地域范围来研究社会及其发展的历史，无论从学术角度还是从实践效用来说都是十分必要的。但地域社会史往往被视为仅是一种个别的、微观的研究，甚或看作为整体的、宏观的研究之附庸，这种认识其实是史学方法论上的一种误解。我们知道，个别和一般是反映事物多样性和统一性及其互相关系的范畴，"一般只能在个别中存在，只有通过个别而存在"①。在史学研究中，宏观与微观，个别与整体只是相对的，是相辅相成的，没有具体的史学探讨，不会有一般的史学成果，反之亦然。史学研究的学术价值，不全是由这种选题角度的宏观与微观，个别与整体所决定的。相对于特定国家内特定的地域研究而言，全国性范围的研究可以说是宏观的、整体的，但相对于跨国界的世界范围的研究而言，全国性的研究又只能是一种局部的、微观的研究，并无绝对的宏观与微观之分。况且，宏观的历史研究固然可以得出带有普遍意义的规律性的结论，而微观研究得出的结论也未必都是个别的，只适用于局部地区的定论。被恩格斯称为"像达尔文学说对于生物学那样具有决定意义的书"②的《古代社会》，正是摩尔根对北美魁北克印第安人亲属制度的"微观研究"。从地域角度讲，整体社会无疑是多地域社会相互联系的结合体。地域社会史的研究，不仅有助于整体社会史的深入研究，而且可以验证某些论点，正如巴勒克拉夫所说："微观分析方法使我们有可能检验辛勤劳作的历史学家提出的那些人所共知的论点，而且证明这些观点即使不是错误的。至少也是不充分的。"③

仔细审视西方社会史的发展历程，我们不难发现，整体社会史与地域社会史研究并不是互相排斥、难以融合的，而是互相渗透、并行不悖的。以最富盛誉的法国年鉴学派为例，费弗尔和布洛克创办《年鉴》伊

---

① 《列宁选集》第2卷，人民出版社1960年版，第713页。
② 《马克思恩格斯选集》第4卷，人民出版社1972年版，第422页。
③ ［法］勒高夫等主编：《新史学》，姚蒙译，上海译文出版社1988年版，第17页。

始，就力主"唯一真正的历史就是整体的历史"。而这种整体的历史就是历史的"全部"，"按费弗尔著名的话来说，新的历史学是'全部整体构成的历史'。这就是说，它所关心的是人类的全部活动，是属于人类，取决于人类，服务于人类的一切，是表达人类，说明人类的存在、活动、爱好和方式的一切"①。正是这种整体的历史观，扩大了传统史学的领域，使历史研究成为多角度、多层次，越来越多的历史内容被纳入史学研究者的视野之中，越来越多的人文科学及自然科学方法被运用到史学研究中。检索年鉴派六十余年来四代学者林林总总的研究成果，从地域角度出发的论著占有突出地位。年鉴学派创始人之一费弗尔的著名著作《菲力普二世与弗兰施孔德地区》是典型的地域性著作；第二代代表人物布罗代尔的《菲力普二世时代的地中海与地中海世界》至今被视为社会史研究的典范；第三代学者中最具影响的代表作，应是皮埃尔·古贝尔的《1600—1730 年的博韦与博韦人》，以及马纽埃尔·勒胡瓦·拉杜里的《朗格多克地区的农民》；20 世纪六七十年代以来成长起来的第四代年鉴派学者对地域社会史给予更多的关注，G. 杜比的博士论文《11—12 世纪马贡地区的社会》等均有相当影响。值得注意的是，当今活跃于法国史坛的第四代年鉴派学者认为"更重要的是在每个具体的研究中使用各种方法、手段和途径，使其融为一体，从而事实上推进史学研究"。"这种关注具体研究的倾向与史学研究多元化广泛深入，总体史概念在方法论上受到质疑的情况相伴出现，从而影响到 70 年代至今的史学潮流。"② 可见，整体社会史并不排斥包括地域社会史在内的具体研究方法和手段，而地域社会史则从特定地域内经济、社会等多层次出发去把握这一总体性，从实践中推动整体社会史的深入发展，这正是几代年鉴派学者走过的学术道路。勒高夫总结道："新史学所表现的是整体的、总体的历史，它所要求的是史学全部领域的更新。此外，新史学的一个部门的开创性著作，常常以这种或那种方式来表示超越专题局限的雄心。"③

①　［英］巴勒克拉夫：《当代史学主要趋势》，杨豫译，上海译文出版社 1987 年版，第 55 页。

②　均参见姚蒙《法国当代史学主流的内涵与变迁》，载［法］雅克·勒戈夫等主编《史学研究的新问题新方法新对象——法国新史学发展趋势》，郝名玮译，社会科学文献出版社 1988 年版。

③　［法］勒高夫等主编：《新史学》，姚蒙译，上海译文出版社 1988 年版，第 5 页。

中国近代社会是一个半殖民地半封建社会，也是国内政治、文化、社会等发展极不平衡的社会。从地域角度探讨各地社会历史发展的不平衡性，早已成为史学界的共识，且有相关成果不断出现。比如"七五"期间对上海、天津、武汉、重庆等城市史的研究成果均已问世，对江南市镇、珠江三角洲等地区的研究也已取得丰硕成果。其他如以省为区划单位的近代史著作也有多种已经出版。海外学者，不少有关中国近代地域史的研究，给我们许多有益的启示。

自"二战"至70年代，美国史学界研究中国近代史的主流一直是"冲击—反应"模式（impact-response model），此模式认为，中国社会长时期基本处于一种循环往复的停滞状态，缺乏突破传统社会框架的内部动力，只是在19世纪中叶受到西方的冲击后，中国社会才开始发生剧变，向近代社会演变。70年代以来，这种模式开始受到挑战，学者们倡导以中国社会内部为出发点，深入精密地探索中国社会内部的变化动力与形态结构，并力主进行多学科的协作研究，这种取向被柯文（Paul. A. Cohen）称之为"中国中心观"（China-centered-approach），其中，"从中国而不是从西方着手来研究中国历史"，"把中国按横向分解为区域、省、州、县与城市，以展开区域与地方历史的研究"，是其重要的两大特征。[1] 在20世纪70年代以来"中国中心观"为主流的美国中国近代史研究中，黄宗智和施坚雅的地域社会研究着实令人注目。黄氏的《华北小农经济与社会变迁》《长江三角洲的小农家庭和乡村发展》（两书均有中译本），在美国史学界很负声誉。他研究的"重点在于一个特定区域和社会阶层"，[2] 施坚雅在对晚清城市史的一系列研究中[3]，也是以地域为出发点，他提出的宏观地域学说、核心—地缘说、等级—规模说、地域周期发展说对探索中国地域社会史乃至中国的历史结构，都是一种有益的尝试。在美国的中国近代史研究中，除了以"大区"为范围的地域研究外，对省一级的研究"犹如雨后春笋，大量涌现"，对府、县乃至

---

① ［美］柯文：《在中国发现历史——中国中心观在美国的兴起》，林同奇译，中华书局1989年版，第165页。

② 同上。

③ 参见［美］施坚雅《中国封建社会晚期城市研究——施坚雅模式》，王旭等译，吉林教育出版社1991年版。

村落的研究也开始引起研究者的关注。①

另外，台湾"中央研究院"近代史研究所有关《中国现代化的区域研究 1860—1916》的研究项目，分十个区域，分别对"传统背景""外力的冲击""政治现代化""经济现代化""社会现代化"进行考察，研究成果也在陆续问世。以上这些研究成果，不一定都属于社会史研究，但这些以区域为探讨范围的研究方法都值得我们很好地借鉴。

综上所述，研究地域社会史的必要性是十分明显的。这可以归结为几点：（1）社会及其发展的历史在区域之间由于各种原因存在着相对的相异性，地域内则存在着相对的相近性，这是客观存在。因而按地域分别研究社会史是符合客观实际的。（2）整体和局部是相对的，从地域局部来探讨，更能从地域的大小体系之间，从地域的相互之间，深入研究其特色，有利于进一步作宏观、微观以及比较研究，便于使这些研究沟通。（3）冲破以行政管理区划以及用朝代断限来研究社会史的局限，以社会及其发展来确定社会史的研究空间范围和时限，可以拓展社会史的研究视角，有利于多角度、多层次地研究社会史。（4）从实际应用而言，研究地域社会史，不但可以科学地掌握本地域的社会史，便于在实际生活中应用它，而且有利于协调发展地域间新的社会生活的建设，进而有利于整个社会发展的需要。但也应该明确，地域社会史只是社会史学科研究中的渠道之一、分支之一，它并不能代替整体社会史、系统社会史、专题社会史的研究。整体与局部的关系是辩证统一的关系，不可偏废。

二

如何划分地域社会史研究中的"地域"，进而确定具体的研究范围，是一个需要进一步解决的问题。对此，经济学家、社会学家、人口学家、地理学家都分别从各自学科的角度出发，提出过各自不同的划分标准。国内经济史学界曾对历史上经济地域的划分展开过讨论，提出了三种不同意见：（1）以行省作为区域划分的基础或主要标志。（2）按自然经济

---

① 参见［美］柯文《在中国发现历史——中国中心观在美国的兴起》，林同奇译，中华书局 1989 年版，第 144—149 页。

条件划分。(3)采取多元标准,既可以按行省区域,也可以按山脉走向、江河流域、市场网络和人文风俗的不同来确定。① 施坚雅在对晚清城市史的研究中提出了划分地域的四条标准:水系及周围的山脉是主要的,也是天然的界标;地域内的贸易量是重要依据;一些经济数据,尤其是人口密度可作为辅助性标准;高级中心地功能所覆盖的最大范围的腹地可视为地域。据此标准,他将19世纪中国划分为九大地域,即(1)长江下游区,包括江、淮分水岭以南的江苏、安徽两省,上海即浙江钱塘江和甬江流域。(2)岭南区,包括广东和广西。(3)东南区,包括福建及前述浙江和广东两省的剩余部分。(4)西北区,包括宁夏全省及甘肃、陕西两省的黄河流域。(5)长江中游区,包括湖南、湖北、江西、黔东及河南、广西的长江流域。(6)华北区,包括山西、河南、河北、山东及江、淮分水岭以北的苏皖地区。(7)长江上游区,包括四川大部及甘南、黔北。(8)云贵区,包括云南、贵州两省大部分地区。(9)满洲区,包括辽宁、吉林、黑龙江三省(施氏认为,19世纪90年代以前,此区尚在开发之中,不宜列为完整地域进行系统分析)。② 上述区划对地域社会史的具体区划无疑有一定借鉴意义。我们认为,在借鉴相邻学科有关地域划分标准的基础上。社会史研究中的地域划分还应充分考虑到社会史本身的几个问题:第一,从研究"社会"的角度出发,注重地域社会"整体的历史"。在中国近代社会,各地域间不仅存在着政治、经济、文化发展的不平衡性,而且社会本身的发展也存在不平衡性。各地域间社会发展的水平有高低之分,发展速度也有快慢之别。地域社会史的区划应充分考虑地域内社会各种因素的整体性,寻求社会因素各方面有共同联系和特点的地域,作为地域研究的范围。第二,是要考虑研究对象的具体特征。研究农村社会史,要充分考虑农村社会结构、社会生活、生态环境、交通运输、作物种植等在地域内表现出的相近性。农村社会还具有相对的落后性、停滞性,这又需要考虑到历史传承性。第三,是要考虑地域社会史与其他地域史的关系。地域社会史不同于地域经济史、

① 参见宋元强《区域社会经济史研究的新发展》,《历史研究》1988年第3期。
② [美]施坚雅:《19世纪中国的区域城市化》,见《中国封建社会晚期城市研究——施坚雅模式》,王旭等译,吉林教育出版社1991年版。

地域文化史等，但又密不可分。据此，近代华北农村社会史的研究大致包括山西、直隶（包括北京、天津）、河南、山东四省二市及内蒙古、陕西部分相邻地区；从地理范围讲，大致是我们通常所说的黄河中下游地区。吉尔伯特·罗兹曼在其《清代中国的人口与市场网络》中将此地域称为"北方"[1]。这里需要指出的是，这种区划并不完全等同于按行省为标准的地域划分，主要是从地域社会史学科的具体特征出发来区划的。当然，传统的行省区划，对地域，尤其是对农村社会发展所起的作用也是不可忽略的。

近代华北农村社会变迁研究的具体内容是什么？这必然涉及对社会史概念及研究范畴的理解，尽管目前国内社会史学界对此仍未取得一致的看法，但是，我们认为，"社会史研究的对象是社会的历史"，"是研究人类社会及其机制的发展的历史，研究人类有史以来赖以生存并必然结成的社会本身的历史"。[2] 地域社会史的研究，也应力求反映这种"社会的历史"。具体来讲，近代华北农村社会变迁主要研究以下三个方面的历史：（1）社会的构成，主要研究人口、家庭、宗族、社区、阶级、阶层等社会组成因素，及其存在的各种形态的发展和变迁。（2）社会生活，着重研讨社会的物质生活与精神生活及其变迁，旨在反映社会如何运行，如何发展。（3）社会功能，主要探讨社会控制、调节等多种机制和功能的发挥和发展，以及当社会受阻和产生弊病时，如何进行调整和变革。需要强调指出的是，这三个方面的历史相互之间是"互为因果，相互说明，彼此依赖，合乎逻辑地、完整地成为一个体系，用来阐明这个社会整体以及它的发展的历史"。[3] 基于这样一种对社会史概念及基本范畴的认识，在近代华北农村社会变迁的具体地域和时段的研究中，我们还将注意处理以下几个方面的关系，力求从实际操作过程中反映地域社会史研究的特征。

第一，内部结构与周边联系。社会史研究的内容包括人口、婚姻、家庭、宗族、社区、阶级、阶层、衣食住行、信仰习俗、社会问题、社会控

---

① 参见 Gilbet Rozman *Population and Marketing Settlements in Ch'ing China*, Cambridge University Press, 1982。

② 均参见乔志强主编《中国近代社会史》，人民出版社 1992 年版，导论。

③ 同上。

制与调节等整个社会内部存在形态的构成体系，这自然是研究的主要对象，也是社会史学科的具体特征所要求的。因为社会史研究的主体是社会本身的历史，人类社会各种生存和活动的方式及其互相关系是其研究的侧重点。如果将政治、经济、文化等各个领域，包括在社会史的研究领域中，那社会史也就无异于通史。社会史的学科特征也无法得到体现。但是，社会史研究决不能忽视与社会相连的各种周边联系。众所周知，社会及其发展绝不可能脱离开经济、政治、文化及其发展，这些被人称为广义社会活动的历史，与社会史交叉影响，共同构成通史，它们与社会史都是通史的有机组成部分。我们认为，为了学术研究的方便，可以将经济史、政治史、文化史与社会史分开研究，但相互之间有彼此影响的交叉多元联系，我们在研究社会史，包括地域社会史时，就不能不研究这些周边联系，换言之，既研究社会内部结构的历史，也研究与外部周边联系的历史。如何将这些研究内容的内部结构和周边联系的剖析结合起来，这就是要将"社会"置于历史发展变迁的总体过程中进行考察，在把握总体社会变迁的基础上。具体考察社会构成、社会生活、社会功能以及相互关系与内在联系及其发展。离开对整个社会活动（包括经济、政治、文化活动）的认识，对社会内部结构的研究也难以深入下去。另外，在这种研究中不可避免地要涉及对历史时段的划分问题，社会史并不必要像通史那样以重大历史事件为依据，而应该以社会本身发生某种本质变化的时段为依据，将近代华北农村的变迁置于整个变化的轨迹中。这就是，19 世纪末叶以前，虽然资本主义势力侵入中国已有半个世纪，但华北农村基本上仍处在小农经济结构中，仍然是一个相当封闭、停滞的社会。随着资本主义侵略势力的深入，华北农村社会才开始有某种意义上本质的变化，这种变化在社会结构、社会生活、社会功能方面都有程度不同的体现，而直至辛亥革命后这种变化才具有了某种本质的、深度和广度的意义。

第二，具体特征与基本线索。正如在中国近代史研究中有一个基本线索一样，中国近代社会史发展过程中也存在一条基本线索。"所谓历史线索，是指人们在认识客观历史中形成的一种考察历史的观念，并把这种观念贯串于阐述历史的首尾。"[①] 社会史研究的具体内容，包括人口、

---

① 参见陈旭麓《关于近代史线索的思考》，《历史研究》1988 年第 3 期。

婚姻、家庭、社区、阶级、阶层、物质生活、精神生活、社会控制与调节等都有其发展变化的具体特征，或在变化时间上有先有后，或在变化程度上有深有浅等。但是，任何社会的历史变迁总有一个基本的、客观存在的趋势存在其中，如何将社会发展变迁各个方面的具体特征与基本趋势结合起来考察，以反映"整体的历史"，需要有一个"有似绳索贯串钱物"（陈旭麓语）的基本线索。就中国近代社会史而言，我们认为，能够体现社会本身发展变迁基本趋势的线索应是传统社会向近代社会的演化。传统社会，在中国主要表现为封建性、宗法性、停滞性、封闭性等特征，而近代社会则表现为民主化、工业化与都市化、社会阶层流动化、教育普及化等特征。由传统社会向近代社会的演化过渡，就是社会的近代化过程。① 换句话说，中国近代社会史应当以"社会近代化"为基本线索，探讨社会本身如何由传统社会向近代社会演化过渡的历史变迁过程。华北近代农村社会变迁，包括自然经济向商品经济的过渡、演化。工业化发展及其农村人口向城市的流动，宗法制家庭关系的松弛，小家庭趋向，社会阶层的相对广泛流动性，社会物质生活和精神生活多样化，社会控制调节逐步规范化等都是"社会近代化"的具体体现，也是我们从事近代华北农村社会变迁研究中需要进行深入分析的主要内容。

第三，农村社会与城市社会。农村与城市是相互依赖，相互作用的有机整体，研究农村社会必须与城市社会的研究结合起来。从地域角度出发，研究华北农村社会变迁与城市社会发展的关系是一个不容忽视的主要内容。在近代华北农村社会变迁过程中，城市的变迁曾经起过重要的作用。近代以来，天津取代了明清以来北京在华北地区的核心地位，一批过去因政治军事地位，或因地理、交通条件优势而繁荣的传统城市的衰落，一批因资本主义工商业的发展，或因新的交通运输（如铁路的修建）条件改变而崛起的新兴城市的发展（这一点不同于沿江沿海多为商埠和租界城市），城市功能和作用的改变等都对近代华北农村的社会变迁带来巨大影响。以天津为例，第二次鸦片战争后，天津成为开埠通商的城市，接着很快发展成为全国进口洋纱、洋布的最大口岸，这里显然

———————————

① 对"现代化"与"近代化"概念的使用，国内史学界并未严格区分，我们把近代史上发生的现代化过程称为"近代化"。

是与广阔的华北农村市场销售有关。据 1868 年天津海关的跟踪调查，天津销售进口洋布、洋货的对象主要是山西、直隶、山东西部和河南北部，少量销至陕西及内蒙古西南部。① 而天津出口贸易的主要部分，也主要是以华北农村为腹地，由华北农村市场提供的。如 20 世纪 20 年代，仅山西运往天津等处的货物就包括煤炭、棉花、粮食、铁锅、皮毛等，每年即高达 900 车皮以上。近代华北农村社会的变迁与城市密切相关，研究华北农村社会变迁，不仅要研究农村社会本身的变迁，而且应当研究有关城市社会的变迁，以及农村社会与城市社会发展变迁的相互关系，如此才能呈现近代华北农村社会变迁的立体画面。

三

社会史所表现的是社会整体的历史，它不仅要求研究范畴、对象、资料等方面的更新，而且要求史学方法的更新。就适应于自然科学和社会科学研究的一般科学方法而言，历史学及社会史的方法，包括逻辑方法、社会调查方法、数理分析方法、综合归纳方法，等等，但在具体的研究过程中，研究者又可根据不同的研究对象和内容，在各种方法中有所侧重。在近代华北农村社会变迁研究中，我们力求侧重以下几种方法在具体研究中的运用，旨在突出地域社会史的特征。

第一，比较方法。"如果我们把比较史学说成是历史研究未来最有前途的趋势之一，恐怕没有什么过错。比较史学者看来正在愈益引起新一代更加进步和更加勤奋的历史学家的注意。"② 巴勒克拉夫此语概括了史学研究中比较方法的趋势。其实，比较方法一直是社会史学家从事具体研究过程中非常重视的方法之一，年鉴派创始人布洛克的《封建社会》就"是一部问题史学、综合史学及比较史学的典范作品"③。地域社会史研究本身就是一种比较研究，在近代华北农村社会变迁的研究中，我们

---

① 参见张思《19 世纪末天津的洋纱、洋布贸易》，《天津史志》1987 年第 4 期。

② ［英］巴勒克拉夫:《当代史学主要趋势》，杨豫译，上海译文出版社 1987 年版，第 281页。

③ ［法］勒高夫等主编:《新史学》，姚蒙译，上海译文出版社 1988 年版，第 3 页。

将侧重以下几方面的比较。一是横向比较。就是从空间角度出发，从不同角度将近代华北农村社会与其他地区进行比较。从中国社会的近代化过程来看，大致存在着四种不同类型的层次，即沿海型、中部型、内地型、边缘型。沿海型以长江下游和珠江三角洲为典型，它是近代中国受到外力冲击的最早地区，也是半殖民地化和近代化发展水平最高的地区，欧风美雨以此为前沿，逐渐传入腹地。中部型以长江中游为代表，这些地区社会近代化起步较沿海为晚，但由于毗邻沿海，或由于交通地理条件的优越，也很快发展起来。内地型以华北和四川盆地为代表，其特点是闭塞性较强，与外界联系较少，社会近代化起步较晚，发展程度也非常有限。边缘型以西南为代表，各方面的社会变迁较上述三种类型均有明显差距。就总体来讲，社会近代化程度和速度存在着一个从沿海到腹地递减的态势。二是近代华北农村社会究竟经历了一个什么样的社会变迁过程，必须与不同时代的华北地区进行比较，尤其是与明清以来的华北农村社会相比较，才能反映出近代的特点。比如像施坚雅提出的地域发展周期论（施氏论证 19 世纪末以前华北区域共经历了三个发展周期）是否存在?[①] 近代华北农村社会变迁中各个方面与古代不同，都是需要进行比较分析的问题。三是综合比较。也就是从"整体的历史"的社会史学科特征出发，比较华北与其他地域以及从古代到现代农村发展的基本趋势，即比较其间的相似性。比较只是一种方法和手段，通过这种综合比较，要力求总结出某些具有普遍意义和带有规律性的结论，进而为整体社会史的研究做出阶段性成果。

　　第二，计量方法。计量方法是社会史研究的一种重要方法，也是战后历史科学化进程的重要组成部分。尽管人类社会行为的各个方面未必都能被计量并给出数字，某些领域甚至根本无法进行计量，但是，它"决不能成为不去计量那些我们所能够计量的领域的理由。至少，可以计量的领域有助于我们理解那种不可计量的领域"。[②] 将计量方法运用到社

---

① ［美］施坚雅：《中国历史的结构》，见《中国封建社会晚期城市研究——施坚雅模式》，王旭等译，吉林教育出版社 1991 年版。

② ［英］罗德里克·弗拉德：《历史计量法导论》，肖朗、刘立阳等译，商务印书馆 1992 年版，第 2 页。

会史的具体研究过程中，还有一个更重要的作用，这就是更加科学地反映全面的、整体的历史，更加全面地反映"自下而上"的历史。相对于主要研讨少数上层人物为中心的政治、军事、外交等重大历史活动而言，社会史更多的是探讨社会本身及普通民众社会生活的历史，计量方法正可以在此得到发挥。事实上，地域社会史研究中的具体内容本身就具有数量的性质，比如人口数量的演变、人口的城乡结构、性别年龄结构、婚龄及婚姻圈、家庭宗族结构、阶级阶层结构、社会流动、物质生活消费、教育文化程度，等等，都可以运用具体的计量方法使研究结论更加科学化而减少随意性。当然，将计量方法真正完美地运用到研究过程中也是一个相对复杂的问题，这里不仅有对历史数据的分类、整理、分析的具体问题，也有数理统计，甚至计算机、电脑的利用等问题，需要史学工作者进行一番对相关知识的学习与补充过程。而且历史上遗留下来的大量数据，多标准不同、残缺不全、可靠性差，整理起来很困难，使用起来难度也很大。在对近代华北农村社会变迁的研究中，我们将力求使计量方法得到体现。

第三，学科渗透法。社会史是研究社会本身"整体的历史"，这一学科特征决定了社会史与相邻的社会学、经济学、人类学、民俗学、民族学、人口学等都有一种交叉和重叠的关系，这种关系不仅表现在研究的内容上，而且表现在研究的理论和方法上。充分利用相邻学科的理论和方法，不仅是西方社会史学家孜孜以求（且已取得重大成就）的学术态度，而且是深化中国社会史研究应当重视的问题。在现阶段中国社会史研究过程中，我们想强调的是，社会史应更多地注意吸收社会学的理论与方法。

波兰著名历史学家波托尔斯基讲道："从理论上说，史学与社会学的研究对象是相同的：都是社会，但是这两门学科的历史发展导致两者的差异。社会学侧重于现实世界，而史学则侧重于以往的历史过程。在现代史学中，企图在理论结构和解释上把史学与社会学分离开来，是不可能的。"① 另一位苏联社会学家米罗诺夫则从社会学的角度阐述同样的道理，他写道："没有一定的理论概括，不掌握社会学的一些观念和概念，

---

① 范达人：《当代比较史学》，北京大学出版社 1990 年版，第 123 页。

历史学不可能由关于事件的科学完全转变为关于社会经济过程及其相互关系的科学。""可以明显看出历史学家向往着历史观的立体性、多层次性和综合性。社会学为解决这一问题提供了一系列概念，使历史学家能够提出新课题，重审传统课题，使研究客体成为多维的，'深邃的'。"[①] 西方社会史的兴起不仅与社会学的推动密不可分，而且它所取得的学术成就也与吸收社会学的理论方法密不可分，年鉴学派正是社会学与历史学相互交流的榜样。我们认为，在现阶段的中国社会史研究包括地域社会史的研究中，我们还没有充分吸收社会学的理论与方法。当然，这种吸收并不能仅限于对社会学概念理论的生搬硬套，而应以社会史的特征为出发点，进行重新整合与提炼。相信多学科的渗透，尤其是社会史与社会学的渗透，必将能够继续推动中国社会史的研究。

---

① ［苏］米罗诺夫：《历史学家和社会学》，王清和译，华夏出版社 1988 年版，第3—4页。

山西近代人口问题初探

1840 年的鸦片战争，揭开了中国历史的新页。资本主义势力的侵入，不仅使中国社会性质发生了根本性的变化，而且给人口问题带来了一些新的因素，从而形成半殖民地半封建社会特有的人口规律。由于近代中国政治、经济和文化的发展表现出极端的不平衡性，各地人口问题也表现出了一定的差异。笔者在检阅了近二百种山西地方志和一些统计、档案资料之后，试图通过本文对山西近代人口问题作一个初步的探索，以期有助于对中国近代人口问题的研究。

一 人口发展概况

明末清初，长期的战乱和灾荒，造成了社会破败凋残，人口亡失惨重的局面。整个顺治朝和康熙朝前期，我国人口再生产一直处于萎缩状态，康熙二十年（1681）后，平定三藩、收复台湾，清王朝在全国范围内的统治趋于安定，经济逐渐复苏，人口再生产也相应回升并重新达到明代最高人丁数。进入 18 世纪后，人口增长的速度明显加快。乾隆六年（1741）我国人口一举突破有史以来的一亿大关。此后，人口增长的势头越来越猛，乾隆二十七年（1762）和乾隆五十五年（1790）相继突破两亿和三亿大关，到鸦片战争爆发的 1840 年，全国人口达到了 41281 万。①鸦片战争前山西人口同全国一样增长较快，顺治十八年（1661），山西全

---

① 乾隆朝数字据《清高宗实录》。1840 年数字据严中平等编《中国近代经济史统计资料选辑》，是年人口数字缺台湾府。

省人丁为 1527632 人,① 实际人口约为 7638160 人,② 乾隆二十七年（1762）突破一千万大关，达到 10239907 人，③ 到 1840 年全省人口达到了 14892000 人。④ 如果从顺治十八年（1661）算起，这一时期山西人口在 179 年之间增加了 7253840 人，平均每年增加 40524 人。

鸦片战争前，山西人口增长较快的原因主要有三：

其一，赋役改革。清初统治者为了巩固刚刚建立起来的封建统治，不仅采取了招集流民、奖励垦殖、轻徭薄赋等一系列休养生息的政策，而且对封建赋役制度进行了重大修改。康熙五十一年（1712）实行"盛世滋生人丁，永不加赋"，以康熙五十年（1711）全国的人丁户口数为准，此后达到成丁年龄的，再不承担丁役；雍正年间实行"摊丁入亩"的经济政策，取消了几千年来一直延续的人丁税，实行单一的土地税制；乾隆时期又进一步整顿保甲，这一切不仅大大刺激了人口的增殖，而且使大量隐匿的户口涌现出来。

其二，辖区扩大。乾隆时期，清政府把今内蒙古自治区的归化城、清水河、萨拉齐和托克托划归山西所属，⑤ 使此地十二万多人口加入山西。⑥

其三，乐户入籍。明代，山西各地有大量的乐户被统治者视为贱民而不编入户籍。雍正元年（1723）起，改业为良。《清朝文献通考》记载："山西等省有乐户一项，其先世因明建文末不附燕兵被害，编为乐籍，世世不得自拔为良民，至是令各属禁革，俾改业为良……与编氓同列。"⑦ 大量乐户编入户籍，也使此时山西人口的总数量有所增加。

鸦片战争之后，中国传统的自给自足的自然经济逐步瓦解，城市资

---

① 《清朝文献通考》卷十九，户口。

② 顺治、康熙、雍正三朝人口登记只用"人丁户口"，实为纳赋。"丁口"的统计，到乾隆六年（1741）后人口统计改为"大小男妇"，是为正式的人口统计。这里即按照传统的丁与口一比五的比例估算。

③ 《清朝文献通考》卷十九，户口。

④ 严中平等编：《中国近代经济史统计资料选辑》，中国社会科学出版社 2012 年版，第 365 页。

⑤ 赵尔巽编：《清史稿》卷六十，地理志，中华书局 1977 年版。

⑥ 梁方仲：《中国历代户口、田地、田赋统计》，上海人民出版社 1980 年版，第 274 页。

⑦ 《清朝文献通考》卷十九，户口。

本主义的微弱发展,又使农村源源不断的过剩人口找不到应有的出路,这种半殖民地半封建社会的经济结构,使中国近代人口出现高出生率与高死亡率并驾齐驱,因而产生了长期缓慢、停滞和畸形发展的新特点。鸦片战争后的头10年。人口增长的速度虽已大大减慢,但依然保持着清代前期增长的势头。咸丰元年(1851)全国人口达到了4.31896亿这个近代史上的最高点。① 然而,随着人口暴增种种原因的逐步消失,清王朝本身日益政治腐败、经济衰退,帝国主义侵略势力又步步紧逼,这种继续增长的势头毕竟难以维持长久。从太平天国革命到辛亥革命的这60年是清王朝苟延残喘的60年。在咸丰、同治年间,人口统计总数从4亿多跌至2.5亿左右,始终未超过3亿。光绪后期,略有回升,一直到宣统末年才接近4亿。②

山西近代人口的变迁,不仅与半殖民地半封建中国人口的发展有着必然的联系,而且有一些明显的特点。大致可分为三个时期:

1. 缓增时期(1840—1877年),从鸦片战争到光绪三年(1877),这一时期山西人口呈缓增趋势。咸丰、同治两朝,山西人口突破1500万人、1600万人,到光绪三年(1877)增加到16433000人这个近代山西人口的最高点。37年间共增加人口1541000人,每年增加40533人。这一时期山西人口不仅继续保持着增长的势头,而且与同时期全国人口降减形成了鲜明的对比。自咸丰后,太平天国革命狂飙席卷神州大地,使咸、同20多年间南方七八个省区没有人口资料,造成全国统计缺失。但是,人口减少却是事实,太平天国战争主要区域的长江沿岸,战后人口减少甚多,据统计,江苏、安徽、江西、浙江、湖北五省人口约减少7500万人。③ 浙江省人口由1851年的30107000人减少为1868年的6430000人。④ 山西人口这一时期增长较快,主要是由于帝国主义侵略势力尚未深入,而长达14年之久,波及18省范围的太平天国战争对山西影响亦不甚大,故人口仍呈缓增趋势。另外,"摊丁入亩"这一赋役改革的影响仍在山西

① 严中平等编:《中国近代经济史统计资料选辑》,中国社会科学出版社2012年版,第366页。

② 《清史稿》卷十二,食货志。

③ 王士达:《近代中国人口的估计·下》,《社会科学杂志》第二卷,第一期。

④ 严中平等编:《中国近代经济史统计资料选辑》。

起着作用。查雍正元年（1723）在全国颁发诏令，推行"摊丁入亩"政策后，经过半个多世纪，全国各地除奉天省外全部完成了这一赋役制度的改革，山西此时仅有临汾等十六州县开始实行，直到光绪五年才得以全部完成。① 这样，因逃避丁役而隐匿的户口此时仍在山西大量涌现出来。②

2. 突降时期（1877—1887 年）。从光绪三年到十三年（1877—1887），这一时期山西人口突然下降。光绪三年开始，山西发生了二百多年未有的自然灾害，被灾范围多达 84 州县，波及面积二千余里，"平、蒲、解、绛、霍、隰赤地千里，太、汾、泽、潞、沁、辽次之，盂、寿以雹，省北以霜，其薄有收者大同、宁武、平定、忻、代、保德数处而已"。③ 灾害起自干旱，继则病疫、狼劫、鼠患，造成大量人口死亡，绝大部分县志都有人口亡失惨重的记载，如凤台："有全家俱毙者，有阖村同尽者"；④ 新绛"村中户绝半，人十毙六七"；⑤ 猗氏"多者十损六七，少亦十之三四"，⑥ 太原"民死于饿者十之六七"；⑦ 被灾最厉的临汾县，人口从 174558 人减少到 73716 人，即减少 58%。⑧ 10 年之间，全省人口由 16443000 人减少为 10658000 人，总计减少将近 600 万，难怪迄今父老言及，仍然心有余悸，谈灾色变！⑨

3. 起伏时期（1887—1919 年）。光绪初年自然灾害之后，直到五四运动前，山西人口不仅增长缓慢，而且出现了时升时降的起伏现象。人

① 曾国荃在一份奏议中说道："自雍正四年迄今百五十载，率土无田之民永免追呼之累，独山西一隅，办理稍歧……按之册籍有全未归并者二十余州县，有量归十分之二三者三十余县。"《缕陈要务疏》，光绪四年五月二十七日，《曾忠襄公奏议》卷九。

② （光绪）《山西通志》卷五十八，田赋略一。参见史志宏《山西地丁合一完成的年代》，《清史论丛》第 3 辑。

③ 王锡纶：《怡青堂文集》卷六。

④ （光绪）《凤台县志》卷四，纪事。

⑤ （民国）《新绛县志》卷十，旧闻考。

⑥ （光绪）《续猗氏县志》卷上，户口。

⑦ （光绪）《太原县志》卷下，祥异。

⑧ （民国）《临汾县志续编》卷二，户口。（光绪）《山西通志》卷六十五，户口。

⑨ 灾荒引起大量人口死亡，这也是影响中国近代人口消长的重要原因之一，据邓云特统计，自嘉庆十五年到光绪十四年（1810—1888）七十八年间，因天灾而死亡的人数达六千二百七十八万人。参见邓云特《中国救荒史》，三联书店 1958 年版，第 103 页。

口总数一直在 1000 万—1100 万之间起伏跌宕，始终没有超过 1200 万。1911 年，山西人口降至 9920000 人这个近代史上的最低点，33 年间人口由 10558000 人增加到 11387723 人。① 共增加人口 729723 人，平均每年增加 22113 人，增长速度比第一个时期大大减慢。造成这种现象的原因，一是清朝前期人口暴增的原因逐步消失，随着帝国主义侵略势力的深入，山西社会经济日趋萧条，人民生活更加困苦，以致影响到人口再生产。二是由于这一时期毒品问题也直接影响了山西人口的增长。早在鸦片战争之前，山西商人就从南方一些通商口岸私贩大量鸦片入晋，进入近代以后，鸦片祸晋，愈演愈厉。民国《太谷县志》道："太谷鸦片之毒始于清咸丰朝，蔓延于同治之世，而大盛于光绪之季年。富族大家嗜之者无论，即中下之家，降至乡僻小户，无不视鸦片为布帛菽粟之须臾不可离而倚之如命，虽光、宣间上宪屡申禁令，而沉溺既久，吸食如故。及国体变更，金丹输入，盖复变本加厉，前此吸食鸦片者，喜其便利，舍旧从新，即素无烟癖者，亦皆图一时之快足而趋之若鹜，以故十余年来，因吸食丹料而破家亡身者，实不可以数计，此又为户口凋落之一大原因。"② 清末民初，鸦片危及山西人口的增长，这样的记载在榆次、徐沟、保德、新绛、曲沃、虞乡等县志中均有反映。鸦片作为帝国主义侵略中国的工具，一直像一条蛀虫一样缠绕着清王朝千疮百孔的肢体，它不仅给中国近代政治、经济、文化等方面带来极大的危害，而且直接影响着中国人民的身心健康，影响着人口的再生产。

纵观山西近代人口的变迁，大致经过了缓增、突降、起伏三个时期。与同时期全国人口相比，山西人口不仅在某些时期低于全国增长率，而且人口总数有所下降。从 1840 年到 1919 年，全国人口由 412817000 人增长到 452650000 人，③ 净增 39833000 人，山西则由 14892000 人降为 11388000 人，净减人口 3504000 人。值得注意的是，在全国人口总数增加的情况下，山西人口为何反而下降？这也正是我们探讨山西近代人口问题的动因所在。

---

① 《中国实业志·山西》，商务印书馆 1934 年版。

② （民国）《太谷县志》卷三，赋税，户口。

③ 《申报年鉴》，第 86 页。

二 人口相对过剩

鸦片战争前，严重的人口相对过剩问题已经成为清王朝的沉重负担，外国资本主义用鸦片和大炮轰开中国大门的同时，这个老大帝国也肩负着沉重的历史人口包袱步入了新的历史时期。早在 1850 年马克思就已分析过为数众多的人口对中国社会进程的影响："在这个国家、缓慢地不断地增加的过剩人口，早已使它的社会条件成为这个民族的大多数人的沉重枷锁。"[①] 中国近代人口相对过剩问题有增无已，它不仅是半殖民地半封建社会经济结构的必然产物，而且反过来影响社会经济，造成恶性循环。

所谓人口相对过剩，并不是单指人口数量的多寡，而是指一定社会生产力水平之下，人口再生产与生产资料再生产的关系问题。这就要求我们"要分别研究每个历史经济制度的人口规律，研究它与该一制度的联系和相互关系"，[②] 在半殖民地半封建的近代中国，农业人口占人口总数的 80% 以上，农业生产总值占全部国民经济总产值的90% 以上。近代山西是一个以农业为主、地瘠民贫、僻居内陆的省份，我们分析山西近代人口问题首先应当从人口与耕地的比例关系入手。

整个中国近代，人口与耕地的比例严重失调。1863 年全国人口404946000 人，耕地面积 751762000 亩，人均耕地一亩八分余，整个近代最高也未超出四亩。[③] 同全国各地一样。山西近代人口与耕地也存在着严重的矛盾，同、光之际，山西人口为 16384000 人，耕地面积为 53285400亩，平均每人耕地三亩二分余。[④]

---

① 《马克思恩格斯全集》第七卷，人民出版社 1972 年版，第 264 页。
② 《列宁全集》第二卷，人民出版社 1984 年版，第 14 页。
③ 许道夫：《中国近代农业生产及贸易统计资料》，上海人民出版社 1983 年版，第 7 页。
④ 据梁方仲《中国历代户口、田地、田赋统计》，第 380 页。许道夫《中国近代农业生产及贸易统计资料》，第 8—9 页，综合列出。

表1　　　　　　　　　　　山西近代人口与耕地比例略表

年份	人口（人）	耕地（亩）	人均耕地（亩）
1851	15693000	53285400	3.4
1873	16384000	53285400	3.2
1887	10658000	56609070	5.3
1893	10912000	56707000	5.2
1914	10445541	46525000	4.4

　　光绪初年自然灾害之后，山西人口减少近600万，人均耕地突然上升到五亩多，表面看来人口与耕地的矛盾似乎有所缓和，但是，伴随着人口大量死亡的是土地大面积荒芜。"菜备废地，无邑无之。"① 二者的矛盾并没有消除。另外，随着帝国主义侵略势力的深入，此时山西农业产品进一步商品化，棉、桑、薯等经济作物的推广，尤其是罂粟的大面积种植，又夺取了大量的上等土地。光绪初年，全省"种罂粟最盛者二十余厅、州、县，其余多少不等，几乎无县无之"②。时人估计，"自罂粟盛行，每县之田种罂粟者不下十之三、四，合全省几万顷"③。直到民国初年，罂粟一直在山西大面积种植。全省几乎三分之一的肥田沃土用于种植罂粟，夺取了大量的人力、地力和水利，致使人口与耕地的矛盾更加激化。当时的山西巡抚曾国荃说道："查晋省地亩五十三万余顷，地利本属有限，多种一亩罂粟，即少收一亩五谷，小民因获利较重，往往以膏腴水田遍种罂粟而五谷反置诸硗瘠之区，此地利之所以日穷也。"④ 近代中国人口与耕地的比例严重失调，在帝国主义侵略下，中国经济日益成为资本主义世界经济的一部分，成为它的附属品，大面积经济作物的种植，不仅是资本主义寻求商品市场和原料产地造成的结果，而且更加激化了半殖民地半封建中国社会人口与耕地的矛盾。

　　毋庸讳言，近代山西人均耕地面积略高于全国平均值，但是，我们

---

① （清）曾国荃：《缕陈要务疏》，《曾忠襄公奏议》卷九。

② （清）张之洞：《禁种罂粟疏》，《张文襄公奏稿》卷三。

③ （清）《温洗马戒吸食鸦片禁种罂粟说理粟说》，光绪《广灵县志》卷六，政令。

④ （清）曾国荃：《申明栽种罂粟旧禁疏》，《曾忠襄公奏议》卷八。

还需进一步考察当时山西地区的土地素质和单位面积产量。山西是一个地居内陆的黄土高地，全省平均海拔在一千米以上，80%以上的土地是丘陵和山地，土地素质不仅不能与江南及沿海各省相比，而且同邻省也有一定差距。曾国荃这样说过："查山西一省，山多地少，本非五谷蕃衍之所，雁门迤北地多斥卤，岁仅一收，太行迤东则冈峦带土颇鲜平原，其共推神皋奥区者，亦只太、汾、平、蒲、绛、解数郡，土地平旷，天气稍为温熙，而所属州邑仍有界在山陲，号称硗确者。"① "摊丁入亩"这一赋役改革之所以在山西迟迟不能完成，一个重要的原因就是因为山多田少，土地贫瘠。② 土地素质的低劣，决定了单位面积产量的低下，素称富庶的平阳府，"汾河及其他溪流附近的低地，即所谓水田，每亩产谷物两石（每石160斤）；旱地（较高地）每亩产量为一石半"。③ 晋北地区，由于天寒地瘠，每年仅能一收。"一秋之收不能敌南路之半季。"④ 单位面积产量更形低下。中国近代农业生产力发展缓慢，山西则由于特殊的自然条件限制，仅有的土地也难以充分发挥其效力。

在人口与耕地比例失调，单位面积产量又很低下的生产力水平之下，当时山西的粮食当然不能自给。近代晋南各地粮食由水路取给于陕西，晋东南地区由水路取给于河南，晋北地区取给于口外，晋中则由忻、代商人转口外粮食而来，所谓："晋省地瘠民贫、素无盖藏，即遇丰收不敷一年之食，向日蒲、解、汾、平仰给于秦，潞、泽、辽、沁仰给于豫，其余腹地州县以口外为粮之来源。"⑤ 粮食不能自给，这是山西近代人口相对过剩的又一佐证。

人口与耕地的比例关系，是衡量近代中国人口是否相对过剩的一个重要标志。历史学家曾经对此作过综合分析，罗尔纲先生认为，北方农民每人四亩，南方三亩可维持生活。英国人贝克（OeBaker）也认为，旧

---

① （清）曾国荃：《致各府、厅、州公函》，《曾忠襄公书札》卷十四。

② （清）史志宏：《山西地丁合一完成的年代》，《清史论丛》，第三辑。

③ （清）《英国皇家亚洲学会中国分会公报》，第92页。山西平阳府中国内地会牧师巴格纳尔（Rew Bagna 11）的报告。转引自李文治《中国近代农业史资料》第一辑，生活·读书·新知三联书店1957年版，第649页。

④ （光绪）《左云县志》卷一，风俗。

⑤ （清）曾国荃：《沥陈晋省奇灾恩指定协赈确数疏》，《曾忠襄公奏议》卷九。

中国每人平均要四亩土地方可维持生计，① 我们认为，这种估计是不能轻易否定的。半殖民地半封建山西社会即使每人平均四五亩耕地，也难以维持生活。解县是山西较为富庶的地区，然而，"当全盛之时，户口七万有零，平均分之每人仅得四五亩旱地，终岁劳苦，丰年略可自饱，仍不能事父母、畜妻子，一遇荒歉，死亡殆尽"②。解县如此，其他地区更可想而知。

"每一个劳动者，在半失业或全失业状态中，都属于过剩人口。"③ 如果我们再把劳动力与耕地面积作一个比较，就会对近代山西人口相对过剩有更为清楚的认识。以光绪初年为例，山西人口为 1638 万人，劳动力人口约 327 万人（这里仍按传统的丁与口一比五的比例估计）。耕地面积为 5328 万亩，按每个农业劳动力可耕土地 30 亩计算，④ 应有 150 万人无地可耕，如果加上在劳动力年龄组的妇女人数，那么，近代山西处于半失业或全失业状态的过剩人口当在 400 万左右。总之，山西近代人口问题基本上是过剩人口问题，就是说，近代山西人口的再生产与生产资料的再生产比例严重失调，在当时的生产力水平之下，仅有的耕地面积已经不能养活其本身庞大的人口，这也就是近代山西人口再生产停滞的原因所在。

山西近代人口相对过剩，还带来了一系列严重的社会后果：

1. 粮价高涨。粮食价格是社会经济发展的晴雨表，它的起落主要取决于供求关系，由于山西近代农业生产力变化不大，因此粮价的起落也就主要取决于人口与耕地的比例关系。虽然史籍保留下来的这方面资料残缺不全，但是，从仅有的资料中，我们也可以从中窥知人口与粮价的相互关系。山西近代粮食生产本来就供不应求，随着人口过剩问题的日益严重，粮食价格也就与日高涨。刘文炳在《徐沟县志·民生志》中，

---

① 罗尔纲：《太平天国革命前的人口压迫》，《中国社会经济史集刊》八卷，1 期。

② （民国）《解县志》卷三，丁役略。

③ ［德］马克思：《资本论》第一卷，人民出版社 1975 年版，第 807 页。

④ 有人估计，"北方一人的耕作面积，普通为二十亩，最大为四十亩"。（长野郎：《中国土地制度的研究》，强我译，中国政法大学出版社 2004 年版。转引自《中国近代农业史资料》第二辑，三联书店 1957 年版，第 306 页）考虑到近代山西农业生产力低下，许多地区以"广种薄收"为主要经营方式，故这里按每个劳动力可耕土地三十亩估计。

以表格的形式列出了 1870 年到 1921 年六种农产品的价格指数，可以发现，80% 以上的年月，麦子、谷米、高粱、大米、黑豆、绿豆等主要农产品价格高于指数（1911 年 5、6 月 100 作为指数）①。1918 年 3、4 月份，最高达到 205，高于基数一倍多，粮价的总趋势是逐渐增高。我们再看《沁源县清末民初人口与粮价比较表》。②

表2　　　　　　　　　沁源县清末民初人口与粮价比较表

年份	人口总数（人）	米（文/斗）	麦（文/斗）
1899	41455	250	300
1911	71013	300	400
1916	73822	500	600
1921	74916	600	800

当然，粮食价格的上涨与当时的经济生活，尤其是货币的变化，频仍的天灾，商业高利贷的盘剥等不无关系，但是，富有意义的是粮价的上涨伴随着人口的增长，就是说，过剩人口的不断增加也是引起粮价与日高涨不可忽略的原因之一。

2. 灾荒死亡。近代山西或干旱，或雨雹，或虫疫，或霜冻，自然灾害连年不断。据统计，从 1848—1911 年，山西每年平均 15 个州县被灾。③ 民国初年，灾害愈厉，1920—1921 年，北方 5 省干旱，山西 56 县被灾，灾民多达 160 余万。④ 光绪初年自然灾害，十年之间全省人口减少将近 600 万。值得思考的是，"前此嘉庆八九年，道光二十六七年亦尝连岁荒歉矣，而家有积蓄，人多盖藏，间有流离死丧"⑤。"光绪初年，频年灾浸，十室九空，人民荡析离居，户口因之锐减。"⑥ 这种现象也应当从

---

① 刘文炳：《徐沟县志》，民生志。

② 物价据民国《沁源县志》卷二，工商略。人口数字据该志，卷五，户口表。又因 1899 年人口数字缺，采取晋政辑要 1886 年之数，实则略高。

③ 据李文治《中国近代农业史资料》第一辑，三联书店 1957 年版，第 733—735 页，《黄河流域历年灾荒表》计算而得。

④ 郎擎霄：《中国民食史》，万有文库，第一期，第 115 页。

⑤ （光绪）《直隶绛州志》卷四，户口。

⑥ （民国）《榆次县志》卷五，赋税考，户口。

当时的人口相对过剩中去找原因。人口相对过剩与灾荒大量死亡是一种因果关系，如果说清初发生自然灾害，局部的灾民尚可以流徙度荒，勉强苟活，那么，到了半殖民地半封建的中国社会，过剩人口压迫日益严重，致使国无储蓄，民无盖藏，一遇天灾，必然造成大量人口死亡。

3. 民变四起。在帝国主义和封建主义的残酷剥削和压迫下，山西近代社会经济日益破败，人民生活趋于崩溃，人口相对过剩的压力，又加剧了劳动人民的贫困化，为了维持生计，争取起码的生存条件，人民纷纷起来反抗，统治阶级不时地发出"民情骚动""民变四起"的哀叹。义和团运动时期山西各地群众反教会压迫的斗争，以及 1900 年高平县反捐税斗争，1903 年永济县反柿酒税的斗争，武昌起义后榆次反抗地主富户的斗争。乡宁煤矿工人反抗煤厘的斗争。高平、沁源、安泽等地规模较大的"文水、交城烟案"，以及芮城、虞乡、临晋等地哥老会反抗地主政权的斗争，这些"民变"在山西近代几乎遍及全省各地。虽然它们是自发的，小规模的，但却是普遍的、波及范围较广的；虽然它是当时半殖民地半封建的社会主要矛盾所决定的，但在一定程度上也说明它是人口相对过剩的压力所致。

人口相对过剩，近代人口相对过剩，直接影响着人口构成其他方面的变动。山西近代人口相对过剩不仅带来了一系列严重的社会后果，而且使人口分布、人口职业结构、人口性别比例都出现明显的变化和特点。

三　不平衡的人口分布

由于半殖民地半封建中国社会政治、经济和文化的发展表现出极端的不平衡性，从而使人口分布在沿海与内地、城市与农村、汉族与少数民族等比例关系上也出现了不平衡性。缓慢发展的社会生产力，使近代中国人口的分布在很大程度上受到自然条件的限制。自然条件优越的东南各省聚集着95%以上的人口，西北各省则仅有不足5%的人口散居。从各省区的人口密度看来，相差更大，如咸丰元年（1851），全国土地面积为5352480 平方公里，人口总数为431894047 人，人口密度为每平方公里80 人，江苏省人口密度最高为每平方公里448 人，而吉林、巴里坤、乌鲁木齐等地则平均不到 1 人。① 另外，外国资本主义势力入侵后，中国传统的自给自足的自然经济逐渐瓦解，原来能够容纳较多劳动力的农业及城市和农村手工业布局遂被破坏，造成了为数众多的相对过剩人口，而在人口布局上，出现了大批破产农业人口涌向城市和交通要道及谋生较易的地方的现象，使沿江、沿海、沿铁路城镇人口不断增加。在这里，人口的分布不仅受到地理条件的限制，而且受到半殖民地半封建社会条件的影响。山西近代人口地理分布和人口城乡分布亦极不平衡，它同样受到自然条件和社会条件的限制和影响。

（一）人口地理分布

历史上，山西地区的人口分布一直是南稠北稀。晋南平原地处黄河中游，气候温润、土地肥沃，历来是政治、经济、文化繁荣和人口较密集的地区；晋西北地区天气寒冷，土地贫瘠，加之古代大小战争几乎不断，使此地人口一直十分稀疏。进入近代后，虽然南稠北稀的差距有所缩小，但不平衡的现象仍然十分严重。嘉庆二十五年（1820），全省土地面积（大同、朔平二府辖厅不在今山西境内，从略）为 171130 平方公里，人口总数为 14476652 人，人口密度平均每平方公里 84 人，省南的蒲州、解州、强州、霍州、平阳府、潞安府、汾州府平均人口密度为每平方公里 181 人，人口最为稠密的蒲州府每平方公里人口达 424 人。而省北的大同府、宁武府、朔平府、忻州、代州、平定州平均人口密度为每平方公里 50 人，最低的朔平府人口密度每平方公里仅 20 人。② 光绪初年，山西发生自然灾害，"被灾最烈惟河东道属，冀宁道属稍次，雁平道属又次之"③，受灾程度由南往北递减，使人口密度也随即发生了相应的变化。光绪十三年（1887），全省平均人口密度为每平方公里 67 人，上举省北六府州县人口密度平均为每平方公里 44 人，最低的朔平府每平方公里 14 人，而省南七府州平均人口密度为每平方公里 96 人，最高的蒲州府每平

---

① 梁方仲：《中国历代户口、田地、田赋统计》，上海人民出版社 1980 年版，第 272 页。

② 人口数字土地面积均据梁方仲《中国历代户口、田地、田赋统计》，上海人民出版社 1980 年版，第 278 页。

③ （光绪）《永宁州志》卷三十一，灾祥。

方公里达 166 人。① 南稠北稀的差距虽有缩小，但仍然存在严重的不平衡。

山西近代人口地理分布不平衡的另一个表现是东密西疏。如果以全省北部的桑干河—汾河为界，山西地形可以分为东部太行山区和西部吕梁山区两个部分。进入近代，尤其是光绪初年自然灾害之后，随着社会政治、经济的发展，出现了东部太行山区高于西部吕梁山区的不平衡局面。东南部泽州府、潞安府、沁州以及平阳府的东半部，由于地形复杂，气候温和湿润，自然资源丰富多样，河北、河南、山东三省客民络绎而至，如临汾："光绪三年大浸后，人民减去强半，比年直、鲁客民络绎而来，几乎占全县十分之三"；② 安泽："自大浸后始，直隶山东客民日多。"③ 长治县林移大队就是清末民初由河南林县移民创建起来的。大量客民的移居，使晋东南地区的人口密度随即增高，到民国初年，长治、高平、晋城等地成为全省人口最为稠密的地区；东半部的中部地区，由于清末正太铁路的兴建，使太原、榆次、寿阳、阳泉等地的工商业迅速发展起来，人口密度也相对增高；在东北部，大同府、忻州、代州、平定州光绪初年自然灾害影响不大，人口自然增长相对上升。在全省东半部人口密度相对增高的情况下，与之相对应的西半部，包括解州、蒲州府、绛州、平阳府的西半部、隰州、汾州府等地，光绪初年受害较烈，致使人口密度大幅度下降。这样，到民国初年，全省形成了人口分布上东密西疏的不平衡局面。

山西近代人口地理分布南稠北稀，东密西疏的不平衡现象，与光绪初年的自然灾害有直接关系。灾害使全省各地人口大幅度下降。随之而来在人口分布方面所发生的变化，一方面是由于社会政治、经济发展的结果；另一方面则是由于受灾程度的不同而出现的恢复差异。这里，我们可以看出，在人口相对过剩问题日益严重的情况下，嗷嗷待哺的饥民由于毫无储藏，只能坐守待毙，饿殍载道只能任其自然，何处灾害严重，何处死亡众多，腐败不堪的清王朝是无能为力的。

---

① （光绪）《山西通志》卷六十五，户口。

② （民国）《临汾县志》卷二，户口略。

③ （民国）《安泽县志》卷十四，祥异。

（二）人口城乡分布

山西近代人口城乡分布也极不平衡。它首先表现在占人口绝大多数的农村人口或"地狭人稠"，或"地广人稀"，分布不均。晋中、晋南等地区自然条件优越、社会经济发达，田连阡陌，人口集聚，往往有数十口为家，数百户为村的稠密村落，各地间的经济联系也比较广泛。咸、同之际，太谷、平遥、永济等县人口达 30 万以上，省北政治、经济、文化中心的大同人口多达 41 万，榆次、稷山、寿阳、忻州等地都达到了 20 万，这些地区人口密度在每平方公里 100 人以上，有些则高达 200 人以上，大都有田不足耕，过剩人口外出经商的现象，如"太汾两府，田作既少"，"经商者十人而八，太原之太谷、祁县，汾州之介休、平遥，其投资于川、广、三吴、两楚市肆甚广"。① 与之形成鲜明对比的是，晋西北许多州县人口密度每平方公里不足 50 人，如隰州（辖蒲县、大宁、永和三县）在光绪自然灾害之后，每平方公里人口仅 14 人。这些地区位居山僻，可耕土地面积有限，百家以上的村落寥寥无几，"凡有可耕之地，随在营窟而居，以便耕凿而谋衣食，故所谓十家村者，实居多数，通邑足百户者，除城镇而外，不过数村而已"②。"地广人稀"的矛盾，使这些地区不得不籍佃耕种，甚者视多田为累。如高平县"田多人少，耕种尤艰，加以谷贱伤农，农田利衰，薄耕则力有不给，不耕则赋无所出，多田之家视为苦海矣"③。有数十万人口稠密大县，又有十数人的稀疏村落；有平原上的深宅大院，又有山沟间的土石窑洞，"地狭人稠"而经商于外，"地广人稀"而视田为累。这是一幅山西近代农村人口分布不平衡的画面。

山西近代人口城乡分布的另一个特点是城市人口的逐渐增加。近代城市是资本主义工商业发展的产物，它不仅是政治、文化中心，而且首先是近代资本主义发展，商品货币关系日益扩展所形成的经济活动中心，随着资本主义社会化大生产的发展，农业日益资本主义化。农村人口不

---

① 王锡纶：《晋省贫富强弱策》，《怡青堂文集》卷三。
② （民国）《临县志》卷六，区所。
③ （光绪）《高平县志》卷六，赋役。

断转变为城市人口，使城市人口在人口总数中的比例越来越大，农村人口的比例越来越小。半殖民地半封建中国城市的发展，则是以农村的穷困和农业人口相对减少为代价换来的。中国近代农业并没有资本主义化，基本上仍然是古老陈旧的生产方式，帝国主义侵略从城市到农村的买办的商业高利贷剥削，使大量农民被夺取了生产资料而变得一无所有，从而被迫离开家园而流入城市。另外，城市是帝国主义和封建主义侵略压迫中国人民的中心，随着社会经济的发展，获利较厚的工商业日益成为一些人津津乐道的热门，地主、商人、资本家、官僚、政客，或投资工商业，或避难于租界，纷纷涌入城市，使城市人口急剧增加，上海、汉口、广州、天津、南京等大城市的发展，正是半殖民地半封建中国近代城市畸形发展的结果。

在帝国主义和封建主义的双重压迫之下，山西近代农业生产日趋衰败，人民生活日益困苦。据统计，自同治初年到民国时期山西农业生产夏秋两季收成不满六成的县份一直占50%以上；1911年，夏季收成不满六成者有97县；六成以上者仅有20县；秋季收成六成以上者下降为15县。① 民国初年，人民负担更重而生计日艰，相对过剩人口队伍日益扩大。随着商品经济和工商业的发展，城市的兴起为农村源源不断的过剩人口提供了一些应有的出路。清末民初，山西陆续出现了太原、榆次、长治、晋城、大同、临汾等大中城市，以榆次为例，咸、同时期城内就有典当行90余家。"自光绪三十三年正太铁路通车后，晋南各县即（及）陕甘等省往来货物，均由榆次站转运，于是货栈客栈、钱业粮业，逐渐增多。"② 与此同时，这些城市成为人口密集的地方。1919年省会太原人口达到45672人③，城市人口的增加，除一部分破产农民涌入而外，还有一部分属于官僚、政客、生徒（学生）、僧侣教徒以及从事工商业的资本家，如1919年，省会太原议员、官员、公吏、教员、生徒、僧侣教徒即有4000多人，占全部人口的近十分之一。④

---

① 李文治：《中国近代农业史资料》第一辑，三联书店1957年版，第762页。

② 《中国实业志·山西省》，商务印书馆1934年版。

③ 《现住户口与面积之比》，《山西省第二次人口统计》，存于山西省档案馆。

④ 《现住人口职业别》，《山西省第二次人口统计》，存于山西省档案馆。

　　近代山西还兴起了一批小城镇，如榆次的什贴、河津的禹门、凤台的周村、阳城的东冶、平陆的茅津等镇，从《清史稿》的统计来看全省各地共有 145 个之多，这些小城镇或为交通要道，或为工商业中心，有在原有的规模上发展壮大的，有在近代新兴起的，它们虽然不像大城市那样拥有数十万人口，但也是沟通城乡商品交换，聚集附近人口的地区，如保德县的东关镇，地处黄河之畔，水陆交通皆便，为全县第一市场。光绪末年，镇内即有铺户 70 余家，居民 5500 多人，①冶铁业发达的晋城县大阳镇，也"是一个小的，但人烟稠密的城市"②。

表3　　　　　　　　　**山西近代人口分布变化比较表**

行政区划			所辖州县名称	土地面积（平方公里）	1820 年人口数（人）	密度（人/平方公里）	1885 年人口数（人）	密度（人/平方公里）
府州名	属道	治所						
大同府		大同	大同、怀仁、山阴、阳高、天镇、广灵、灵丘、应州、浑源州	19200	764923	39.84	1159159	60.37
朔平府	雁平道	右玉	右玉、左云、平鲁、朔州	27000	536066	19.85	374699	13.87
宁平府		宁武	宁武、神池、五寨、偏关	6000	238692	39.78	230598	38.43
保德州		今保德	河曲	3300	140769	42.66	158051	47.89
代州		今代县	五台、崞县、繁峙	8700	513135	58.95	454368	52.22

　　① （宣统）《保德州乡土志》。
　　② ［德］李希霍芬：《中国》卷二，转引自彭泽益《中国近代手工业史资料》第二卷，三联书店 1957 年版，第 138 页。

行政区划			所辖州县名称	土地面积（平方公里）	1820年人口数（人）	密度（人/平方公里）	1885年人口数（人）	密度（人/平方公里）
府州名	属道	治所						
忻州		今忻县	定襄、静乐	5400	366146	67.80	450027	83.34
平定州		今平定	孟县、寿阳	8100	460484	79.07	566402	73.63
太原府		阳曲	阳曲、太原、榆次、祁县、文水、徐沟、交城、岢岚州	16500	2086640	126.41	1435971	87.02
辽州		今左权	榆社、和顺	4500	212715	47.27	129209	28.71
汾州府	冀宁道	汾阳	平阳、平遥、介休、孝义、临县、石楼、乡宁、永宁	15000	1807377	120.46	1646119	109.74
沁州		今沁县	沁源、武乡	5700	266811	46.81	187864	30.50
潞安府		长治	长治、长子、屯留、襄垣、潞城、黎城、壶关	9000	940514	104.50	849430	94.38
泽州府		凤台	凤台、高平、阳城、陵州、沁水	8700	899698	103.41	685689	78.81
隰州		今隰县	蒲县、大宁、永和	6300	134045	21.28	85771	113.61
霍州		今霍县	赵城、灵石	3000	351147	117.05	176651	58.88
平阳府	河东道	临汾	临汾、襄陵、洪洞、浮山、太平、岳阳、曲沃、翼城、汾西、乡宁、吉州	12300	1397546	113.62	766722	62.33

续表

行政区划			所辖州县名称	土地面积（平方公里）	1820 年人口数（人）	密度（人/平方公里）	1885 年人口数（人）	密度（人/平方公里）
府州名	属道	治所						
绛州		今新绛	闻喜、河津、稷山、绛县、垣曲	5400	1017312	188.39	516763	95.69
解州	河东道	今运城	安邑、夏县、平陆、芮城	3730	799521	214.34	292483	78.43
蒲州		永济	永济、临晋、虞乡、猗氏、万泉、荣河	3300	1398811	423.88	548769	166.29
总计			3 道 9 府 10 直隶州 6 散州 85 县	171130	14476625	84.56	10744057	67.05

说明：行政区划据《清史稿》卷十六，地理志。1820 年人口数字及面积据梁方仲《中国历代户口、田地、田赋统计》，第 273 页，甲表 88。1885 年人口数字据（光绪）《山西通志》卷六十五，户口。口外六厅不在今山西境内，从略。

四　畸形的人口职业结构

"社会内部的分工，也以人口数及人口密度作为物质前提。"[1] 人口职业结构，是人口构成中一个十分重要的内容。一方面，一定的人口，特别是劳动力人口是一定的经济结构的前提和条件，人口的现状对经济结构的形成和发展有重要的影响；另一方面，一定的经济结构对劳动力人口与生产资料的结合起重要的制约作用，从而对人口的发展也有重要的影响。半殖民地半封建山西社会人口相对过剩，人口的职业结构也在这种特定的社会中畸形发展变化着，我们可以从以下几个方面分别探索：

---

[1] 《马克思恩格斯全集》第二十三卷，人民出版社 1972 年版，第 391 页。

(一) 潜在过剩人口

马克思曾经科学分析了资本主义社会流动过剩人口[①]、潜在过剩人口、停滞过剩人口三种基本形式。半殖民地半封建中国近代人口问题主要是潜在过剩人口，即农村存在大量过剩人口，它不同于西欧资本主义以农业技术的改进为起点，而是农业破败之后被排挤出来的过剩人口。山西近代社会里大多数人的职业是农业，因而过剩人口中农业潜在过剩人口表现得尤为突出。帝国主义侵略势力的深入，使山西传统的农业与家庭手工业相结合的自然经济受到破坏，造成大批农业、手工业者破产失业，以纺织业为例，榆次由于"外布输入渐广，向所谓贩之四方，旁给西方诸州县之榆次大布，遂以绝迹"[②]，省内主要产棉区晋南，"向之所恃以土布为常用品，今竟尽易而用洋布矣，间有自织之家，而纱仍取给于机器所纺"[③]。具有悠久历史的山西手工制铁业也同样受到外国商品的排挤而日趋衰落，李希霍芬在给上海总商会主席米琪的信中说："由于外国制成的铁器输入以后（这种铁器可以由水路从通商口岸运来），山西铁器的销售额和总产量便已大大地减少，同时，为要尽量供应原有的市场，曾经求助于降低原有的价格，因而也降低了制造者的利润。"[④] 自然经济的瓦解，使大量农业、手工业者破产失业，造成了"流亡日多"的社会现象，"向时少惰游者今持手而食众日多矣"[⑤]。这种特有的潜在过剩人口在战争和天灾时尤其严重，光绪初年发生的自然灾害，"以铁、炭为生涯"的凤台县，"岁既不收，民失业，饿毙益多"[⑥]。全省无业流亡者多达六七百万，占总人数的三分之一，这是一支何等庞大的过剩人口队伍！

---

① ［德］马克思：《资本论》第一卷，人民出版社1975年版，第807—811页。流动过剩人口存在于资本主义的工业中心地区，这是由于采取新机器，或由于缩短生产，使一部分工人在一定时期内失去工作机会。当生产扩大时，他们中间一部分人可以找到工作。中国近代资本主义发展缓慢，山西更属低下，很少流动过剩人口。这里只是从人口职业的角度来讨论农、商、工矿及失业人口在社会经济中所占的比例。

② （民国）《榆次县志》卷六，生计考，工艺。

③ （民国）《安邑县志》卷三，生业略。

④ 彭泽益：《中国近代手工业史资料》第二卷，三联书店1957年版，第175页。

⑤ （同治）《阳城县志》卷五，风俗。

⑥ （光绪）《凤台县续志》，卷一，蠲赈。

这里，农业过剩人口表现出了巨大的潜伏性，他们通常还能保留一小块土地，但是，由于封建主义和帝国主义的残酷剥削和压迫，他们的生活极端贫困，只能拼死挣扎，勉强苟活，成为经常潜伏的补充劳动力来源。

（二）商业人口

山西商业，历史比较悠久，明清之季，山西一度执全国金融之牛耳，进入近代，山西商业之繁荣，商人之众多，亦为时人所赞叹。我们先看清末宣统年间几种乡土志中保留的人口职业结构资料①，可以看出，文水县从事商业人口占27%，保德县也占21%，阳城县比例略低的原因是从事矿业的人口未计入内，查阳城铁业发达，1919年全县从事矿业的人口就有6.5万多人，占人口总数的40%以上。② 近代山西商业人口在全部总人口中的比例应在25%以上，许多地方甚至高达40%、50%，如榆次"服贾者十之三、四"③；平定"贾易于燕、赵、齐、鲁间者十之五、六"④；浮山"往来糊口于齐、鲁、燕、赵、宋、卫、中山间者十之五、六"⑤。1919年，省城商业人口达13886人，几乎占到50%，地处山区的保德县，从事商业人口达到了85589人，超过了农业人口（11451人），⑥1918年统计全省商户多达58640户。⑦

表4　　　　宣统年间文水、阳城、保德三县人口职业结构统计表

县份	士农工商总数（人）	士（人）	%	农（人）	%	工（人）	%	商（人）	%
文水	51025	6593	12.9	27691	54.2	2767	5.5	13974	27.4

---

① （宣统）《文水乡土志》，《阳城县乡土历史》，《保德州乡土志》。又：近代工、商的概念与今天略有不同，工商业人口绝非全部从事大工商业者，"工"包括木匠、泥瓦匠、画匠等；"商"则包括行商坐贾及小贩等。近代山西商人在外而不入外籍，"离土不离乡"，所谓："不挈眷，不娶外妇，不入外籍，不置外之不动产，业成之后，筑室买田，养亲娶妇，必在故乡。"（民国《徐沟县志》）

② 《现住人口职业别》，《山西省第二次人口统计》，存于山西省档案馆。

③ （同治）《榆次县志》卷七，风俗。

④ （光绪）《平定直隶州志》卷五，食货，风土。

⑤ （光绪）《浮山县志》卷二十六，风俗。

⑥ 《现住人口职业别》，《山西省第二次人口统计》，存于山西省档案馆。

⑦ 《山西省第一次人口统计》，中国社会科学院经济研究所藏。

续表

县份	士农工商总数（人）	士（人）	%	农（人）	%	工（人）	%	商（人）	%
阳城	47472	2974	6.3	40692	85.8	574	1.2	3184	6.7
保德	3200	300	9.04	2000	62.5	200	6.3	700	21.8

山西近代商业人口在人口总数中所占比例较高，在全国也是很突出的，一方面它是商品经济发展的必然结果，更主要的则是由于近代山西人口与耕地的比例严重失调，农村经济衰败，大量的潜在过剩人口被迫离开土地而从事商业，所谓"晋省以商贾为重，非弃本而逐末，土狭人满，田不足耕地"①。这样的记载在各种方志中也俯拾皆是，如曲沃"至于利之所在，趋之若鹜，服贾走四方者，踵相接焉，则固土狭人满，恒产不赡之所致也"②；平定"户口日繁，计地所出岁莫能给，力农之外多陶冶沙铁等器以自食，他若贾易于燕、赵、齐鲁间者几十之五"③；芮城"人稠地狭，营商于外者甚多"④；太谷"以田少民多之故，商于外者甚多，中下之家除少数薄有田产者得以耕凿外，余皆恃行商为生"⑤；沁源"近年来增加人口，生计较难，而业商者较前为多矣"⑥；盂县"农务耕作无暇日、其资产不符养赡者，往往服贾于远方，虽数千里不辞"⑦。显然，"与居民离开农业转向城市一样，外出作非农业的零工是进步的现象，它把居民从偏僻的、落后的穷乡僻壤拉出来，卷入现代社会生活的旋涡中"⑧。但是，山西近代这种由于"土狭人满"而出现的商业人口众多的现象，是不能与资本主义社会那种由于农业资本主义化后，农民从事非农业职业同日而语的。

---

① （光绪）《五台新志》卷二，生计。
② （光绪）《续修曲沃县志》卷十九，风俗志。
③ （光绪）《平定直隶州志》卷五，食货、风土。
④ （民国）《芮城县志》卷五，生业略。
⑤ （民国）《太谷县志》卷四，生业、商会。
⑥ （民国）《沁源县志》卷二，风土略。
⑦ （光绪）《盂县志》卷六，地舆考、风俗。
⑧ 《列宁全集》第三卷，人民出版社1984年版，第527页。

（三）工矿业及副业人口

与商业人口比例略高形成鲜明对比的是山西近代从事工矿业人口的比例略低，山西地处内陆，交通不便，没有像沿海地区那样发展工业的优越条件，当时省内最大的棉纺织工业亦多系自纺自织的家庭手工业，榆次、太原、新绛、祁县等地的纺织厂，也都是管理混乱，产品低劣，工人有限的中小工厂，机械工业、建筑工业、化学工业等工业的发展更是有限，1898 年创设的山西机器局到辛亥革命时期也不过拥有工人 200 人。[①] 在帝国主义、封建主义和官僚资本主义的残酷剥削和压迫下，山西近代工业一直发展缓慢，到民国初年，全省从事工业的人口也不过 40 万人，仅占总人口的 3% 多[②]，拥有巨额资本和众多工人的工厂寥若晨星，而且"大都系小规模之手工作坊，新式工厂为数甚鲜"[③]。

山西矿业资源丰富，尤其是煤矿和铁矿几乎遍及全省各地，全省储煤量占全国的 60% 以上。外国资本主义商品侵入后，一些传统的利用矿产资源为基础的手工业遭到破坏，如凤台的大阳镇是著名的产铁之地，这里生产的铁针曾供应全国各地，并且运销中亚一带，"欧洲五金货物的竞争限制了这种贸易，以致销路局限于中国北部"[④]。山西近代也出现了大同、太原、五台、平定、交城、翼城、洪洞、泽州、灵石、霍州、沁水等地煤矿，但在当时的社会条件下，或因生产技术低下，或因交通运输不便，一般都只是土法开采，规模不大，像洪洞、南村等地煤矿，工人人数也仅百名而已。[⑤] 而且许多矿工都是半农半手业者，农忙季节不得不参加农业生产以维持生活。近代山西从事矿业的人口与丰富的矿产资源条件是极不相符的。

农业经济的衰败，使大量潜在的农业过剩人口被迫弃农而从商，工矿业的缓慢发展又不能吸收众多的过剩人口，这样，为了维持基本的生

---

① 曹焕文：《太原工业史料》，太原市建设委员会 1955 年版，第 6 页。

② 《现住人口职业别》，《山西省第二次人口统计》。

③ 《中国实业志·山西省》第二编，第二章，工业经济。

④ ［德］李希霍芬：《旅华日记》，转引自彭泽益《中国近代手工业史资料》第二卷，三联书店 1957 年版，第 175 页。

⑤ 参见彭泽益《中国近代手工业史资料》第二卷，三联书店 1957 年版，第 161 页。

活条件，近代山西出现了众多的农业人口在农闲季节寻求种种副业的现象，全省各地，因地而宜，不一而足。忻、代地区由于本地无煤可烧，"农工稍暇，皆以驮炭为生"①；左云"农隙以后有往煤窑服苦者，亦有以养车运货营生者"②；平定陶冶沙铁；榆次编柳织席；闻喜则"有与农隙熬土卤制柿酒者，有驱骡马服盐车者"③。农暇之时，因地而从事各种副业，也确实能够解决农民的一些燃眉之急，如潞城县光绪末年有两万余名妇女制造草帽，每年收入不下20余万两，"夫职此业之妇女，岂尝舍缝纫井臼而不操乎？第以缝纫井臼外之余工，即能岁入如许之银，不为不多矣"④。人民生活日益困苦，农隙之时寻求各种副业，这从一个侧面也反映了人口过剩问题的严重性。

(四) 停滞过剩人口

停滞过剩人口主要是指那些没有固定职业的人，另外，还包括那些"属于待救恤贫民范围"的"相对过剩人口最深的底层"的那部分过剩人口。⑤ 山西近代存在成千上万的农业潜在过剩人口，资本主义工商业及矿业的缓慢而微弱的发展，又使它吸收的劳动力极其有限，这样，大批破产农民、破产小手工业者只得拼命地挣扎在生活的死亡线上，或寻求副业以勉强维持生计，另外一部分潜在过剩人口则被迫"弃农经商"，但是，他们仍然不能幸免于贫困失业，沦为乞娼的厄运，他们是相对过剩人口中的最底层。据山西省公署统计处统计，1919年全省病患、残废、老弱、鳏寡无依等贫民计有近三百人。⑥ 清末民初，虽然城市中出现了议员、公吏、律师、新闻记者等新的职业，但是，无业、流氓、地痞、赌徒、乞丐、娼妓等人数更多；1918年全省无职业人口达100多万⑦，几乎占到总人数的十分之一。

---

① （光绪）《五台新志》卷二，生计。
② （光绪）《左云县志》卷一，风俗。
③ （民国）《闻喜县志》卷二，生业。
④ 《常学生条陈草帽缠事宜》，《山西农务公牍》卷三，第18页。光绪三十年农林学堂铅印本。
⑤ ［德］马克思：《资本论》第一卷，人民出版社1975年版，第811页。
⑥ 《全省贫民统计总表》，《山西省第一次社会统计》，存于山西省档案馆。
⑦ 《现住人口职业别》，《山西省第二次人口统计》，存于山西省档案馆。

　　总之，山西近代人口职业结构是一种畸形的结构。它不仅表现在商业人口比例较高建立在农业破败的基础之上，工业得不到应有的发展而人口比例略低，丰富的矿产资源与矿业人口极不相符，而且表现为潜在的、停滞的过剩人口大量存在，这也是中国近代人口职业畸形结构的特点。

表5　　　　　　　　　　**1919 年山西人口职业结构表**　　　　　　单位：人

职业	人口总数	职业	人口总数
议员	227	矿业	15771
官吏	3639	商业	1314013
公吏	15113	工业	405064
教员	24437	渔业	462
生徒	587252	杂业	778505
僧侣教徒	22305	劳力	379906
律师	56	娼妓	677
新闻记者	285	无职业	790251
医士	7017	未详	1923899
农业	4979844	合计	11387723

　　说明：根据《山西省第二次人口统计》中《现住人口历年比较》辑出，此资料现存于山西省档案馆。

五　严重的人口高性比例

　　大量潜在的、停滞的过剩人口找不到应有的生活出路，其结果是中国近代人口出现惊人的高死亡率，由于政治、经济、文化等方面的原因，半殖民地半封建中国社会妇女的死亡率大大高于男子，从而形成了男女比例失调，高性比例严重的恶劣现象，这一畸形的人口现象，在山西近代表现得尤为突出，造成了一系列严重的社会后果。

　　人口性比例，即人口总数中男女两性所占比例，一般来说是平衡的，或几乎是相等的，但是不同社会、政治、经济、文化、习俗等方面的制约，人口性比例又表现出一定的差异。第一次世界大战之前，世界各国人口性别比例多在 102 至 106 之间，基本趋于平衡。① 与此同时，在半殖民地半封建的中国社会，人口性比例表现出严重的不平衡性，而山西则更为突出，它不仅居全国之冠，而且比邻省高出许多。清末民政部的户口统计表明，1910 年，全国 22 个行省有男 198911382 人，女 163415760人，性比例为 121.7，陕西省性比例为 110，直隶 121.4，河南为 112.6；热察绥 121.2；而山西最高，达 135.5（男 5810855 人，女 4288280 人），即每 100 名女子与 135 名男子之比。② 从一些地方志的记载看来，高性比例在山西近代社会普遍存在，如咸丰年间，清源县男 131636 人，女83983 人，性比例为 157；1880 年，男 43844 人，女 33988 人，性比例为130③；1912 年，武乡县男 57866 人，女 46368 人，性比例为 125；④ 1919年，省会男 30756 人，女 14983 人，性比例为 205；榆次县男 89678 人，女 54056 人，性比例为 166；繁峙县男 72397 人，女 43114 人，性比例为168，⑤ 如此严重的人口高性比例，不能不引起我们的极大注意。

山西近代人口高性比例，究其原因主要有四：

1. 妇女经济地位低下。山西近代人口高性比例，是与当时的妇女经济地位密切相联系的，在半殖民地半封建的中国近代社会，"男尊女卑"、"不孝有三，无后为大"的封建传统意识，作为统治阶级愚弄和毒害人民的工具仍然根深蒂固。在这种封建意识的指导之下，妇女无论在社会经济，或是在社会生活中都受到极大的压迫和摧残，限制了她们的出生、发育和成长。山西近代妇女多不从事生产，经济地位十分低下。《山西村政汇编》中这样写道："山西有个最大的病，就是妇女不做事。这不但是外国没有，就是中国各省也少。"⑥ "男耕女织"本是中国传统的自给自足自然经济的特点，但是，由于山西许多地区天旱地瘠，不宜植棉，因而"女子不晓纺织"⑦。"寸丝尺布俱来自远方"⑧，这种现象在吕梁、雁

---

① 1934 年《中国经济年鉴》，第三章人口（C）。
② 同上。
③ （光绪）《清源县志》卷八，田赋、户口。
④ （民国）《武乡县志》，丁役略。
⑤ 《现住户口与面积之比》，《山西省第二次人口统计》，现存于山西省档案馆。
⑥ 山西省村政处编：《山西村政汇编》，第四章，民国十七年铅印本。
⑦ （光绪）《续修崞县志》卷一，舆地志，风俗。
⑧ （宣统）《保德州乡土志》。

北、忻州等地普遍存在。妇女的经济地位决定了她们的社会地位，这是形成山西近代人口高性比例的根本原因。

2. 溺女之风盛行。溺女，即溺死女婴。进入近代，由于帝国主义和封建主义的残酷剥削和压迫，山西经济日形萧条，人民生活困苦不堪，贫苦的人民终岁勤劳，"一岁所入不足支半年"[①]，妇女又不从事生产，纯属消费者，人们往往视之为生活上的负担，这样，溺死女婴的恶习流行于全省各地，贫穷的农村更为严重，[②] 如崞县"男较于女几多四分之一，良由溺女之习，相沿成习"[③]；繁峙"家有三女则群谓不祥，溺女之风，作俑于代，流祸至今为厉"[④]；晋中榆次等地亦有溺女之习；晋南荣河县"溺女之习，合邑皆然"[⑤]。溺女的恶习在近代山西是比较普遍的，《晋政辑要》记载，"晋民素称朴厚，而溺女一事，竟狃于故习而不能湔除，往往初生一女，犹或冀其存留，连产两胎，不肯容其长大，甫离母腹，即坐冤盆，未试啼声，已登鬼箓"[⑥]。各地风行的溺女恶习，致使女婴的死亡率大大高于男婴。

3. 妇女死亡率偏高。半殖民地半封建中国社会的妇女，不仅刚刚出生就面临着被溺死的厄运，而且一生中随时都有死亡的可能，无论在社会还是在家庭，妇女往往受到百般的歧视，所以死亡率较男子偏高，夫权制是套在妇女脖子上的一条无形枷锁，地方志"烈女传"中的"烈妇"一项，就是由于丈夫死亡而立时捐躯者；每遇灾年荒岁，妇女往往首当其难，"卖妻鬻子"，不知残害了多少妇女的生命；由于医疗条件的限制，妇女在生育期死亡率又特别高，以 1919 年为例，山西妇女因生育而死亡者占妇女总数的 10% 左右，[⑦] 1924 年调查，山西全省女子自 15 岁至 44 岁死亡者共计 21647 人，死于生产者 4725 人，占 21% 多；[⑧] 妇女死亡率较

---

① （光绪）《平定直隶州志》卷五，食货，户口。

② 查《山西省第一次人口统计》全省性比例大致由南往北逐渐增高，主要是当时越北越贫。

③ （光绪）《续修崞县志》卷六，财政志。

④ （光绪）《繁峙县志》卷一，地理志。

⑤ （民国）《荣河县志》卷八，礼俗。

⑥ 安颐总辑、张承熊等修：《晋政辑要》卷十八，户制，恤政三，光绪十三年刊本。

⑦ 《现住人口年龄别》，《山西省第二次人口统计》。

⑧ 乔启明：《中国农村社会经济学》，商务印书馆 1944 年版，第 55 页。

男子为高, 也是造成近代山西高性比例的原因之一。

4. 高龄女子较男子为少。从生理学、人口学的角度来讲, 女子寿命一般比男子为长, 山西近代妇女寿命并不比男子为长, 这也是一种独特的现象。乔启明先生也曾提及这一问题。[①] 从一些地方志中的统计来看, 男子寿命也比女子为长, 如光绪《应州再续志》中统计, 85 岁以上男子 14 人, 而妇女仅有 5 人。[②] 1919 年, 山西全省 80 岁以上的男子共计 409718 人, 而妇女仅有 22276 人[③], 山西近代高龄女子较男子为少, 也就是妇女寿命比男子为短, 这种现象在 20 世纪二三十年代仍然存在, 它在全国来说也是很少见的。

在半殖民地半封建的山西近代社会, 妇女从出生、生育直到老年, 死亡率均高于男子, 造成了严重的高性比例。虽然, 造成山西近代人口高性比例的原因, 诸如统计上的不实, 生理上的原因等都应考虑进去, 但是, 上述原因是绝对不能低估的。

山西近代人口高性比例, 不仅使男女比例严重失调, 而且带来一系列严重的社会后果:

一是对山西近代人口再生产有所影响。人口性比例严重失调, 势必使许多男子无以得偶, 进而影响人口的增殖。近代山西人口相对过剩, 人口总数量不仅没有增长, 反而有所下降, 与这种严重的高性比例是不无关系的。

二是早婚流行于山西近代社会。由于男多于女, 男子往往有及早成家的愿望, 富户大家, 更是迫不及待, 这就造成了近代山西流行早婚的恶习。首先是订婚年龄过早, 尚未涉世的青少年男女, 往往由父母包办, 许定终身, 许多地区指腹割襟的恶习一直沿袭到民国时期。如平定州"今男女五、六岁即议婚, 甚有襁褓为婚者"[④]; 荣河县"定亲过早, 富者尤甚"[⑤]。其次是结婚年龄过早, 这类记载在各县志中比比皆是, 如

① 参见乔启明《山西人口问题的分析研究》, 见《社会学刊》卷二, 第二期。

② (光绪)《应州再续志》卷二, 寿。

③ 《现住人口年龄别》,《山西省第二次人口统计》, 现存山西省档案馆。

④ (光绪)《平定州志》卷五, 食货、风土。

⑤ (民国)《荣河县志》卷八, 礼俗。

"兴县早婚之风最盛，往往有男子十二即娶，女子十三四岁即嫁者"①；天镇"富室早娶，往往妇年及笄而婿才扶床"②；乡宁"今则十五、六岁，竟有十三龄即已及笄者"③；虞乡"今俗迫不及待，尽有十三、四岁即行嫁娶"④。1919 年中阳县十五岁以下结婚女子占总数的 52%，岚县也占 42%。⑤ 早婚不仅影响优生，而且严重摧残妇女的身心健康，其害是不言而喻的。

后果之三是买卖婚姻盛行于全省各地。形成买卖婚姻这种社会恶习的原因是多方面的，但是，严重的高性比例，也是不可忽视的原因之一。由于女子较男子为少。人们往往视之为奇缺，女方则乘机故意索取聘礼，所谓"女子适人，其父母惟视钱财多寡以为断"⑥。随着人民生活的日益困苦化，山西近代买卖婚姻之风日甚一日，民国以后，越演越烈。民国《曲沃县志》记载了这一沿袭过程："清初，聘礼极微，言及财物，人咸耻之，光绪季年，风气不（丕）变，聘金有二、三百金，或竟四、五百金者，民国则变本加厉，议及婚事，先讲元额，番饼二百枚，亦几成为口头禅，中人之家，不敢轻言婚事，嫁娶失时，此亦人丁缺乏之一原因。"⑦

买卖婚姻的恶习盛行于山西近代社会，我们可以随便举出几例：

平定："至于女家争财钱之多寡，男家争妆资之厚薄。则尤相沿成习，以至倾家者往往有之。"⑧

临县："近年婚嫁论财，居奇可厌，七、八十千者数见不鲜，甚有百数十千者，后婚彩礼二、三百千者，此最近恶习，将有贫不能娶之患。"⑨

虞乡："嫁女索重聘，尤为近之恶习……小康之家娶一媳妇多致家道中落。"⑩

---

① 石荣璋：《合河政记》，蓉城仙馆印行。
② （光绪）《天镇县志》卷四，风土记。
③ （民国）《乡宁县志》卷七，风土记。
④ （民国）《虞乡县志》卷三，礼俗。
⑤ 《婚姻人数与年龄之别》，《山西省第二次人口统计》，存于山西省档案馆。
⑥ （民国）《新绛县志》卷三，礼俗。
⑦ （民国）《新修曲沃县志》卷十三，礼俗。
⑧ （光绪）《平定州志》卷五，食货、风土。
⑨ （民国）《临县志》卷十三，风土。
⑩ （民国）《虞乡县志》卷三，礼俗。

徐沟："婚娶论财，尤为非古。"①

翼城："聘礼每逾百元，且有三、四百元者，聘金外尚有后节礼，各曰费金，贫者无力，办至衍期。"②

买卖婚姻视妇女为钱财，由父母包办儿女终身大事，而且使"富者艳其财，而贫者愈难得其偶"③。许多人因此或推迟结婚年龄，甚有终身不娶者，给山西社会带来极大危害。

山西近代人口高性比例，还使当时社会风气日益腐败，娼妓即为一例。在半殖民地半封建的近代山西社会，广大人民痛苦地挣扎在生活的死亡线上，严重的人口高性比例，对娼妓的存在和发展产生了巨大的刺激作用。1918年全省明娼即有865名。④ 应当说这个数字还是相当保守的，从小说《花月痕》中我们也可以发现山西近代这个阴暗的角落。高性比例，还造成了山西近代社会犯罪率增高、拐卖妇女等社会问题，这里就不再细述。

马克思主义认为，社会生产方式决定人口规律，但是，"人口的增减对社会的发展有影响，它促进或者延缓社会的发展"。山西近代人口问题，受到半殖民地半封建社会的制约，与当时的山西政治、经济、文化的发展密切相连。同时，它又反过来影响社会生活的各个方面。人口相对过剩与人口结构诸方面的失调，不仅使山西近代人民生活日益困苦，社会经济日益衰败，而且使近代山西资本主义发展一直像蜗牛爬行、停滞不前，以生产力低下、技术落后、闭塞保守、交流不足为特点的封建性生产方式一直牢固地根植于山西近代社会。同全国各地相比，军阀统治之所以在山西历时最久，浓厚的封建生产关系正是其存在的基础之一。不仅如此，人口问题还给山西近代社会带来了早婚、买卖婚姻、人口质量不高、文化教育落后等一系列严重的社会后果，这是一幕沉痛的历史悲剧。需要指出的是，山西近代人口问题给社会带来的影响是久远的，但是，这些问题在半殖民地半封建的中国社会是不可能得以解决的，社

---

① （光绪）《徐沟县志》卷五，风俗。

② （民国）《翼城县志》十六卷，礼俗。

③ 刘文炳：《徐沟县志》卷二，人口。

④ 《现住人口职业历年比较》，《山西省第二次人口统计》，存于山西省档案馆。

会主义制度的建立，为我们解决近代遗留的人口问题提供了无比宽广的道路。今天，我们应当汲取近代中国人口发展的教训，以利于制定符合我国国情，适合社会主义现代化建设的人口政策。

表6　　　　　　山西近代人口总数变迁年表　　　　单位：千人

年份	人口	年份	人口
1840	14892	1867	16248
1841	14927	1868	16282
1842	14946	1869	16309
1843	14966	1870	16329
1844	14986	1871	16392
1845	15008	1872	16360
1846	15031	1873	16384
1847	15056	1874	16394
1848	15078	1875	16405
1849	15103	1876	16419
1850	15131	1877	16433
1851	15693	1878	15557
1852	15892	1879	15569
1853	15921	1880	14587
1854	15957	1881	14349
1855	15992	1882	12211
1856	16016	1883	10744
1857	16049	1884	10909
1858	16088	1885	10793
1859	16123	1886	10847
1860	16199	1887	10658
1861	16242	1888	10984
1862	16286	1889	11034
1863	16324	1890	11059
1864	16154	1891	11071
1865	16186	1892	?

年份	人口	年份	人口
1866	16218	1893	10912
1894	10051	1928	11672
1895	11104	1929	12130
1896	11191	1930	12059
1897	11493	1931	11971
1898	11531	1932	11746
1911	9992	1933	11590
1912	10082	1934	11601
1913	10251	1935	11328
1914	10446	1936	11470
1915	10362	1937	11601
1916	10530	1938	11697
1917	11339	1939	11794
1918	16161	1940	11892
1919	11388	1941	11990
1920	11447	1942	12090
1921	11654	1943	12190
1922	11730	1944	12291
1923	11799	1945	12393
1924	11943	1946	12495
1925	11994	1947	12590
1926	11980	1948	12703
1927	11980	1949	12809

说明：本表数字据严中平等编《中国近代经济史资料选辑》，山西省秘书处《山西省户口统计》《山西省统计年鉴》《中国实业志·山西省》等书辑出。其中1899年至1910年数字缺，待补。

明清以来山西水资源匮乏及水案初步研究

一

现实是历史的延续。唐宋以降，尤其是明清以来，山西水资源匮乏已成为严重制约社会经济发展的因素，对此进行考察并揭示其中蕴含的社会内容，对促进山西社会经济可持续发展乃至在西部开发中合理利用资源均具有很好的借鉴意义。

古代山西不仅是中华民族重要的发祥地之一，而且是地肥水美，农耕文明发达的地区。唐宋以降，尤其是明清以来，随着人口压力的日渐加重，人口与土地之间的矛盾亦日渐突出起来。于是，开荒垦田、放荒毁林、水土流失、湖泊湮废、灾荒频仍成为山西农村社会经济生活的主流，自然环境随之遭到极大破坏，水资源严重匮乏成为一种必然的趋势。

明清以来全国人口的迅速增长是中国社会经济史中最可注意的现象，元末明初则是山西人口发展史上的一个关节点。当时，中原地区战乱不息，水旱并袭，致使人烟稀少，土地荒芜，而山西却少受兵乱和灾疫之侵，是一个风调雨顺，人丁兴盛，社会相对安定繁荣的时期。明初山西人口总数403万余，相当于河南、河北两省的总和。正是在这种情况下，才有朱元璋移山西人口以实中原的明初大移民，才有"问我祖先来何处，山西洪洞大槐树"这句数百年世代相传、绵延神州的民谣。应该说，明初的"大槐树移民"已经是山西人口膨胀或曰人口压力的明显信号。清代前期山西人口同全国各省区一样属于迅猛增长的时期，据清《户部清册》载，1786年全省人口已达1319万人；1819年1432.5万人；1840年1489.2万人。步入近代之后，延续10余年的太平天国战争致使人烟稠密的江南地区人口大量耗减，而山西人口仍在继续增长。咸丰元年（1851）

全国人口4.3亿余，是明清以来全国人口增长的最高峰。同年，山西人口达到1560余万，光绪初年大灾荒前全省人口1640余万，是近代山西人口增长的最高峰，此人口总数比中华人民共和国成立后1953年人口普查所得14314458，仍高出近200万。"人满为患"已经成为山西地区突出的社会问题。

　　人口的再生产必须与物质资料的再生产协调发展。明清以来，山西人口相对于全国各省区而言一直处于不断增长的态势（光绪初年灾荒另当别论），而农业社会中最重要的土地资源的增长却十分缓慢，人口与土地之间的矛盾日渐突出。"土狭人稠""田不足耕"几乎成为全省南北各地的普遍现象。不应忽视的是，山西地区本来"山多地少，本非五谷蕃衍之所。雁门迤北地多斥卤，岁仅一收，太行迤东则冈峦带土，颇鲜平原"。人地关系的日渐紧张必然导致大面积的垦荒，道理就在"民以食为天"。史载，明初朱元璋奖励垦荒，军屯、民屯、商屯在山西均有成效，此后，河谷平原，丘陵山地，乃至人烟稀少的林区边地，都成为成千上万民众为维持生计而垦辟争夺的对象，林地植被随之被毁，以致出现了"即山之悬崖峭壁，无尺寸不耕"的局面。如五台山地区，明末尚有"五百里内，林木茂盛，虎豹纵横，人迹罕至"的情景，乾隆时即已"垦田艺植，猛跌避迹"。更为得农田肥料，不惜纵火放荒，"林草尽化为灰"者。研究表明，明初山西森林覆盖率在30%左右；明中叶以后下降到15%；清末10%，解放前夕已不足5%。

　　为扩大土地面积而造成的森林植被大面积破坏，致使明清以来山西的生态环境达到岌岌乎脆弱不堪的地步。据考，先秦时期山西仍为温暖湿润的亚热带气候，此种气候环境带来了丰沛的雨量和丰富的水资源。黄河第二大支流——汾河的漕运，自先秦至隋唐延续数百年之久。"昭馀祁湖""文湖""淳湖""玉泽""丰泽"等大小湖泊分布南北各地，《水经注》所载山西境内即有湖泊十五处。时至明清，在人地关系日趋紧张的同时，随着北方气候的逐渐干燥，山西地区森林被毁，湖泊湮废，水土流失，地利退减，农业生态环境日益恶化，旱荒的频率和规模大大超于前代。据不完全统计，今汾河灌区自西汉景帝二年（前155）至唐高祖元年（618）733年中，仅有8个旱年，平均97年一次；唐高祖元年（618）至元世祖元年（1271）646年间19个旱年，平均34年一次；明清以来旱年出现频率越来越快，洪武元年（1368）至宣统三年（1911）543年间40个旱年，平均每14年一次。应该说，生态环境的恶化与旱荒的频繁乃是自然界的一种恶性循环。

在以农业生产为主的黄土高原区，水既是农业繁荣的条件更是农业生存的条件。

山西地区至今流传着"庄稼离开水，好比人没有腿"的民谣。农业生态环境的整体恶化，迫使农民不得不对水资源的开发利用愈加重视。据冀朝鼎《中国历史上的基本经济区与水利事业的发展》统计，明代山西共兴修水利工程97项，清代156项，共计253项；而毗邻的陕西省明代48项，清代38项，共计86项。尽管作者指出山西的水利工程中包含了大量的私人工程，但无论公私，都反映了山西地区对水的急迫和重视。问题的另外一面是，在当时的生产力和科技水平下，水资源（无论是地下水或地表水）的利用度又是十分有限的。于是，对水的争夺与对水的重视一样，两者都会愈演愈烈。此所谓"凡物有利于人者，人必群起而争之，此事之必至，理之固然也"。

二

明清以来山西地区对水的争夺，集中表现为水案频发。

所谓"水案"就是因争夺水的所有权与使用权而引发的民间冲突和案件。大量地方文献、公私记述、碑刻实物、历史遗迹为我们提供了必要的研究基础。这里仅就其概况略加叙述分析。

从现有文献来看，唐宋以来山西地区即有水案的发生，交城、文水境内的文峪河水权之争在唐开元初年即以开始，但那时的水案具有局部性和数量少的特点。明清以来，因引用河湖泉水和地下水浇灌土地而导致的水案几乎遍布全省各地，境内主要河流如汾河、潇河、文峪河、阳武河、桑干河、滹沱河等流域都发生了程度不同的各类水案，尤其汾河流域及其主要支流最为集中。汾河中游自太原以南，诸凡榆次、太谷、祁县、平遥、介休、灵石、霍州、洪洞、临汾、襄汾、新绛、河津均在其中。初步统计，明清以来直至新中国成立前，大小水案在上百起以上。"晋省以水渠起衅，诟讼凶殴者案不胜书"，正是时人对水案普遍性的高度概括。

从水案的发生直到结案的时间来看，明清以来山西水案大多旷日持久，甚或终难结案。文水、交城境内的文峪河流域，自唐开元初年开凿甘泉渠以来。文水之开栅镇与交城之广兴镇即互争用水权，乾隆时"因水争控"，乾隆十三年（1748）、二十六年（1761）两度动官；嘉庆二十三年（1818）又由太原府出示判结；光绪初年，开栅镇与汾阳县邓糟头等十三村争讼；光绪二十六年（1900）与北张家庄下六堰争讼；光绪三十三年（1907）与北峪口争讼；民国八年（1919）文水、汾阳争波复起；次年开栅又与大城南等八村争讼。洪洞县境渠道计有四十一处，自金元以来，直至民国，水案迭起，"纷纭纠葛，趋时愈久，真象愈蒙"。河津县固镇、干涧等村因水争执，一直告至京城，"四十余年，水未归渠，又不能完浇"。清初干涧、尹村争讼，自康熙年间直至道光年间始得解决。"经年累月而讼不得解"者可谓司空见惯，有些水权纠纷甚有直至解放后才得以解决。

水案中涉及争水双方的范围相当复杂而广泛，是争水事件中明显的特征。一般而言，从同村同渠之间，到渠与渠、村与村、县与县，甚至数十村之间，数县之间，卷入的人数越来越多。洪洞的例子最为典型：始建于宋金之际的通利渠，从赵城石止村至原汾西县师家庄沿汾河取水，浇灌赵城、洪洞、临汾三县十八村，因水不足而"屡起争端"，是为县与县之争。县境之清泉渠水源畅旺，地甚膏腴，但与南岸之园渠及沃阳渠"颇有争竞"，是为渠与渠之争。均益渠为洪洞县尹壁村一村所有，浇灌土地一百五十余亩，因同治年间执事人不善办理，"致起讼端，连年不断"，是为同村之争。1916 年孙奂仑作《洪洞县水利志补叙》感叹道："小者关乎数村，大者联于异县，使灌稍不均或有背其习惯以自利者，则千百之众群起以相争。同渠者，村与村争；异渠者，渠与渠争。……联袂攘臂，数十百人相率而叫嚣于公庭者，睦相接焉。"

随着明清以来水资源的日益匮乏，山西水案冲突的激烈程度也愈演愈烈。一般而言，小到口角打斗。大至集体械斗，流血冲突，乃至致死人命多有发生，且有随着时间的推移更趋激烈的特点。榆次县之永康镇境内有涂河经过，附近小张义村、邬村、弓村用钱向永康镇买水灌田。乾隆年间，三村民人因开旧渠与永康镇互相讦讼，地方官则以旧志未载而不准挑挖，小张义村村民萧老五等谋杀永康镇萧海成，致酿命案。更富意义的是，官府提讯萧老五，萧氏一派视死如归的气概："不容开渠，故以命图赖，如准打挖，即愿画招，死亦不讳。"光绪末年，文水县革生牛德富，因谋争水利，纠众持械，抢占渠水，砍死一人并伤二人，争后牛德富公开招匠制造枪刀，预备械斗，官方认为"种种妄为，不法已极"。道光末年，久旱不雨，洪洞古县、董寺、李堡三村私掏新渠，盗范村北泉之水以浇灌，范村掌例（渠首类）范兴隆等前与三村理论，古县等三村聚合数百人与范村斗殴，致使古县村吉广顺归命。事发后，官府令范兴隆等例案定罪，然范村民人聚从议定：范氏为范村永远掌例，传于后代，不许改移，"且于每年逢祭祖之时，请伊后人拈香，肆筵设席，请来必让至首座，值年掌例傍坐相陪，以谢昔日范某承案定罪之功"。另外，民国初年赵城农民因与地主豪强争夺水利，四百余人惨遭杀害。1922 年临汾、洪洞、赵城三县之通利渠，因军阀与地主争夺水权，造成百余人的流血惨案。类似命案，不胜枚举，至今父老言及，仍谈虎色变。时人韩桐在论及洪洞水案时指出："一有不均，或背其所沿之惯例以为利者，则千百成群，相率互斗，罗刀矛，执器械，俨然如临大敌，必死伤相当而后已。"此亦可视为明清以来山西水案的一般性描述。

　　频仍不断，旷日持久，规模广泛，激烈冲突的水案，对当时山西地区政治经济乃至社会生活产生了极大影响。首先，争水双方的激烈冲突，尤其是大规模的集体械斗和命案，严重打乱了正常的社会秩序，潜伏着社会动荡的严重隐患。每一次大规模的水案发生后，统治者总是强调，若不从严惩办，永杜争端，为害间阎，何堪设想，正反映了水案对社会政治的巨大影响。其次，水案前后，往往耗费大量人力、财力和物力，对社会经济发展产生了不利的影响。一般而言，较大的水案发生前，往往伴有祭祀、发动、兴工等准备活动，案后又有罚款、罚工、罚戏、请宴等名目。况且水案发生前后，多值土地亟灌之时，损利误时，弊端重重。再次，水案对争水双方的日常生活也产生了不可低估的影响。就地域角度而言，争水双方，包括村与村、渠与渠、县与县多属同一物质精神文化交流圈，即使县与县之间也是近在咫尺，鸡犬之声相闻。一旦发生水案，即刻目为仇敌，水火难容，所谓"平生同里间，通婚姻，杯酒言欢，谊逾同气者，至此眨眼若不相识"。甚至"实犹一性，后竟两社构衅，亲友避道而行，不共戴天"。如果说个人与个人之间的反目为仇是实际生活中一种常见现象的话，水案引发的集体性仇恨则是带有一定共同意识的可怕现象，若久拖不决，甚至使人们的心理也会扭曲。许多争水地区对自己在世或不在世的渠首的祭祀膜拜，正是此种共同意识的反映。

另外，大量水案的发生，还为贪官污吏、乡绅恶霸、讼师劣棍提供了乘机渔利的机会，而争水双方的广大人民则普遍遭受物质和精神上的灾难，甚至"以此而破其家者，趾踵相属"，种种弊端，不一而足。

三

以史为镜，鉴古知今。明清以来山西水资源匮乏及其引发的水案蕴含着丰富的历史内容，其历史的启迪意义也是深刻而久远的。

马克思主义认为，人口的再生产必须与物质资料的再生产协调发展。明清以来山西仍然是一个自给自足自然经济占主导地位的地区，农业生产在整个经济生活领域具有举足轻重的作用。在日益严重的人口压力下，农村社会中最主要的物质生产资料——土地的人均使用率必然日渐下降。人地之间的这一矛盾是导致整个农业生态环境恶化的主因，它迫使人们不断地向大自然攫取土地资源。垦荒造田，毁林造田，填湖造田目的都在于扩大耕地以维持起码的生计。于是，水土流失，森林减少，草场退化，湖泊湮废，土地效益递减随之而来，整个农业生态环境恶化，明清以来山西水资源匮乏及大量水案的发生正是由此引发的必然结果。

"水利是农业的命脉。"在十年九旱的北中国地区，水资源的丰歉不仅决定着农业生产的丰歉，甚至决定着成百万农民的生计。合理地开发和利用水资源可以促进农业生产的发展，反之则会阻碍农业生产的发展。明清以来，山西地区为争夺有限的水资源而引起的众多水案，不仅与整个农业生态环境的恶化有着紧密的联系，而且与其不合理地占有和使用有关，分水不均，上下游难以协调，渠首豪强霸占水利，私开私挖盗水抢水等，都是导致大量水案发生的直接因素。历史事实证明，在水资源匮乏的状态下，更应该加倍注意合理地开发和利用水资源。

世事别来一番新。中华人民共和国成立后，生产资料公有制的实现为解决水案提供了现实的基础，水资源的所有权和使用权回到了国家和人民手中。然而,如同其他资源一样,大自然向人类提供的水资源也是相对有限的,人类可以通过发展科学技术和提高管理水平更加合理地开发和利用水资源,却不可能人为地增加相对固定的水资源。值得重视的是,在人口数量不断增长,农业生态环境短期内难以得到根本改变的情况下,对于北中国来说,水资源的合理利用与开发乃是整个社会经济生活中最应引起重视的问题。

人口、资源与环境必须协调发展,相互促进,这是历史提供给我们的启示,也是未来必须重视的问题。

明清以来洪洞水案与乡村社会

　　明清以来，山西因水资源匮乏发生了许多争水事件，并产生了众多的"水案"。① 其中，汾河流域洪洞县的争水案件相当典型。该县的争水历史可以回溯至宋金时期，集中爆发于明清两代，甚至在民国及 20 世纪六七十年代仍然多次发生争水冲突。目前，国内外学者对山西水利史的研究成果斐然。其中，原山西省社会科学院历史研究所的李三谋先生从制度层面对清代山西洪洞县的水利管理和组织状况做了比较深入的研究。② 以森田明、好并隆司等日本学者为代表③的日本中国水利史研究学会，也对山西省的渠道体系，水利规约以及"争水"问题做过一些深入细致的研究。在揭示国家、水利组织与村落三者的关系方面作了探讨，提出了传统社会在乡村水利事务中实行地水夫一体化的模式以维护水利秩序的观点，同时也提出了"水利共同体""公权力"（即国家权力）等概念，其研究已颇具深度。此外，美国学者杜赞奇、黄宗智等提出的国家与社会关系理论在研究中国乡村社会方面也取得了很大的成就，这套理论能否完全解释中国乡村社会的问题，仍有待进一步考证。④ 但是，迄今为止尚没有学人对明清时期山西省洪洞县大量出现的水案，从社会史的角度做深层次的研究，实为社会史研究中的一大缺憾。本文正是选择这一视角，试图在继承前人研究成果的基础上，以洪洞水案为线索展开对国家与社会关系的研究，希望填补山

---

① 水案，即因争夺水的所有权和使用权而发生的水事纠纷和讼案，统称为水案。

② 李三谋：《清代洪洞县的灌溉管理与组织》，《山西水利》1987 年第 3 期。

③ ［日］森田明：《清代华北的水利组织与渠规》，《史学研究》142 号，日本中国水利史学会编。［日］好并隆司：《近代山西分水之争》，《山西水利》1987 年第 3 期。

④ ［美］黄宗智：《华北的小农经济与社会变迁》，中华书局 2000 年版。

西社会史研究中的这块空白。

一　洪洞水案产生的背景

洪洞县位于山西省南部临汾盆地北端，境内水源丰富，众河流中除汾河纵贯其全境，还有洪安河、三交河、沙河等。此外尚有众多的泉源，如霍泉、清泉、连子泉等可以利用，以河水、泉水和山洞水为源形成的水利灌溉渠道密布全境。据民国时期《山西省各县渠道表》①记载，境内41条渠道中，除5条开自明代以外，其余大多修自唐宋时期。可见，自宋代始该县的渠灌系统就已初具规模。然而，自明清以来，随着人口压力的日渐加重，人口与土地之间的矛盾日渐突出起来。于是，开荒垦田、放荒毁林、水土流失，河流干涸、灾荒频仍成为洪洞乡村社会面临的主要问题。自然环境随之遭到极大破坏，水资源严重匮乏成为一种必然的趋势。水源的枯竭使关系到农业生死的水利灌溉显得更为重要，确切地说，到了一种得之则生、弗得则死的地步。于是围绕水权的争夺而爆发的水事纠纷日渐增多，特别是明清以来，无论规模、烈度和影响均超过往昔。

洪洞历来是山西重要的粮食产区，也是山西人口聚居较密集的地区之一。由于未经受元末战乱的影响，人口保持了相对的稳定，加之明初的休养生息政策，人口呈现持续增长的态势，"人满为患"的局面已初露端倪。明初的"洪洞大槐树移民"，事实上已经显示了人口压力过大的信号。据民国《洪洞县志》记载的明清时期户口统计数来看，明代洪洞人口总数维持在95000人上下，万历十年（1582）达到其最高峰98873人，较同时期全国各县户口平均数的53332人来看，竟高出45000多人。虽然经历明末清初战乱后，洪洞人口在户数和口数两项上均有明显下降，然而自乾隆三十七年（1772）停止编审，实行摊丁入亩后直至光绪元年（1875）的100年间，洪洞人口又经历了一次高速增长的过程，猛增至189700余人，即使经历了光绪三年（1877）的丁戊奇荒，仍维持在

---

① （民国）《山西省各县渠道表》，六政考核处编，山西大学图书馆藏。

123000 人左右，大大高出当时全国的平均数 78965 人。① 人口的急剧膨胀，使土地显得相对不足。据统计，明初的人均土地占有量为 6.3 亩，清光绪时人均占有量已跌到 3.4 亩。而以封建时代的生产力水平来看，平均每 4 亩土地才能养活一人。② 因此，明清两代洪洞县地狭人稠的问题已相当尖锐。

人地关系日益紧张的局面迫使人口向边山地带、河谷、森林等未开发区域转移，以寻求更多的生存资源。从洪洞县境内土地总数来看，明万历九年（1581）为 6307.9 顷，民国初为 6524.2 顷，③ 变动上下达 200 余顷（一顷约为 100 亩）。300 余年间土地增加了 2 万余亩，土地的增垦已达到其极限。甚至连山间瘠田，村边角地都得到耕垦利用，加之明初的大兴屯垦政策，使得明中叶以后，山西的森林、植被遭到严重破坏。郑观应指出，自太平天国和捻军起义之后，"燕齐晋豫省所有树木斩伐无余，水旱频仍半由于此"④。另据《山西森林变迁史辑要》考证，明初山西森林覆盖率为 30%，明中叶下降至 15%，清末为 10%，到 1949 年已不到 5%。⑤ 在山西这样山地丘陵比例很高的地区，过度开垦，会给生态环境带来不可估量的负面影响。其直接后果就是水土流失加剧，湖泊湮没，河流含沙量增加，水利演变为水害。

生态环境的日益恶化，使明清以来山西旱情也明显加重，降水量减少，水资源日趋匮乏。据资料统计，山西自明洪武元年至清顺治元年的 276 年中，有 61 个旱年，平均每 4.5 年一次；自清顺治元年至民国元年（1644—1912 年）的 268 年中，有 108 个旱年，平均 2.5 年一次；现代（1912—1949 年）共发生 27 次，平均 1.5 年一次。⑥ 气候干旱在整个山西省范围内普遍存在，洪洞自然也不例外。《山西农书》统计了山西南部地区明清时期的干旱状况：1472—1644 年为干旱期，其中 1472—1510 年共

---

① 洪洞县人口数字见民国《洪洞县志》卷九，田赋志，户口。全国各县平均数见梁方仲《中国历代户口、田地、田赋统计》，上海人民出版社 1980 年版，第 280 页，其余数字据上述两组数字推算得出。

② 行龙：《人口问题与近代社会》，人民出版社 1992 年版，第 47 页。

③ （民国）《洪洞县志》卷九，田赋志。

④ 《皇朝经世文三编》（34）户政（13）郑观应，旱潦。

⑤ 转引自毕士林《中国人口》，山西分册，中国财政经济出版社 1989 年版。

⑥ 山西史志研究院编：《山西通志·气象志》，中华书局 1996 年版，第 14 页。

39 年持续干旱，1630—1641 年连续 12 年旱年；1688—1724 年持续 37 年干旱；1725—1980 年，旱涝交替出现，干旱期出现过 8 次。① 持续的干旱使农业用水日益匮乏，导致歉收并发生粮荒。据《洪洞县志》记载，明清两代的大饥荒多达 24 次，其中多次造成"饿殍盈野，人相食"的惨剧。②

水源的紧缺使得灌区内所有的农民都有最大限度地行使自己用水权利的倾向，特别是在天旱或作物需水的临界期，由于一两天的缺水可能意味着一茬作物的歉收，直接影响到生计问题，因此农民会尽量充分引水灌溉。虽然各条渠道的水册中已明确规定了各渠民的用水份额和相应期限，但在实际灌溉过程的情形与水册所规定的并不完全相符。这样就极易产生紊乱渠规的事件，导致引水冲突。同时，新的用水户要求打破原有的分水惯例，采用新的配水和管理办法，因而围绕用水规则的维持与修改而产生的矛盾也日益激化。加之历次水案爆发之时，讼师劣棍又借机渔利，怂恿渠众兴讼；同时乡间势力也参与进来，更加剧了水案的复杂性，于是经常出现"纷纭纠结，变幻百出，经年累月而讼不得解"③的情形。

二　洪洞水案的基本类型

洪洞渠道包含四类：第一类为引汾河渠道，共有两条，即通利渠与丽泽渠。第二类为引泉水渠道，共包含 7 条，以泉水为中心的灌溉系统具有相对的稳定性，故而也常成为争夺的焦点。第三类为引汾河支流的渠道，共18 条，将近总数的一半。众多的渠道沿河自上而下取水。极易产生冲突。第四类为引雷鸣山水渠道。所谓雷鸣山水，据《润民渠册》所载，"其水专恃急暴雨时，山水猛冲于涧，由涧截流，方入于渠"。由于水源不稳定，只在下雨的季节才有，且具有破坏性，故此类渠道争水

---

① 郭裕怀等编：《山西农书》，山西经济出版社 1992 年版，第 69 页。
② （民国）《洪洞县志》卷十八，祥异。
③ 孙奂仑纂：《洪洞县水利志补》，山西人民出版社 1992 年版，第 4 页。后文中引文凡未加注者。均出自该书，不再做注。

也更为激烈。下面将以水源类别的不同，对水案加以整理，以窥其貌。

第一类是以汾河为源的渠道上的争水案件。由于此类水案争水双方多属不同县份，双方官府各有袒护，故常争讼不休。集中体现在浇灌临汾、洪洞、赵城3县18村地亩的通利渠上。该渠开自金兴定二年(1218)，上下游数十个受益村庄常因"水不足用，屡起争端"。明嘉靖六年(1527)，就因"汾河泛滥，水利无常，讼而始得"。康熙四十八年(1709)，居上游的石止、马牧、辛村在天旱需水之际，假称有"任便使水"之权，在上游截水浇地。使长期以来轮番使水的规则被破坏，引起下游临汾民众的不满，遂聚众赴上游夺水，双方争斗，为解除上游违规使水之弊，临汾人直接将上游三村的渠长告至平阳府，双方兴讼。康熙六十年(1721)，平阳府为通利渠18村制定"自下往上使水，永不违例"的规则，并严惩了赵城的紊乱渠规者。但此后违规使水的事件仍层出不穷，相互间的水讼也日益频繁。同治年间平阳府为该渠设置使水木牌，发给督渠长掌管，谕令遵照牌章使水，同时动员各村甲首(保甲长)参与监督，以防止争水产生的混乱。民国年间，通利渠水权落入军阀与地主手中，民国十一年(1922)军阀与地主争夺通利渠，唆使上下游村庄斗殴，30余人被打死，70余人受伤。水案影响迅速扩大。[①]

县境内第二类重大水源是泉水，包括霍泉、莲子泉、龙江池泉、商家泉等。引泉水灌溉的一大好处是不论干旱与否，均有水可兹使用。洪洞县广胜寺的霍泉历来就是争水的焦点之一。洪洞和赵城两县争水械斗之事在山西省范围内都颇有影响。至今仍矗立在霍泉出水口之上始建于清雍正三年(1725)的分水铁栅和分水碑记，仍在向世人昭示着该地历史上曾经历过的争水冲突。笔者在赴霍泉考察时见到的一副石刻对联恰恰说明了当时的争水状况："分三分七分隔铁柱，水清水秀水成银涛。"据当地人讲，分水亭旁的好汉庙是为纪念当初跳油锅捞铜钱而牺牲的争水英雄而建的。传说的普遍流行充分说明历史上的缺水状况和争水斗争的残酷性。据道光《赵城县志》记载，洪赵二县南北霍渠分水之争，最早始于北宋开宝年间，由于两渠争水激烈，官府因地势高低为洪赵定下三七分水的均水办法，并设立了限水、逼水二石。明隆庆二年(1568)，

---

① 员守谦：《建国初期山西的灌区民主改革》，《山西水利》1987年第2期。

因二石废坏，民争复起，"两邑之民，各存偏私，又因渠无一定，分水不均，屡争屡讼"①。雍正二年（1724），民复争斗，官府按照古例，复立二石，但仅隔一年，仍蹈前辙，洪民将限水石击碎，赵城令江承诚连夜复置，随置随击，赵城人亦将逼水石拔去，以致两邑彼此纷纷呈讼府院。雍正三年（1725），平阳知府刘登庸为彻底解决南北霍渠争水问题，会同洪赵二县令亲至霍泉，设立分水铁栅，定下三七分水的办法，讼争始息。洪赵争水并未就此平息，而是愈演愈烈，民国六年（1917）赵城农民向地主争夺水权，400多人惨遭杀害。② 民国十六年（1927），时值玉米灌水季节，赵城人将洪洞三分渠水悉数拦截，正依水程浇地的洪洞南秦村人一见水干，立刻纠集该村青壮年组成千人大队人马，手持器械径直打到赵城道觉村，将该村渠首房屋拆毁，并打死巡水员一名，至分水亭将渠水拨回。事后由南秦人按户摊钱赔偿死者了事。③ 明清以来频繁发生的洪赵争水殴斗事件达到了最为残酷激烈的地步。

霍泉的其他渠道也是争端不断。小霍渠，"该渠向来纠葛，多系与副霍龃龉，双方各有所持"。民国三年（1914），"小霍渠之苗贾两村，因摊费与官庄讼争，致酿多数人命"。引灌南北霍渠余水的清水渠也常有水案发生，该渠浇灌赵城小李宕等八村和洪洞李卫村地亩。据该渠渠册所载，"从前因分水不均，与邻近之李宕村时有争议"，乾隆三年（1738），洪洞李卫村张大怀与赵城李宕村赵义等因争水互控；同治二年（1863）李卫村东西两社又因兴夫、摊款不公而争。此外，其他泉水渠上的水案也在在多有。

连子渠，"该渠前与古县、范村之沃阳渠争讼甚多"。顺治二年（1645），沃阳渠范村土豪左承诏突然率村众五百余人，"蚁聚蜂屯，刀箭从事"，堵塞连子渠口，强夺该渠泉水。但连子渠所属之北庄村村小力薄，无法与之相抗，只得由渠长携该村生员赴县控诉，依靠官府制止了范村的强梁行为。此后直至嘉庆年间仍不断兴讼。

北沃阳渠，"该渠历来讼事纠葛甚多"。此渠引古县村南龙江池泉水，

① （道光）《赵城县志》卷十一，水利。
② 孙奂仑纂：《洪洞县水利志补》，山西人民出版社1992年版，第4页。
③ 李永奇、严双鸿：《广胜寺镇志》，山西古籍出版社1999年版，第95页。

浇灌古县、董寺、李堡、范村4村之地。康熙五十九年（1720），古县村人因天旱无雨，创开私渠，盗夺沃阳渠范村北泉水利。于是两村争讼，范村为维护本村用水权，据理力争，但古县村豪强师成英等狡辩公堂，且不遵判决，屡屡翻控。平阳府再三更换官员审讯，讼案始息。更为激烈的是，道光二十二年（1842），久旱不雨。古县村又联合董寺、李堡两村人私挖新渠，再次抢夺范村泉水。范村掌例（类似于渠长一职）范兴隆等与三村理论，三村却纠集数百余人准备械斗，范村人一怒之下打死古县村一人，古县村人借人命要挟，为了保全范村村众赖以生存的水权，应付官方的追究，范兴隆主动承担命案，讼案始息。

崇宁渠，该渠引商家泉水浇周壁村地，泉水流入崇宁渠之前先要浇灌上游封村等三村千余亩地，然后才能轮到周壁使用。故"该渠向来纠葛，多系因封村（在上游）筑坝引水，截夺崇宁水利，其曲多在封村"。民国五年（1916），周壁村人李大器却率众在封村上游横开一渠，使泉水不再经过封村而直接流入崇宁渠，此举虽是对多年来封村截水行为的报复，却侵占了封村旧有之水权，当然会引来封村村众的愤慨，双方于是再次兴讼。

第三类水案发生在洪安涧河沿岸十八条渠道上。该河沿途各村之间因分水不均，上下游关系以及个别村庄卖水渔利等因常有纷争。除规模较大的水案外，相互间经常性的争水纠纷几乎遍及全流域。润源渠早在宋金时期，就与众议渠三七分水，"后因双方争讼，于金大定九年奉省札，各立渠口"；众议渠与先济渠所属的下鲁村"因用水常有冲突"；长润渠渠尾与下游之北沃阳渠混合，"往往因浇地而起纷争"；陈珍渠与下游毗连各村，"往往因淘渠等事不免小有口角"；清泉渠"向来纠葛，系与南岸园渠及沃阳二渠，颇有争竞"；广利渠"因清泉在上游截坝，以致水源更涸……首被影响触望而争，势所必然"；通泽渠专浇尹壁西社之地二百余亩，其水"虽仅供一社之用，向值亢旱，东社（尹壁村分东西两社）截河霸水，屡起讼端"；均益渠同治八年（1869），因执事人不善办理，致起讼端，连年不休，"初尤一姓，后竟两社构衅，亲友避道而行，不共戴天"，水案之多，不胜枚举。

第四种类型的水案为引雷鸣山水灌地的渠道及所属村庄间的争水。此类渠道在洪洞共计十五条。由于水源不稳定，只有雨水季节才有水汇入渠中，且渠道易被山水冲毁，修复艰难，故而争水斗争更为激烈，用水户视水源如同生命，"一旦为人争夺，此诚不与共戴者"。此类水案中最典型的一例是以贺家庄为焦点的系列冲突。先是贺家庄与上舍村的争水。贺家庄所在的润民渠以上舍村人修建的淤民渠之余水为源，明天启四年（1624）有断案："雨大水多，淤民渠灌完，方及润民渠接其余波，若雨小水少，只尽足淤民渠浇灌而已。"但贺家庄并不满足于此，康熙二十七年（1688），贺家庄试图抢夺上舍村水利，致命案发生，官方断定"有人命已申论抵之法，水利终为难夺之势"；同治九年（1870），贺家庄贺姓一族又率众夺水，上舍村人拦阻，被贺家庄打伤四人，双方再次兴讼；贺家庄在抢夺他村水权时，亦受到来自其他村庄的挑衅。康熙二十七年，赵村何光祖在润民渠腹开渠过水，两庄哄斗，光祖弟在争斗中被打死，何恃强刁讼，贺家庄生员贺景运为保渠身殒家倾，贺家庄全体村人议定："贺生在渠地三十亩，不轮水分，不做夫役，任便使水，以表彰其保渠之功"；济民渠本浇灌韩家庄、温家庄、贺家庄、铁炉庄四村地亩，后因渠坏，修费甚巨，韩温二庄独力修复，铁贺二庄从此放弃其用水权。民国三年（1914），贺家庄却纠结铁炉庄前去夺水，温家庄做好械斗准备，结果又导致人员伤亡，水案再次发生。

其他洪水渠道上水案也频繁发生：如广平渠，"至于该渠纠葛，则与临境梁家庄时因截坝常起纠葛"。康熙年间，因广平渠长命村豪强截坝卖水，致使下游八村八年点水不沾，该八村所属的万润、普润二渠民众联合兴讼，官司从洪洞县一直打到府道司院，方得以了结。但争水事件并未从此平息，据《万润渠渠册》记载"嗣后南北争水，狱讼纷纷，有互相殴斗死者，有罹法拟罪而亡者。欲争水以获利，不旋踵而害"。争水斗争日益激烈，令官府亦感到相当棘手，只能令"各渠印造新册，严饬条例，敢有犯者，法在必行"。

三　洪洞水案的特点和影响

通过对水案的分类整理，其特点也鲜明地展现出来。首先，洪洞县的争水历史久，水案集中、普遍，且越到近代争水事件越是激烈。洪洞的渠道多修筑于唐宋时期，灌溉历史悠久，而争水的历史在宋朝年间就已出现，只是当时的农业生态环境还不似明清以来恶化，人口与资源的关系还不甚紧张，因此争水的事件相应少一些。洪洞水案更多的发生在明清两代以及民国期间，且到了"境内诸渠，其未经讼案者，不过十之二三"的地步。同时，从前述各种类型的水案中，可以发现越到近代争讼越多，并且多伴随有大规模的械斗事件，动用众多人力、财力和物力参与角逐，形成一幅极其悲壮的争水场面。其次，水案的范围广、人数众、规模大、时间久。参与争水的双方从渠与渠、村与村，到数渠数村数县，在空间上几乎覆盖了整个洪洞县境，有的甚至跨越县境，形成高级别的水利诉讼。就参与者而言。往往是全渠全村乃至数村数渠人众，成百上千，"一变其涣散怯懦之习为合力御外之图。联袂攘臂，数十百人相率而叫嚣于公庭"。官司的级别从县级上升到府院，有的甚至惊动朝廷，如洪赵两县润民渠与普安渠的争水官司就一直打到钦差大臣兵部尚书处。为了赢得胜诉，争水双方动用了各自全部的政治资本，如乡绅、族长、耆老等，有时甚至求助于讼师劣棍。这样就更加剧了水案的复杂性，使水案久拖不决，劳民伤财。争水双方为取得水权，"率皆掷金钱轻生命而不惜，以此而破其家者，趾踵相属也"。最后，水案的社会危害巨大，频繁发生的水案，严重影响了民众的思想、行为和观念，使渠民的思维产生了一种惯性。每当春夏之交，农田待泽，或天旱少雨的枯水季节，为防止他人争水，渠上人员高度戒备，加强巡视，"一有不均或背其相沿之惯例以为利者，则千百成群，相率互斗，罗刀矛，执器械，俨然如临大敌"。争水双方的婚嫁观念也受其影响，甚至到了不通婚姻的地步。据载："金大定十一年，洪洞赵城争水，岁久至二县不相婚嫁。"[①] 同时，历次水案也严重影响了邻里、村庄间的关系。据民国初年洪洞人韩垌言："平生同里闬，通婚姻，杯酒言欢，谊逾同气者，至此眨眼若不相识"，甚至出现"亲友避道而行"的尴尬局面。当地的一首民歌更形象地写道："霍泉水，向西流，满渠血泪满渠仇，南北二渠结冤仇，千年仇恨不回头。"[②] 如果说个人与个人之间的反目为仇是日常生活中的一种常见现象的话，水案引发的集体仇恨则是带有一定共同意识的可怕现象，若

---

① （道光）《赵城县志》卷三十六，杂记。
② 转引自霍云峰《霍泉的形成及利用》，《山西水利》1987 年第 4 期。

久拖不决，甚至使人们的心理也会扭曲。

水案的另一直接影响就是地方的用水规则愈发严格，水利管理组织由地方自治性质向半官方性质转变，由松散的各自为政的具有地方小集团意识的系统变为集中、统一、自上而下多层次的宏观管理系统。国家对水权的控制程度日益加深，处处都打上了官方权威的烙印。首先从用水规则来看，为避免水案的再次发生，各渠道几乎全都重新修订了水册。① 在山西，洪洞县的水册制度可以说是最完备的，而且从水册的内容来看也特别详尽，包括兴夫、浚渠、用水程式、渠务人员的铨选、奖惩制度等，水册成为国家和地方处理水案的重要凭借。

同时，界定水权的标准也从以往的惯例、不成文的乡约条规转变为有文字记录并具有官方权威性质的法律条文（官方历次对水案的审理结果都作为法律条文保存下来），国家在处理水权纠纷时以仲裁者的身份介入地方事务中，逐步培养乡村遵循国家律令的意识。从渠道管理人员的组成来看，原来的渠长、沟头、水甲之类的人员均在乡村内部推举产生，各行其是，不受任何约束，自治程度很高，地方社会是决定水权分配的主体。随着水案的日渐增多，国家再也无法容忍地方社会各水利群体之间连续不断的冲突，因而加强了在组织上的管理。其结果是使得洪洞县令能够从一种广泛的意义上管理全县的水利事务，从而形成一套自上而下多层次的渠道管理体系。

地方社会在长期争水过程中还形成了一种自下而上、不同规格的水神祭祀，构成了从以村庄、渠道为主的独立祭祀到多村、多渠的共同祭祀直到全流域、跨流域，乃至跨越行政界限的多重复合的祭祀体系。这一体系的建立，使水权在乡村社会中显得更为神圣不可侵犯，也使实际支配水权的人和组织在乡村中获得了至高无上的权威，并逐步得到官方的承认。祭祀方式由松散、单一、地缘性很强的独立方式向多元、集中的方向发展这一趋势，本身就说明了在乡村社会发展中日益近代化的趋势。某些村庄或渠道对本地神灵的尊奉与崇拜，又可能使乡村社会形成一种团结对外的共同意识，在一定程度上使村庄内部的亲和力、内聚力、认同感加强。据《洪洞县水利志补》记载，洪洞县几乎每条渠道都有各

---

① 水册是规定乡村用水户权利和义务关系的具有乡规民约性质的水利管理规则。

自的渠神或水神崇拜，有的甚至不止一处。如淤民渠每年六月六在龙神庙祭神，据说此神只佑护淤民渠所在的上舍村一村。洞渠则于每年四月初八祭祀关帝龙王，由该渠所属的四个村庄共同祭祀。园渠渠众奉"先师琼玉法王佛"为保障之神。该渠渠众认为此神祇特别灵验，不但可以保佑其免受疾病的困扰，而且可以在干旱之时为民带来雨水。浇灌三县十八村的通利渠，共有两个渠神庙，一在上游赵城的李村，为上游三村祭祀的地点。而下游十五村则在马牧村另设有渠神庙，上下游互不统属，相互独立。此外，各地方除祭祀神灵之外，对为本地水利做过贡献的先人亦有隆重的祭祀。如通利渠赵城境内三村在每次祭祀之时还要在渠神庙附祭康熙年间购地开渠的平阳知府陈公和赵城知县王公；南沃阳渠范村民众则于每年逢祭祀之时，对道光年间在争水斗争中为维护本村水权而殉命的该渠掌例范兴隆加以祭奠。每逢祭祀之时，都要请范氏后人拈香，请来必让至首座，由值年掌例傍坐相陪，以谢昔日范某承案顶罪之功。地方社会的这种彼此独立的祭奠活动，有时未必能得到官方的承认，只是本渠民众自发形成的一种共同意识。这种共同意识在争夺水权的斗争中产生了重要的作用，也是冲突加剧的心理因素之一。

洪洞县广胜寺的水神庙祭祀，则不仅仅局限于某一条或几条渠道，而是汇集了数县民众的规模更大，等级更高，超越地方社会并逐渐具有官方色彩的行为。据元延祐六年《重修明应王殿之碑》记载："（每年阴历三月十八日为水神圣诞之日）远而城镇，近而村落，贵者以轮蹄，下者以杖履，挈妻子舆老羸而至者，为集数日，极其厌饱而后，顾瞻恋恋犹忘归也。"明清两代朝廷对本地的水神庙多次给予加封。早在元代《重修明应王殿之碑》就记载了"皇帝遣使，岁时致祭"的活动；万历年间《水神庙祭奠文碑》也记载道"三年一御祀，朝使盘缠无额设，在值年八月十五胙肉备办，或在官芦苇变价得摊地"。所谓御祀，即朝廷专门委派官员主持的祭祀水神的活动，知府知县代替渠甲及地方绅耆成为领导祭祀的主角。由国家权力机构取代地方精英而进行的这种祭奠活动，无疑强化了官方权威的影响力，使国家在处理地方事务时更具有利地位。国家对民间信仰由不承认到默许直到亲自参与、组织和领导，说明国家已认识到民间祭祀这一形式的重要性，开始将权力通过这一途径向乡村扩展。

四　国家的组织与管理

从洪洞水案爆发的原因和影响来看，水案之多固然与水资源的日益匮乏、人口与资源之间比例的失衡有很大关联，但隐含在水案背后的水权的归属问题恐怕是不断导致水案发生的最根本因素。由于长期以来对水权的界定存在很大的模糊，没有一个确定的标准，故而常常发生紊乱。因此，要了解洪洞水案的深层内涵，必须首先了解有史以来一般情形之下水权的归属问题，笔者认为，水案的反复（不包括小的水权纠纷），反映的是国家权威与乡村势力对基层社会控制权的长期争夺。

在封建时代，国家想当然地认为自己享有对全部资源的所有权和毋庸置疑的支配权，国家是一切资源的支配者，但水权包括水的所有权和使用权，萧正洪先生在研究历史时期关中地区农田灌溉中的水权问题时即指出：在一切水资源的利用方式中，国家的特殊需要居于首位，国家可以对一切乡村共同体和个人实施水资源使用权的授予或撤销，对水资源使用权分配进行调整；国家法律禁止任何乡村共同体和个人以任何形式霸占水源，同时禁止水资源的非授权使用和非法转让；包含于水粮中的水资源使用权费是国家所有权借以实现的经济方式；国家最高政权机构和统治者是一切水权纠纷的最后裁决者。[①] 笔者以为同处于封建时代的北方地区，国家对水权的这种支配和处理的方式具有相似性。

自古以来，历代统治者均重视兴修水利，主持大规模的水利工程，批准民间自发的修渠活动，募集资金，招募民役进行大规模的淘浚、防护工作。明清时期国家开始设有专门的水利管理机构实施对基层社会水资源的控制，国家设立的专门机构，包括水政衙门和各级地方政府中专门的水利官员。这些机构依据有关水政法规对水利进行宏观层面的管理和监督。就用水纠纷而言，解决纠纷的方式有两种，一种为村落社区中的自治组织自行调解，通常由社区精英领导；一种则由县、府、省的有关官员出面调解或裁决。到了清代，除非有大的水权讼案，官方一般不

---

① 萧正洪：《历史时期关中地区农田灌溉中的水权问题》，《中国经济史研究》1999 年第 1 期。

过问各渠内部的水权分配。在洪洞县，官方如何管理全县的水利事业呢？据《晋政辑要》记载，有清一代，洪洞县有关水利的河道堤渠诸务统归河东道统辖，平阳府知府兼理，并在府衙设有水利同知负其专责，再责成洪洞知县实力奉行。乾隆二十三年（1758），平阳府所辖十八州县均有水利河渠，除平阳府同知向系兼水利毋庸再议外，河东兵备道亦兼水利衔以专责成。① 笔者以为国家设立专门的水利官员，目的有二：一是防止洪涝灾荒；二是重视兴修水利，发展农业灌溉。明清时期，封建统治集团显然加强了对地方水权的控制。河东道历年负责饬督和查核全道各府的渠灌等水利设施和河防事项，该道员是山西南部地区最高的主管水利官员。他要对中央负责，向朝廷奏报每年晋南地区的水利事项。倘若不实力奉行，就要受处罚。历任河东道均将洪洞县作为推行水政的重点区域，每年初皆指令该县疏浚河渠，申明标准，还委派官员不时查询其渠灌情形。

官府除在组织、机构和制度上对乡村水利加以调控外，还通过其他方式向基层社会渗透其权威。杜赞奇在《文化、权利与国家》一书中提出国家体现权威的途径有两方面的内容：一是掌握官衔与名誉的封赠、旌表；二是代表全民举行最高级别的祭礼仪式。② 此处将以作者在洪洞调查期间所获两通关于官府奖励渠长的碑文为线索就第一点加以阐述。立于康熙十七年（1678）的《赵城县正堂加一级吕为优奖渠长王周映碑记》中记录了康熙年间北霍渠掌例王周映在任职期间，"不惟丝毫不染，抑且革去冗弊"。使得"古来有难灌地亩，今岁尽灌，遍野青苗"，并且简化祭祀仪式，缩减经费开支，如碑中所载"初一十五两祭，有酒席费用，止备一品菜"。"各村沟头有馈送礼物一切屏绝。"全渠民众均沾水利并减轻了各项摊派劳役负担，还主动出资修缮渠道，为民众交口称道。在另一通碑《奉赞北霍渠掌例高凌宵序》中也记录了康熙十三年（1674）担任渠长的高某自己出资修理圣像，在渠务管理中"治水有条而上中下俱沾勤劳之德，累无争竞之隙"。需要注意的是两通碑都由官方倡导设立，

---

① （光绪）《晋政辑要》卷 39，工制，水利一。

② ［美］杜赞奇：《文化、权力与国家——1900—1942 年的华北农村》，王福明译，江苏人民出版社 1996 年版，第 32 页。

说明官府已经认识到单凭设立机构，强化法律条规无法彻底根除村落渠道间的用水纠纷，国家只是限于被动的治理而不是主动的防禁，只有树立治理渠务有方的典型，并不时加以奖励、封赠，使以后乡村中的管水者有优劣与否的评判标准，才能保证渠道长治久安，保证水资源得到合理分配，使国家能够征收到更多的水粮，这种教化方式，对于保持乡村水利秩序的稳定曾起到很大的作用，国家权威也得以充分体现。此外，洪洞县还保存有明正德元年（1506）至崇祯十五年（1642）的历年渠长碑和雍正十年（1732）及乾隆二十一年（1756）的垂久碑，只有对渠务做出重大贡献的人员才有千古流芳的机会。在乡村精英的意识中，能做到这一点，已经是一种无上的荣誉，不但可以在乡村获得较高的威望，而且可以得到较多上升的机会，于是积极听命于国家。官方正是注意到这种倾向，便牢牢掌握着对乡村水利组织管理人员的任免权，规定历年新当选的渠长水甲必须到官府登记备案，经过官府审核方才有效。此外，国家还利用乡约保甲这些官方在乡村社会的喉舌，加强对渠上管理人员的监督。

五　管理渠道的中心环节——渠长

普通农户一般不关心国家政权更迭等政治事件，而只是留意关系其切身利益的事情，乡村水利管理组织即是这种意识的产物。洪洞县的渠道体系由于历史久远，长期以来已经形成一套比较完备的管理体系。前已述及官方对渠道的管理，这里只谈民间自发形成的较为完备的组织管理体系——渠甲制。渠即渠长，甲指水甲、沟头。一般而言，各渠道皆包括这种二级管理机制。水甲向渠长负责，渠长由全体渠户共同选举产生，自然要对全体渠户负责。纵贯三县的通利渠选举渠长的活动最具代表性。官方不干涉，由民间自行选举，公选一名督渠长，再分别由三县各自独立选出一名分渠长。这在实质上是一种以渠道路线为纽带的三县农民的横向联系。该渠的组织结构也较为特殊，包含三个层次：总渠长、分渠长及各村设置的沟头。由于各个灌区的事务繁简不一，所以各渠的水甲和渠长人数也略有差异：如洞渠上有正副两名渠长，沟头、巡水各三名；通津渠仅有一名水甲，两名公直（相当于副渠长）。至于渠长的人选,各渠册中均有明确的资格认定,如清泉渠规定"逐年保举渠长、渠司,则于下、中二节夫头内,选保平素行止正直无私,深知水利,人皆敬服者,充当举保"。清水渠,"每年公举正直老成之人,充膺渠长、沟头"。万润渠,"渠长不许轮流,择其德行足以服人者佥补"。此为能力德行方面的要求。同时,充任渠甲者,还有财产方面的限制。如通利渠,"选举渠长,务择文字算法粗能通晓,尤须家道殷实,人品端正,干练耐劳,索孚众望者",其他渠道也多为"地多有水者充应"渠长等职务。符合这种条件的人,只有乡村中的富户、地主、士绅、社首等管理村中大小事务的人,即使是轮番充任,水权也只会在这些乡村实力阶层手中流转,具有明显的阶级属性。

一般来说,渠长水甲有候选人,必须在特定的候选人员内选定。候选人员称之为"夫头",先在用水户中选出,这些夫头皆属"有地之人",然后再由夫头集会,选出渠长水甲。有的地方只选夫头,而在夫头中通过抽签产生渠长、甲头。如在陈珍渠和通利渠上,"掌例"在夫头中产生,即"必地多有水地者充应,而先后具系在夫头内公拈挨定(次序),至期不得推阻"。

渠长一职实行轮应制,不得终身担任,更不容许世袭。如清水渠李卫村东西两社。每年"各荐举渠长一人,一正一副……如正渠长在东,则由东浇起,在西,则由西浇起。清涧渠浇南关、西关两地,其值年渠长,着西关、南关两社递年荐举。如西关人轮应正渠长,其副渠长举南关人充应;南关人应轮正渠长,则举西关人充副渠长……上节地内巡夫,着下节地户充膺;下节地内巡夫,着上节地户充膺"。这种轮应制在实际过程中产生相互牵制、监督的作用。再以洪武以后副霍渠的职务摘记为例:洪武三十五年(1402),沟头李文中。巡水李士成;永乐元年(1403),渠长李文中,巡水李士成;永乐三年(1405),渠长段文金,巡水李士成;永乐四年(1406),渠长韩冯,巡水李城;永乐五年(1407),渠长郭炬,巡水李城;永乐六年(1408),渠长何旺,巡水丁义;永乐七年(1409),渠长宋容,巡水李士成;永乐八年(1410),渠长尚得富,巡水李士成;永乐十年(1412),渠长李妙智,巡水丁义。不难发现在十余年中从未有人连续当过渠长一职,而巡水一职则先后有三人连续担任过,这是很说明问题的。

渠长管理全渠事务，担负着分配水程，监督用水，代征水粮的职责，水权的授予与取消均由其掌握，同时在雨量不足，水源紧缺的季节，还要负责处理本渠各用水户之间的用水纠纷，与共用同一水源的其他渠道协调各自的用水量，特别是在发生水权冲突时，更要担负重大责任。作为渠道管理的中心环节，渠长一般由水利组织内最有威信和能力的人充任，掌管渠道上的大小事务。随着生态环境的恶化，水源的日益短缺使对水权的支配权显得越来越重要，鉴于渠长在地方水利组织中的特殊地位，渠长一职成为乡村精英们乐于承当的美差。

六 水权的取得与实现

要深刻了解洪洞水案的真实面貌，必须搞清楚各渠道的基本运行状况，从普通用水户取得水权的根本途径入手加以认识。本节正是选择这一视角，从普通水户取得渠道上各项权利时所要履行的程序、承担的各种劳役和摊费出发加以进一步研究。萧正洪先生在对关中地区水权研究时曾谈到这一区域内要获得使水权通常须遵循的三项基本原则：有限度的先占原则、渠岸权利原则和工役补偿原则，并强调了这三项原则在该区域的普遍性。笔者以为此三项原则充其量是充分条件而非必要条件。农田水利并不是一种短期的行为，而是有时间性的长期行为，不能仅仅凭借这些原则尤其是前两项原则就永远拥有水权。否则，必然随着水资源的日益紧缺而产生混乱，发生争水事件，导致水案频繁出现。

就近原则和先占原则对于渠道开挖之初少数参加者而言是很有意义的。由于洪洞的渠道体系形成于唐宋金元时期，在明清时期新修的渠道很少，而且即使有也多属民间出资修建的中小型水道工程，此时的主要工作是渠道的修缮管理和维护。对于大多数农户来说，使水权是因袭前代而来的且已基本定型。随着农业生态环境的日益恶化，水源日益紧张，新的用水户要分享水利，必须要经过一定的程序，首先必须向渠道管理者申请用水之权，而该农户所拥有的土地又必须在渠道可以涵盖的范围之内，具有引水浇灌的条件。

洪洞县的渠道所有权包括两种形式：一为官方所有；一为民间所有。具体判定依据"谁出资谁受益"的原则。该县的众多渠道之中，如通利渠、利泽渠等由官方出资或某位官员捐俸银修建的水渠，用水权的决定者由官方任命的人担当，这些人源于乡村中官方向来依赖的乡地保甲长之流。而依靠民间力量自行修建的渠道，权力多归之于个别地户或一些聚落而居的小群体。但不论官私，渠道自产生以后逐渐形成一个介乎官民之间的水利管理组织。对于国家而言，它是官方的代表，征收水粮以及田赋等均由其代理执行。对于农户而言，它又是普通民众的代言人，因为其产生于民间。

但是渠民怎样才能真正拥有水权呢？这就涉及洪洞县最为完备的渠册制度，又叫水册制度。笔者在调查中获悉，洪洞县几乎每条渠道均立有渠册，规定水利条款（即由民间制定乡规民约、有依条赏罚的作用），属于自然法的性质。据《清泉渠水册序》记载，其主要内容应包括"开浚之法、报祀之典、起夫之数、轮水之规"。每部水册在使用之始，皆要首先呈文县衙，由知县检验并加印后方才生效。自明徂清，一直如此。一般而言，凡载入水册中的地户即获得用水权，同时也规定了一系列的责任义务。这里要提到有关渠道拨派夫役的凭据——"夫簿"。各渠按地亩（水地）的数额折算夫数，先编夫立册，再派役兴工。普润渠每地三十亩编为一夫，陈珍渠每地五亩编为一夫。副霍渠分为二沟，共溉地一千二百五十亩，原每五十亩编为一夫，后又改为每十亩编为一夫。虽然因灌区差异，在编夫上的折亩数额有所不同，但实质上皆是按农户的水地多少来派役。其他如小霍渠渠册所载："该渠母渠共五百五十八杆，由上水凭石为则，每年惊蛰前后，渠长择日破土后，即鸣锣起夫掏渠，因渠有高下宽窄、难易不同，各社（一村为一社或数社）照依旧规分定，各掏各渠。自上而下，东社夫十九名，掏渠五十五杆；北社夫十五名，掏渠五十二杆；堰北沟夫三十名，掏渠八十二杆；苗夫沟夫六名，掏渠五十二杆。"

再如南霍渠对本渠渠众规定："逐年春首清明节后，随村各行开掏渠河，或天雨冲破渠堰，令道觉村沟头即便申覆，渠长会集众夫，开渠修理坚完。"显然渠长沟头的职责是相当重要的，而渠户应征出工也是天经地义。倘若某一渠户出工迟缓或不出工，就会受到严厉的处罚。《润源渠渠册》记载"本渠定于五年由渠口自上而下大掏渠一次，夫敢有一名不到者，呈县，每名罚白米五斗，枷示游渠"；通泽渠，"塌坏壅塞，诚恐误浇灌，沟头鸣锣起夫，该夫不避，昼夜齐力修筑，不许推诿，违者罚白米三石，入官公用"。由此可见，各水册对入册渠户有严格的规范，即如兴工不到或不按时完纳摊费，轻者罚戏警众、枷示游渠，重者取消用水资格。故而渠民对该渠的渠甲沟头等人员往往唯命是从，不敢有丝毫违背。

水册一经制定，通常历十数年甚至上百年不变，只有当渠册损坏无法分辨，或者水势发生变化，河道变迁或水源枯竭，需要另寻水源，水册原先规定的内容不适应新情况时，渠长和该渠绅衿等就会发起组织水册的重修工作。对于各渠户来说，这是重新分配水权的一个关键时期。如《润源渠渠册》即有此记载，"逢造册之日，有愿复入册者，公验红契，纳渠钱准其入册兴夫。敢有不入册内，指称水走浇过地一亩者，罚白米五石，以盗水治罪"。凡登记入册的，即拥有永久的用水权，尤其是在干旱枯水季节，只要渠道内有水，按期轮上之日即可引水灌田。对于没有入册但拥有渠道范围内土地的农户则恰恰相反。即使是在丰水季节，也不得随意用水，除非所有在册渠户全数浇遍，水量多余之时此类地户方许用水，前提是缴纳一定的用水费，充作全渠公用。但实际情况是渠甲沟头往往借机向需水户索要贿赂，经常影响正常渠户按期使水，导致纠纷出现。

入册渠户除要均出夫役外，渠道维修所需经费和备用工程物科，渠租水粮、雇募款项、酬神献戏等各项费用皆要由渠户分摊。如康熙《润源渠渠册》（下文简称《渠册》）记载"本渠凡遇公事使用，各村公摊，不得使一敛十"。陈珍渠、普润渠、副霍渠等皆是按亩贴费，共摊钱财。各渠一律载明全渠共灌土地若干，每一渠户有地若干，坐落何处，有条不紊，以为筹集渠费的依据。清水渠所属之李卫村于同治年间通谕用水农户：所有渠上祀神，八大祭十二小祭，动工演戏，渠长帮贴项，巡役工食等各项公费，统从三十夫数（每七十亩为一夫）按地均摊。在渠民承担的各项费用中，祭祀用费最巨。以北霍渠为例，据万历四十八年《水神庙祭典文碑》记载："霍山明应王水神北霍渠旧有盘祭。每岁朔望节令计费不下千金。皆数值年沟头摊派地亩，每亩甚至有摊肆五钱者，神之所费什一，奸民之乾没什九，百姓苦之。"这里提到各村沟头借征收祭神费用之机阔摊阔派，公饱私囊的现象，也从侧面反映了广大用水户为取得用水权要承受的沉重负担。

通过以上分析，可知渠户水权的取得，是建立在担当一定的夫役和经费基础之上的，渠户在履行了相应的义务之后，才享有应得的用水权利。所以当这种权利遭受到外力侵犯不能顺利实现时，发生用水纠纷就势在必然了。

在分析各渠道渠册条例时，笔者注意到存在于各渠上的一种类似于用水许可证性质的水牌和沟棍（沟棍是水牌的另一种叫法）制度。据利泽渠渠例所载："本渠上起置木牌一面，长二尺，厚二寸，阔一尺，木印一颗，长八寸，厚五寸。如使水毕，令汧口里用灰印印之。其印随水行，其牌次水先行……其使水浇灌地土，用灰将牌并水印、水历趱于使水村分。"这是有关水牌的记录。其他渠道上的沟棍制度也是一种很有效的用水方法。如润源渠，"本渠九村轮沟使水，凭沟棍渠印支帖"。崇宁渠，"本渠使水需用沟棍一根"。如不按沟棍执行，会受到严厉的惩罚。正如众议渠记载的那样，"转起沟棍，其不应开渠口，即用灰印封固。如私开灰印，不论浇地多寡，即以盗水论罚"。关于沟棍的具体内容，这里将把南霍渠沟棍日期摘录如下，以做说明：

> 南霍渠水棍日期窃照本渠条例，自二月初一日卯时，从下接冯堡村，行至十月一日住沟，各依次序，轮流使水，无至霸匿沟棍。所有日期开列于后：
>
> 兴夫使水日期：冯堡村一十二夫，使水六日。周村兴一十夫，使水五日。封村兴一十夫，使水五日……右仰前项大沟使水一十三村，昼夜通流，每三十五日八个时辰浇溉一遍。如满日交割下次村分，若不递送沟棍截盗豁，失语沟埕，照依渠例科罚。

显然，渠道上的水牌与沟棍制度在其创立之初本是相当合理的，由此形成的水利秩序也是井然有序的，但明清时期这种平静的状况在人口、土地和生态的三重压力之下发生了巨大的变化，后文将对此详加说明，兹不赘述。

以上论及的是普通渠户获得水权的一般途径。对于渠长、水甲、沟头之类渠务管理人员以及地方绅耆这些在乡村中人数虽少却处于特殊地位的阶层来说，获取水权还包括如下三种类型。第一种是向渠道捐资捐地。如润民渠就是由"（县民）乔而俨急公尚义，阖渠有借过银二十两，愿作布施，永不责偿"，因此润民渠送给乔家义甲一名，优免夫地十亩，而且"凡破土、谢土、祭费、管饭等事，不摊分、亦不领分"，但永久拥有用水权。第一种是为维护本渠的利益做出过特别贡献而得到的抚恤和表彰，多发生在渠道间严重的争水斗争之后。最典型的一例就是前文已提到过的北沃阳渠范村一范姓掌例为维护本村的水权，在与外村械斗并发生命案后以己命承案顶罪赢得本村民众的敬意，据该渠《渠册》所载："范兴隆（掌例）既为村人承案，是以公共之事而不惜一己之命，真可谓义气人也！随即议定范兴隆为永远掌例，传于后辈，不许改易。伊之地亩，有水先浇，不许兴夫，以为赏水之地，永远为例。且于每年逢祭祀之时，请伊后人拈香，肆筵设席，请来必让至首座，值年掌例傍坐相陪。"广平渠渠长由长命村王家世代充任，则是由于唐贞观年间，王氏先人为争取水权而兴讼多年，如该渠水册所载"其妇赴阙鸣冤，始获得此项权力，故至今世世为渠务领袖，亦所以彰有功也"。但在洪洞水案中，也有因此而引起的用水纠纷。如润民渠乾隆三十三年（1768）的一起水案中，渠户郇生通（人名）以其祖先在明朝嘉靖年间因捐地改修渠道，为子孙赢得用水永不兴夫的特权为凭借，当渠横筑土堰，截水霸浇，被渠长告到县衙。官府裁定郇家虽享有用水权，但郇家在乾隆年间家道已经中落，其原有的二百亩水地仅存四十余亩，且错杂于四户买主水地之间。郇生通为浇地而横渠筑坝的行为严重影响了该渠其他利户的利益，尽管碑记载有"郇姓子孙许用水不兴夫"的规定，但并未允许其危害他人的用水权，"且以数亩之地而将数千亩需用之水一朝截用，于情于理均为不顺"，因而断令郇生通挑毁所筑之坝，仍照旧例使水。可见这种凭借前人功劳而获取的水权，随着时空的变化发生变动后，极易产生争端，这也成为诱发水案的一大因素。第三种方式则是依照《渠册》规定赏予任内管水人员一定的水权，属于优免的范围，这种情形在各渠道中最具普遍性。如涧渠，"本渠渠长赏水地各二十亩，免其本年夫役，永为定规……本渠甲头有督催之劳，赏水地各十亩，免其本年夫役，永照渠规……本渠淘浚渠道，渠长沟头有风尘之劳，三十甲头各照俾名，公备酒食一盒酬劳"。对渠甲沟头皆有犒赏，一方面说明担任该职确实辛苦，要耗费较大的精力，承担较大的责任；另一方面通过一些优免政策，使管理渠道的人员专心于渠务，以保证良好的灌溉秩序。

以上是水权实现的多种途径，但只是渠道上一开始的情形，明清以来在水资源日益紧缺的情况下，逐渐开始发生变化。主要表现为：渠岸权利原则结合工役补偿原则所反映的地水夫一体化的模式，在水资源日益匮乏的条件下，地与水之间已经不再用夫役作媒介，而是由暴力和权势取而代之，夫役对于大土地所有者，即"豪强""恃强之辈"已毫无意义，乡村的水权已为他们所支配，可以随意修改用水规则、次序和期限，普通渠民即使在出足夫役，纳足渠租的情况下仍无法保证获得稳定的用水权，这便直接导致了农田水利设施的严重失修，乡村水利组织只剩下一躯空壳，使得原本有限的水资源都无法最大限度地被利用，反过来加剧了农业生产的紧张局面。近代以来大规模的争水械斗事件就是最真实的写照。此外，先占原则也受到了强有力的挑战，表现为旧的水利秩序的维护者与现行秩序的施行者之间的斗争。下文将提到的渠道上的不和谐音符才是明清以来洪洞水利社会中的常态。

七　渠道上的不和谐音符

需要指出的是，在实际运行当中，即使是取得合法水权的渠户仍然要受到把持水权的乡村实力阶层的层层盘剥，最突出的表现是存在于渠道上的不合理的兴工使水方法和成规陋俗。这些东西的存在，大大影响了水资源的使用效率，影响了正常的农业生产，同时还可能造成十分严重的危害，使原本稀缺的水资源被白白浪费掉。在实际走访中了解到，民国初年洪洞的各条渠道上长期存在这样的封建陋规，如"罐罐水""香头水""三不浇""飞水""粮银水""抽勷水"等。[1]在兴工方面，历史上很多灌区采用着"蛇蜕皮"的办法。清淤挖渠时，下游村庄出工由渠

---

[1] 所谓"罐罐水""香头水"指的是掌握水权的地主豪绅卖水的计时工具，渠户浇地以底部有一小孔的罐，放入水后流完为止；一炷香点着一头，烧完为止，不管地是否浇完，罐中水漏完，香烧完就停止用水。"三不浇"指刮风、下雨、晚上都不浇地。"飞水""粮银水"指渠户给掌握水权的人送钱粮，就会依照粮银的多少分配给水插花轮浇。"抽勷水"指以支渠为单位抽勷浇地，不管土地多少，能否浇完，只要勷上的时间一到，即停止用水。

尾一直挖到渠首，上游村庄出工只挖自己的村界一段，掌握水权的地主、乡绅占有很多的水地却不出工，全部由普通渠户替其承担。

另一种不和谐因素表现为随着土地所有权的转换，原先《渠册夫簿》中规定的地亩数、夫役数与现实不符，而水利组织仍然僵化的沿用旧制派夫征费，致使作为灌溉前提条件的夫役制度完全崩溃。渠道维护形同虚设，渠道日益破败不堪。如《清水渠渠册》记道："地多变迁……夫既有名无实，地亦散漫无稽。渐至两社人等，各存利己之心，花费以寡为多，地亩以多为寡，私欲败度，诸务废弛。"更有甚者，"藏地亩之家甚多，有兴工不能使水者，有使水不兴工者。有浇三次者，亦有一次未浇者，虽屡年修理，亦系掩耳盗铃，因之废弛不堪"。曾经极其有效的渠规条例开始被水利组织内的相当一部分人所违背或漠视。渠务的废弛，说明水利组织正处于瓦解的边缘。

土地与水却能不经过任何中介而直接由暴力行为连接起来。乡绅地主通过买卖土地，使得土地大量集中到村落中占人口比例很少的富户手中。此外，由于洪洞境内包括众多涧河，并且有山西省最大的汾河纵贯全境。这一地理特点，使该县在每年夏季雨量集中的季节由于河流泛滥导致河床移动，产生了众多无主滩地。有关滩地的所有权问题，《洪洞县水利志补》中有如此记载："凡荒滩、河滩、荒弃各地，如有愿务垦种者，先不查问地主为谁，准由种主先自开垦、务种。地内所取田禾之利，仍归种主一人。"在人地关系极为紧张的时期，土地的缺乏与否意味着生死大事。加之开垦滩地无须缴纳田粮，或仅须缴纳较一般水田为低的税粮，因此滩地就成为乡村中各个阶层共同注目的焦点，无论是贫困小农还是地主大户都在打着滩地的主意。但是成本及劳力的困难限制了中小农的行为。于是滩地尽为乡绅地主所有。接下来当滩地地主向水利组织中的原有利户们要求分割水权时，围绕滩地有无享受浇灌权的问题出现的争端也就随之产生。原有的用水户为维护既得之用水权，保护其本身利益，可能会对将滩地纳入水利组织的问题采取反对、排斥的态度。正如《陈珍渠渠册》所载"所浇者仅百有余亩之水地耳，其外未入之滩地，水虽有余，则不能擅浇而乱渠规，乃往往有失浇之叹"。就是说原用水户为维持陈规，即使在有余水的时候都不愿分割一丁点水权给滩地地主。在双方僵持不下的情况下，滩地地主不得不采用强硬手段来达到其灌溉的目的。如"西庄共兴夫地二十八亩外,有新开滩地并不兴夫,坐食水利。其地有居下节之上,凡下节轮沟,屡霸水利浇灌滩地,诚大害也"。又"有范村,其旧制水地所用洞水,原系分古县等村,沃阳渠之一派以溉之者也。……及范村土豪左承诏等,壑为心,豺狼成性,祇求利己,不顾损人,恃其强梁,率其村众五百余人,蚁聚蜂屯,刀箭从事。竟将连子渠填塞筑堵,强夺泉水,浇伊无粮滩地八百余亩,紊乱古制"。以暴力手段获取水权的行为,破坏了地水夫一体化的传统模式,必然会在原有秩序的维护者与破坏者之间产生深刻的矛盾,这便是水案发生根本原因。

此外,渠甲们还利用渠道上的祀神活动大肆摊派,对渠户进行敲诈,使渠户的负担更加沉重。建于广胜寺内的霍泉水神庙就是洪洞渠民进行祭祀水神活动的最大场所。每年三月十八日,南中北三渠受益村庄一起祭祀,当地人称为"会祭",同时渠长还要邀集所有当地的绅士和其他渠务人员大肆吃喝,请客唱戏,费用由渠户均摊。除此之外,据明万历四十八年(1620)《水神庙祭典文碑》记载的各种祭神活动还有每月初一日祭、清明端午节六月九月四节令、二月初二日开沟祭、三月十八圣诞、辛霍崤龙王四月十五圣诞、八月十五、正月元旦等日的祭祀以及水巡上下往来等费用,二十四村共计派银一百五十余两。这尚不包括其他临时性的摊派。万历四十八年任赵城县令的刘某在洞悉此情后痛恨万分,试图采取措施简化祭礼仪式,减轻渠民负担,却遭到渠长们的反对。县令"询之绅衿,皆称沟头借口祭减水小,其弊牢不可破"。此外,由于实行渠长轮应制,出现了渠务实权为沟头、夫头把持的现象。据《润源渠渠册》第十五条记载,康熙年间"每年三六七八等月,分班祀神之期,因累年渠长轮流充膺,夫头挟制,并按规备办纸果等物,简慢神圣而又阔摊阔派,渠长等不敢强问,以至苦累地主"。南霍渠则出现了道觉村"三十夫头"操纵水权的现象,每年借口祭祀需要向下游八村索要贿赂。

由于渠甲是水权的实际支配者,因而各受益村庄在每年用水之时都要用请客的方式讨好渠甲以获得有利的水程期限。兴工时,给渠长水甲送闸水礼,用具礼;灌溉时,暗中送上一定数量的买水钱。据称民国年间某一渠长仅是卖水收入就高达两万银元。渠甲夫头以及其他支配水权的地方势力凭其实力,以暴力手段变更既有水利秩序,卖水渔利的行径,也使广大渠户蒙受了巨大损失,加剧了水利组织内部的分化,同时也使双方的对立更趋于表面化。据《崇宁渠渠册序》记载，该渠自明嘉靖十年（1531）始，历经天启三年（1623）、崇祯七年（1634）、康熙三年（1664）直至乾隆十六年（1751）历任渠长均进行过整顿渠务的活动，原因就是该渠"恃强之辈任意改抹渠例，不兴工夫坐视浇地，以致紊乱渠例，使上下不得均浇"，该渠正常的兴工灌溉事务已遭到严重破坏，只有通过加强渠道规范，才能遏制水利组织日益瓦解的危机。再如第二广平渠长郑二村，自康熙二十年（1681），"巨恶刘应交等，恃财仗势，不遵成例，当涧创增陡堰，贿卖北流无分村庄沟北郭家庄等村，隐匿古册，紊乱渠规"。卖水获利达八年之久，使涧南八村，八年点水不沾。水案的最终发作，反映的正是官府、地方豪绅和普通渠众三方之间的互动关系。官府对地方豪绅破坏水利秩序的行为采取抑制的措施，而后二者之间则展开了激烈的对抗。渠众要求通过重新修订渠册，整顿渠务以恢复旧日的规则，在这一点上其与官方达成了一致。因为官府认为只有维持旧有的秩序，才能保持乡村社会的稳定，实现其对乡村社会的最大程度的经济掠夺。

渠户每取得些微的水权都要付出很大的艰辛，故而对来之不易的水权亦倍加珍惜，一旦遇到侵犯其经过千辛万苦得来的权益的行为，必定倾其全力以抵御之。随着水资源稀缺程度的日益加剧，争水问题出现时，一有争执即可能大打出手，甚至形成大规模的械斗并形成久悬不决的讼案，官司的级别也是越来越高，影响也越来越大。争水双方随即动用全部资源参与讼案，全力争胜，于是水案的审理显得更加复杂多变了。官方与乡村的各种力量在这里产生碰撞，相互发生作用。

八　水案的审理——官民权力的互动

由于洪洞县各渠道普遍建立了各自的自治组织，因而渠上一有纠纷出现，通常先由渠长、沟头之类人员出面处理。一般来讲，当纠纷仅限于一渠一村之内时，渠长等人员往往是处理纠纷的主角，无须惊扰官方。但在牵涉到一些乡村大族或绅衿的利益时，处理的结果通常会受到影响。因为水权常常在这类人员中流动，而且越到近代，随着国家上层统治力量的日益削弱，乡村中的绅士阶层出现痞化的倾向。明中叶以后的绅士阶层已大大不同于那些视家乡利益为重，以保护本地利益为己任的老一代乡绅，而是逐渐受商品经济观念的影响，已不再重视道德的教化以及为人表率的作用，而是更加注重为自己获取私利而不惜牺牲整个乡村的利益，表现在水利方面就是"巨恶""豪强"霸水卖水破坏正常水利秩序的行为。同时乡绅或宗族势力还通过其他途径逐渐染指水利管理组织，尽力夺取更多的用水权并将之永久化、固定化。这种做法使民国期间洪洞县的水案增多、规模加大，流血冲突不断，并使更多的力量参与进来。前述民国六年（1917）赵城农民向豪绅地主争夺水权，后者勾结晋南镇守使残杀四百多农民；民国十一年（1922）临、洪、赵三县的通利渠因军阀与地主争霸水权，挑唆上下游村庄械斗即是此种倾向的最有力证明。

但洪洞县绝大多数水权纠纷发生在不同渠系之间。如分属洪洞、赵城两县的南北霍渠分水之争；以涧河为水源的诸渠之间的争水遍及全流域。此外，还应包括缺水村庄聚众强夺有水村庄水源的事件，自明中叶始直至有清一代延至民国年间仍时时发作。这类水案牵涉到乡村中不同的水利组织（在这里笔者试图仿照杜赞奇在分析河北邢台地区的水利组织时所使用的名称"水会"的形式而将洪洞的水利组织称作渠会），由于各渠会之间互不统属，各自代表一定区域内不同群体的利益，其中亦包括具有不同身份背景的乡村精英，主要是一些致仕的乡宦、举人、监生、生员、衙门中的胥吏以及与官府有密切联系的个体。笔者以为，乡村中的水利灌溉秩序就是得益于这些势力间相互协调，达成一种利益平衡后才得以维系。这种平衡关系一旦被打破，伴随而至的就是激烈的械斗和连绵不绝的兴讼。于是向来平稳的秩序产生了混乱，争斗双方互不服输，渠会的协调功能变得无效，这时只有依靠国家行政力量介入，才能暂时恢复平衡的状态。

尽管国家行政力量在解决水案的过程中起着决定性的作用，任何争讼在诉诸官府时，官府会依据公平的原则，对引起争水的肇事者予以严惩，制止地方势力霸占或侵夺水权的行为，并把历次判决以法律条文的形式确定下来，使之具有法律效力，成为以后官方裁决争端的依据，这是国家利用自身的权威力量体现其对乡村社会控制的一条重要途径。但是，国家权力根本无法凭此就渗透到乡土社会内部，反映在农田水利事务方面，即是国家与乡村社会之间存在一块官方与民间都无法独立操纵的领域。换句话说，就是"权力真空"。长期以来，这片权力真空一直由与官府和乡村社会双方均息息相关的乡间自发形成的水利组织来填补。同时，地方社会对国家的审理结果不满时，往往会采取不理睬或者阳奉阴违的态度，使得讼案始终不能了结，官府几经审理，最后还得借助乡村士绅的力量。如康熙二十五年至康熙三十年（1686—1691）洪洞县"润民""西安"二渠联合状告赵城"普安渠"独霸水源一案中，官府屡次断案，无奈赵城渠民不遵判决，水案久拖不决，正当官府踌躇之际，洪、赵二县绅耆出面劝解，才说服赵城普安渠民遵断息讼，这也是国家控制力薄弱或下降的体现。

九　结论

在对水案的整体面貌做了条分缕析的说明后，笔者以为明清以来洪洞水案不只是一个地区短时期内偶然出现的社会历史现象，而是有着深刻社会背景的历史必然。洪洞水案反映的不仅是其表面所体现出的那种简单的争斗过程，而是展现了由封建社会向近代社会转型期间，在自然生态、环境资源和社会人口的多重压力之下，国家权威、地方势力和民众三方力量之间的权力互动关系。同时，水案也产生了重大的社会影响，人们的日常生活行为、观念以及相互关系亦因之发生了众多变化。水案的爆发虽然从根源上讲与资源的稀缺有直接的关系，但是大多数水案并不仅仅是水不足用引起的，而是与官方和乡族社会对水权的管理与分配有直接的关系，其中蕴涵着复杂的社会因素，需要以适当的方式加以处理。在当代，水资源的匮乏仍然是困扰我国中西部地区发展的巨大障碍，如何采取措施既能最大限度地利用好资源，又能妥善处理好人口、土地与资源的关系，国家与地方各种力量在开发利用水资源的过程中应扮演何种角色，相信通过本文的研究会得到一些重要启示。

山西"丁戊奇荒"的社会史析论

发生于光绪初年的华北地区大旱灾，亦称"丁戊奇荒"[①]，又称"光绪大祲"。此次旱灾波及山西、河南、山东、陕西、河北五省及苏北、皖北、陇东、川北等区，持续四年之久，影响极为深远，是中国历史上特大灾荒之一。20世纪80年代以来，学界日益关注此次灾事，并取得了一批富有价值的研究成果。这些成果大致可归纳为三类：第一，总体研究分析类，这类研究从社会史和灾害史的研究角度出发，把整个受灾地区作为研究对象，对受灾的情状、赈济措施、灾害发生的原因和影响进行分析研究，进而深入研究赈济和善后事宜。这类研究成果较多，主要论著有何汉威先生著《光绪初年华北的大旱灾》（香港中文大学中国文化研究所专刊，1980年版），该著对华北地区此次灾害的被灾程度、赈济措施和影响进行了较为详尽的论述，当属此次灾荒研究的上乘之作。李文海先生等著《中国近代十大灾荒》（上海人民出版社1994年版），将此次灾荒列为中国近代十大灾荒之一，以生动活泼的笔法，再现了此次灾荒的全貌，颇具特色。主要论文有赵矢元先生的《丁戊奇荒述略》（《学术月刊》1981年第2期）、夏明方先生的《也谈丁戊奇荒》（《清史研究》1992年第4期）、《清季丁戊奇荒的赈济及善后问题初探》（《近代史研究》1993年第2期）、王金香女士的《光绪初年北方五省灾荒述略》（《山西师大学报》1990年第4期）、《洋务派与丁戊奇荒》（《黄河科技大学学报》1999年第2期）等。第二，灾害史料整理类，这一类主要是从灾荒史料的整理出发，对各个历史时期的灾害史料进行较为系统的收集整理编排，有的还进行统计分析并绘制成图，其中含有光绪初年灾事史

---

① 光绪三年、四年分别为农历丁丑、戊寅年，故称"丁戊"。

料。这类成果为以后进一步深入研究提供了基础性的必要参考，主要有李文海先生等著《中国近代灾荒纪年》（湖南教育出版社 1990 年版）、《华北、东北近五百年旱涝史料》（中央气象研究所等编印，1975 年）、《华北、东北近五百年旱涝分布图》（中央气象研究所等编印，1975 年）、张杰先生著《山西自然灾害年表》（山西地方志编纂委员会办公室，1988年印行）、《光绪三年年景录》（山西人委编印，1961 年）等。其中《中国近代灾荒纪年》堪称代表之作，该著以编年体的形式，对近代全国各地发生的各种灾荒，分年度、分省区就灾荒发生的时间、地点、范围、程度进行详细的介绍，并对灾区人民的生活状况、救灾措施及弊端也给予了说明，可以说是一部比较全面、系统反映近代中国自然灾害情况的力作。《华北、东北近五百年旱涝分布图》是将近五百年来华北、东北发生的水旱灾害，绘制成图，直观地反映出受灾的范围和程度，为以后的研究提供了必要的借鉴。第三，分省区研究类，这类研究主要是以受灾的某一省区为研究视角，缩小研究范围，从而更为详尽地探究此次灾事在这一省区发生的原因和情状、赈灾措施及效果、灾害的影响，等等。这类研究相对薄弱，见诸报刊的文章仅有王金香女士的《山西"丁戊奇荒"略探》（《中国农史》1988 年第 3 期）、张九州先生的《光绪初年的河南大旱及影响》（《史学月刊》1990 年第 5 期）和拙作《山西"丁戊奇荒"述略》（《山西大学学报》1999 年第 1 期），等等。这些成果主要是对此次灾荒分省区进行了初步的尝试性研究。

在总体相对薄弱的省区"丁戊奇荒"研究中，山西省区虽有研究，但不够深入。众所周知，山西光绪初年旱灾最为酷烈，时人亦称"晋豫奇荒""晋豫大饥"。而从现有的成果来看，主要是对此次灾荒进行大略的粗线条式的描述，有待于进一步深入研究。正是基于目前研究的现状和山西省区经历这次灾荒的特殊性，促使我将自己的研究视点再次定位于山西光绪初年大旱灾，尝试着从社会史的角度，进一步挖掘史料，进行深入细致的研究，以期弥补前人研究的不足。选取山西作为自己研究对象的原因之二在于，此次灾荒临近结束之际，时任山西巡抚的曾国荃要求各州县编撰地方志，故而记载此次灾事的史料极为丰富，为我进一步研究此次灾事提供了必要论据。选取山西作为自己研究对象的原因之三在于，目前山西气候干燥、水资源贫乏，旱情连年发生，严重影响着农业生产和国民经济建设，再现历史灾情，总结历史抗灾经验，唤起民众的防灾减灾意识，已成当务之需。本文试图运用社会史的研究方法，把山西"丁戊奇荒"作为个案进行研究，尽量利用所收集到的地方志、报刊、笔记、奏章、碑刻、书信等各类史料文献，力求全面详尽地叙述光绪初年山西省区大旱灾的原貌，探究其原因，揭示其影响，总结其经验，以唤醒广大民众和全社会的防灾减灾意识，增强人类社会的防灾减灾能力，从而为今后的防灾减灾提供一点综合借鉴。

一 山西自然环境与旱灾历史回顾

(一) 山西自然地理与气候

山西位于黄土高原东部，华北大平原的西侧，介于太行山与黄河中游的峡谷之间，北与内蒙古相连，西部、南部与陕西、河南隔河相望，东部隔太行山与河北为邻。地理坐标南北介于北纬34°35′—40°45′，东西跨度为东经110°15′—114°34′，其轮廓略呈由东北斜向西南的平行四边形，东西宽约300公里，南北长约750公里。境内有太行、太岳、管芩、吕梁、中条、云中、五台和恒山八大山脉，大同、忻定、太原、临汾、运城等盆地，可谓山峦起伏，峡谷相间。全省总面积为15.6万平方公里，大部分地区为深厚的黄土所覆盖，其中40.3%为丘陵，40%为山地，19.7%为平原。省内有大小河流1000条左右，分属黄河、海河两大水系，流域面积在4000平方公里以上的河流有汾河、滹沱河等9条，组成省内骨干水系。

山西地属暖温带和中温带，为典型的温带大陆性季风气候，除东南部属半湿润气候外，大部分地区为半干旱气候，冬季冷，夏季热，气温的季节变化明显且年、日较差大。四季气候各有特色，一般讲，春季干旱，夏季高温多雨，秋季爽朗，冬季寒冷干燥。全省日照充足，日夜温差大，生长期在180—250天左右。降水集中在夏季，降水量的年际变化较大，全省年平均降水量为535毫米左右，但季节分配极不平衡，受季风影响极为显著，夏季降水占全年总量的50%—60%。一旦季风较弱或迟缓，旱情随即发生。

（二）山西历史自然生态环境的变迁

古代的山西，山清水秀，土地肥沃，森林茂密，自然环境美好，大部分为森林地区。据考证，约在公元前 2700 年，山西的森林面积和草地面积约占土地总面积（约 16 万平方公里）的 63％和 6％。[①] 宋元以前，森林虽然多次遭到不同程度的破坏，但有间歇恢复时期，仍很茂盛，生态环境还未遭到完全破坏。据宋《太平寰宇记》载，北宋时太原东西山仍是"古柏苍槐，树木荫翳"，有"锦绣岭"之称。《清凉山志》载，五台山在宋代时是"四面林峰拥翠峦，万壑松声心地响"。直到明朝初年，山西境内仍是"遍地林木，一望不彻"[②]。偏头、雁门、宁武三关十八隘口有着深远、茂密的林区，正所谓"自偏头、雁门、紫荆历居庸、潮河川、喜峰口，直至山海关一带，延袤数千里，山势高险，林木茂密，人马不通"[③]。在太行山、吕梁山、中条山、汾河流域等地区仍有相当繁茂的森林。但由于明清王朝大力提倡"屯垦"，到处毁林毁草开荒，使山西的生态环境遭到空前破坏。由于军民争相锄山为田，使被林草覆盖的山地丘陵均被开垦为农田，如"山西沿边一带树木最多。大者合抱干云，小者密比如节。犯法亡命避役奸民，据深山为固巢，以林木为世产，延烧者一望成灰，砍伐者数里如扫"[④]。永宁州（今离石县）屯田"错列在万山之中，冈阜相连"，"即山之悬崖峭壁，无尺寸不耕"[⑤]。也由于森林乱砍滥伐有盛无衰，以致三关十八隘口已从"林木丛密，虎豹穴藏，人鲜径行"沦为"深林茂树，日斩月伐，山径之蹊，介然成路"[⑥]。"芦牙一山……林木参差，干霄蔽日，遮障胡虏，俨然天堑长城。"也逐渐变为"砍伐殆尽，道路四达，虏骑无遮"[⑦]。五台山区昔日"五百里内，林木茂密，虎豹纵横，人迹罕至"[⑧] 的情景也荡然无存了。可见无论延烧垦

---

① 林大燮：《我国森林资源的变迁》，《中国农史》1983 年第 2 期。
② 张四维：《复胡顺庵》，《明经世文编》卷 373。
③ 马文升：《为禁伐边山林木以资保障事疏》，《明经世文编》卷 63。
④ 吕坤：《摘陈边计民艰疏》，《明经世文编》卷 416。
⑤ 庞尚鹏：《清理延绥屯田疏》，《明经世文编》卷 360。
⑥ 马文升：《为禁伐边山林木以资保障事疏》，《明经世文编》卷 63。
⑦ 顾炎武：《天下郡国利病书》，第十七册，山西。
⑧ （万历）《清凉山志》卷五。

田，还是砍伐放卖，其林木损耗速度、破坏程度已达到惊人的地步。到清代初期（公元1700年），森林面积减少到仅占土地面积的18.8%，此后森林破坏更趋迅速，到民国初年降至6%。[①] 正因为长时期无休止的轮番垦荒和乱砍滥伐，致使原来的林草植被破坏殆尽，再加上公元14世纪以后，整个北方进入相对寒冷时期，被毁林草植被很难再生。[②] 森林植被的破坏历程，实际上就是自然生态环境逐渐恶化的历程。因此，清以后山西省区的自然生态环境已变得极为恶劣。

（三）山西历史旱灾的简要回顾

在回顾旱灾之前，我们先对旱情和旱灾作一说明，旱情即干旱，为自然原因所致，属于自然规律的范畴。一般有气象干旱和农业干旱之分。一个地区在一个持续的时间里，降雨量低于它的期望值时即为气象干旱。当降雨量及其分布、土壤含水量和蒸发损失等方式共同造成粮食和畜产品大幅度减产时，就出现了农业干旱。而旱灾即灾情，是人为与社会因素起主导作用的，属于社会规律范畴。也就是说旱情出现后能否成灾，是由人为和社会因素决定的。

旱灾是山西的首要灾害，有的学者根据历史记载统计，认为"山西除出现全省性的大涝和大捻外，基本是年年有旱情，而且旱年出现的几率有逐渐频繁的趋势，即由多年一遇到少年一遇，全省性旱和大旱年尤其如此"[③]。从公元1—19世纪中，全省性旱和大旱或局部地区大旱年各世纪出现年数见表1。

表1　　　　山西公元1—19世纪大旱年各世纪出现年数表

世　纪	1	2	3	4	5	6	7	8	9	10	11	12	13	14	15	16	17	18	19
全省性旱、大旱或局部大旱年出现总数	2	5	2	8	6	12	17	4	7	19	15	10	25	21	37	38	43	23	38

---

① 林大燮：《我国森林资源的变迁》，《中国农史》1983年第2期。
② 竺可桢：《中国近五千年来气象变迁的初步研究》，《中国科学》1973年第2期。
③ 张杰：《山西自然灾害史年表》，地方志编纂委员会，1988年印行，第9页。

续表

世　　纪	1	2	3	4	5	6	7	8	9	10	11	12	13	14	15	16	17	18	19
其中全省性旱 和旱年数	1	2	0	4	2	4	8	1	1	6	6	2	7	8	16	15	17	8	11

资料来源：张杰：《山西自然灾害史年表》，地方志编纂委员会，1988 年印行，第 8 页。

山西历史上旱灾年的出现是比较频繁的，且呈逐增趋势。据现存史料来看，从司马迁《史记》记载，周惠王十六年（公元前 661 年），晋国大旱开始，到 1912 年的 2573 年中，共记载旱灾年 570 年次。按旱灾年出现的频率来看，近代以前的 2501 年中，共发生 519 个旱灾年，平均 4.8年一遇；近代 1840 年到 1912 年的 72 年中，共发生 51 个旱灾年，平均 1.4 年一遇。近代比以前出现的频率要高。从年际变化来看，从公元 1 世纪到 19 世纪全省性一年以上的旱灾年，共出现 118 次，有的一个世纪未出现一次，有的一个世纪出现 20 次，从 14 世纪始，出现年次开始猛增。其中全省性连旱两年的共有 12 次，连旱三年的共有 4 次，连旱四年的共有 2 次，连旱五年以上的共有 3 次。而局部地区出现连旱年的现象就更为突出，大同、晋中、运城等地区均出现过连续六年的大旱灾。为了更好地反映这一问题，特根据史料列表说明（见表 2）。

表 2　　　　　　　　　　山西历史上特大旱灾简表

年代	朝代年号	持续年	间隔年	灾情简况
公元前 661 年	晋献公十六年	1		晋国大旱
公元前 470 年	周元王六年	1	190	浍决于梁，丹水三日绝不流
公元前 436 年	周考王三年	1	33	晋河绝于河隄
公元前 423 年	周威烈王三年	1	12	晋大旱，地生盐
公元前 205 年	汉高祖二年	1	217	晋陕大旱，米斛万钱，人相食
公元前 177 年	汉文帝二年	1	27	秋天下大旱
公元前 155 年	汉景帝二年	1	21	晋大旱，冬十月，日月皆赤
公元前 129 年	汉元光六年	1	25	夏晋大旱蝗
公元 15 年	新王莽天凤二年	1	113	岁大饥，人相食
公元 22 年	新王莽地皇三年	1	6	天下大饥，盗贼四起
公元 111 年	汉永初五年	1	88	并州大饥，人相食

年代	朝代年号	持续年	间隔年	灾情简况
公元 176 年	汉熹平五年	1	64	天下大旱
公元 194 年	汉兴平元年	1	17	晋陕大旱,数月不雨
公元 305—306 年	晋永兴二、三年	2	110	并州大饥,盗贼公行
公元 335—336 年	晋咸康元、二年	2	29	晋大旱,会稽米每斗五百,人相食
公元 487 年	北魏太和十一年	1	150	魏大旱,民多饿死
公元 504 年	北魏正始元年	1	16	魏大旱,民无所得食
公元 537 年	北魏天平四年	1	32	并、汾九州陨霜旱,人饥流散
公元 574 年	北齐武平五年	1	36	五月大旱,晋阳得死魃
公元 612 年	隋大业八年	1	37	天下大旱,百姓流亡
公元 687—688 年	唐垂拱三、四年	2	74	天下饥,河东旱
公元 759	唐乾元二年	1	70	天下大旱,禾黍一空
公元 881	唐广明二年	1	121	河东旱霜杀稼
公元 962 年	宋建隆三年	1	80	晋州饥,河东春夏大旱
公元 1074—1076 年	宋熙宁七年至九年	3	111	河北、河东久旱
公元 1211—1213 年	金大安三年至崇庆二年	3	134	河东大旱,大饥,流殍满野
公元 1291—1292 年	元至元二十八年至二十九年	2	77	大旱,民饥,地震
公元 1330 年	元至顺元年	1	37	太原以南赤地千里,民无所得食
公元 1342 年	元至正二年	1	11	大旱饥,人相食
公元 1347 年	元至正七年	1	4	河东大旱,民多饥死
公元 1427—1428 年	明宣德二、三年	2	79	山西大旱,饥民流徙诸郡不下数十万。免被灾税粮
公元 1455 年	明景泰六年	1	26	山西旱饥
公元 1472—1473 年	明成化八、九年	2	16	山西岁旱民饥,人多逃亡。免税粮
公元 1483—1488 年	明成化十九年至弘治元年	6	9	山西大旱饥,人相食,疫流行,免税粮
公元 1505 年	明弘治十八年	1	17	春夏大旱,麦苗枯死,民饥无食

续表

年代	朝代年号	持续年	间隔年	灾情简况
公元 1528 年	明嘉靖七年	1	22	山西地方大旱，饿者相枕
公元 1531—1534 年	明嘉靖十年至十三年	4	3	山西大祲民饥，人相食，免租税
公元 1560—1561 年	明嘉靖三十九年至四十年	2	15	大旱饥，人相食，弃子女
公元 1585—1587 年	明万历十三年至十五年	3	23	山西大旱荒，人相食，疫流行，死者相枕藉
公元 1609—1612 年	明万历三十七年至四十年	4	21	连岁荒旱，人相食，疫
公元 1633—1641 年	明崇祯六年至十四年	9	21	特大旱荒，人相食，疫流行，汾、浍、漳水竭
公元 1697 年	清康熙三十六年	1	55	大旱，民饥相食，兴隆河枯
公元 1720—1722 年	清康熙五十九年至六十一年	3	22	大旱无禾，民饥乏食，中部尤胜
公元 1759 年	清乾隆二十四年	1	36	大旱，民饥，漳河几绝
公元 1804—1805 年	清嘉庆九年至十年	2	44	旱岁大饥，饿殍满路
公元 1867 年	清同治六年	1	61	亢旱，禾苗尽枯
公元 1872—1880 年	清同治十一年至光绪六年	9	4	特大旱灾，人相食，疫流行，汾河断流，浍水竭
公元 1900 年	清光绪二十六年	1	20	大旱，岁饥，无禾

注：根据雍正、光绪《山西通志》《晋乘蒐略》《华北、东北近五百年旱涝史料》《华北、东北近五百年旱涝分布图》《中国历史大事年表》《中国近代灾荒纪年》和《山西自然灾害史年表》等统计整理。

从表 2 对山西历史上特大旱灾的粗略统计来分析，在大约 48 次特大旱灾中，其出现的间隔年数相差甚大，最大间隔年数为 217 年，而最小间隔年数为 3 年。在 47 个间隔年段中，间隔年数在百年以上的有 8 次，在 50—100 年的有 9 次，在 10—50 年的有 25 次，10 年以下的有 5 次。从时段上来看，在公元前的 661 年中，共出现了 8 次，平均间隔年数为 82.6 年左右；在公元 1—13 世纪的 1300 年中，共出现了 19 次，平均间隔年数为68.4年左右；在公元14—19世纪的600年中，共出现了21次平均间隔年数为28.6年左右。为此，我们可以更加清楚地看到山西历史旱灾的频繁性和年际的不稳定性，尤其是14世纪以来更为突出。此外，从大量的史料中也可看出，在山西历史上出现的各类灾害中，旱灾的成灾率和危害性居于首位，对山西经济和社会发展产生了严重的影响。

二 山西"丁戊奇荒"的时限、范围和强度

（一）旱情的时限和范围

光绪初年大旱荒，就山西而言尤为酷烈，其时间之长，范围之广，影响之大为有清一代"二百三十余年未见之惨凄，未闻之悲痛"。[①] 关于山西此次旱灾的时限，一般说法是从清光绪元年（1875）开始，到清光绪四年（1878）止，持续4年。而根据现有史料，结合《华北、东北近五百年旱涝分布图》来看，清同治十一年（1872），山西初呈旱象，晋中、临汾、运城等地区开始出现不同程度的旱情，文水、霍州、吉州、绛州、平陆、永济等州县方志均有这一年旱情的记载，如光绪《文水县志》祥异（卷1）载："同治十一年壬申，夏旱，禾尽槁。"光绪《永济县志》祥异（卷33）载："麦欠收，秋后旱。"光绪《直隶霍州志》饥祥（卷上）载："夏麦薄收，秋禾未登。"说明此年山西已开始旱灾。清同治十二年（1873），中部和长治以东地区普遍干旱，岢岚、汾城（今襄汾县）、沁水、阳城等方志均有旱情记载。清同治十三年（1874），中部、南部地区干旱，岢岚、文水、泽州、阳城、虞乡等方志有旱情记载。清光绪五年（1879），南部、中部临汾、沁州等十六州县继续有旱情。清光绪六年（1880），大同、长治地区有余旱，文水、沁水、翼城、襄陵（今襄汾县）等州县仍有旱情记载。可见在1872—1880年的9年中，每年都有干旱发生，形成了一个旱→旱→大旱→大旱→大旱→特大旱→大旱→大旱→旱的干旱系列，其中尤以1877年、1878年最为严重。因此，本文将此次旱灾的时限，划定为清同治十一年（1872）至清光绪六年

[①] 《丁丑大荒记》，夏县牛庄村一碑文，转引自张杰《山西自然灾害史年表》，地方志编纂委员会，1988年印行，第268页。

（1880），共持续九年。

就此次旱灾的范围而言，呈现出一个局部→全省→局部的态势。从1872年开始逐渐扩大，到1879年又开始逐渐缩小。也就是说，这次干旱从1872年始于晋中、临汾、运城，1873年扩展到长治地区；1874年发展到忻州地区；1875年开始笼罩全省；1876年、1877年、1878年仍然覆盖全省；1879年为忻州、晋中、临汾、运城、长治等地区干旱；1880年大同、长治地区仍然干旱。为了更明确清楚地反映山西受灾州县和范围，根据山西各州县方志特制一表（见表3），以资说明。

表3　　　　　　　　　1872—1880年山西被旱州县

年　代	州县数	地方志记载统计	州县数	清实录恤政统计
		州县名称		州县名称
1872年 （清同治十一年）	6	文水、霍州、吉州、绛州、平陆、永济		
1873年 （清同治十二年）	4	岢岚、汾城、沁水、阳城	3	隰州、太原、临汾
1874年 （清同治十三年）	5	岢岚、文水、泽州、阳城、虞乡		
1875年 （清光绪元年）	16	岢岚、榆次、祁县、榆社、汾西、永和、吉州、临汾、襄陵、太平、黎城、蒲县、夏县、河津、虞乡、解州		
1876年 （清光绪二年）	33	朔州（马邑）、临县、文水、祁县、榆次、洪洞、汾西、岳阳、屯留、襄垣、永和、交城、吉州、临汾、太平、泽州、长子、高平、安邑、绛州、河津、荣河、垣曲、解州、沁水、永济、芮城、猗氏、绛县、大宁、徐沟、天镇*、偏关*	7	阳曲、永和、介休、蒲县、隰州、太原、临汾

续表

年　代	州县数	地方志记载统计	州县数	清实录恤政统计
		州县名称		州县名称
1877 年 （清光绪三年）	58	大同、左云、怀仁、浑源、灵丘、朔州（马邑）、代州、崞县、神池、岢岚、忻州、文水、太原、交城、徐沟、榆次、太谷、祁县、平遥、灵石、寿阳、辽州、孟县、平定、和顺、榆社、汾阳、孝义、永宁、汾西、介休、霍州、隰州、永和、蒲县、大宁、吉州、临汾、洪洞、浮山、乡宁、襄陵、太平、翼城、曲沃、绛州、绛县、河津、荣河、万泉、闻喜、临晋、猗氏、安邑、垣曲、虞乡、平陆、永济	44	阳曲、太原、榆次、太谷、祁县、交城、徐沟、文水、临汾、襄陵、洪洞、浮山、太平、岳阳、翼城、曲沃、汾西、乡宁、吉州、长治、屯留、潞城、长子、襄垣、黎城、壶关、汾阳、孝义、平遥、介休、灵石、永宁、临县、石楼、宁乡、怀仁、山阴、应州、朔州、右玉、平鲁、凤台、阳城、陵川
1877 年 （清光绪三年）	33	芮城、解州、武乡、凤台、沁水、沁州、沁源、襄垣、岳阳、屯留、潞城、长子、高平、陵川、壶关、阳城、黎城、临县、夏县、赵城、稷山、石楼★、宁乡★、应县*、右玉*、阳高*、偏关*、阳曲*、平鲁*、五寨*、河曲*、广灵*、天镇*	34	沁水、永济、临晋、猗氏、荣河、万泉、虞乡、辽州、榆社、沁州、平定、孟县、忻州、武乡、沁源、代州、解州、崞县、安邑、夏县、平陆、芮城、绛州、稷山、河津、闻喜、绛县、垣曲、霍州、隰州、赵城、永和、蒲县、大宁

年　代	州县数	地方志记载统计	州县数	清实录恤政统计
		州县名称		州县名称
1878年 （清光绪四年）	69	左云、定襄、代州、偏关*、岢岚、忻州、文水、交城、太原、祁县、徐沟、太谷、平遥、辽州、和顺、榆社、汾阳、孝义、永宁、临县、灵石、盂县、平定、长治、屯留、潞城、长子、襄垣、壶关、高平、陵川、沁水、阳城、沁州、沁源、武乡、吉州、临汾、汾西、浮山、曲沃、襄陵、太平、乡宁、荣河、万泉、猗氏、临晋、永济、虞乡、解州、安邑、夏县、绛州、绛县、闻喜、垣曲、隰州、大宁、翼城、霍州、稷山、赵城、石楼★、宁乡★、应县*、阳高*、阳曲*、平鲁*	52	阳曲、太原、榆次、太谷、祁县、交城、徐沟、文水、屯留、长治、长子、襄垣、黎城、壶关、汾阳、孝义、潞城、平遥、介休、临县、石楼、永宁、宁乡、怀仁、山阴、应州、朔州、右玉、平鲁、凤台、阳城、陵川、高平、沁水、辽州、和顺、榆社、沁州、武乡、沁源、盂县、平定、寿阳、忻州、代州、霍州、灵石、隰州、赵城、永和、蒲县、大宁
1879年 （清光绪五年）	19	崞县、文水、交城、沁水、沁州、临汾、浮山、曲沃、襄陵、乡宁、猗氏、永济、虞乡、绛县、徐沟、襄垣、临晋、辽州、左云	26	祁县、介休、应州、右玉、榆社、阳曲、太原、文水、榆次、太谷、临县、高平、长治、保德、隰州、屯留、襄垣、辽州、和顺、霍州、赵城、灵石、黎城、山阴、平鲁、宁武

续表

年　代	州县数	地方志记载统计	州县数	清实录恤政统计
		州县名称		州县名称
1880 年 (清光绪五年)	4	文水、沁水、翼城、襄陵	53	太谷、忻州、代州、洪洞、浮山、临晋、永济、虞乡、荣河、万泉、平陆、芮城、稷山、长治、壶关、河津、阳城、高平、辽州、偏关、和顺、榆社、怀仁、繁峙、山阴、兴县、崞县、右玉、太原、翼城、太平、夏县、隰州、曲沃、蒲县、介休、沁州、沁源、武乡、陵川、沁水、应州、左云、定襄、乡宁、岳阳、岢岚、平鲁、凤台、襄陵、临汾、阳曲、朔州

说明：（1）★标明的两县无光绪、民国县志，但其所属永宁州志有记载。

（2）＊标明的县无光绪、民国县志，中华人民共和国成立后新修县志有记载，故一并列出供参考。

（3）朔州无光绪、民国志，但其下属马邑有民国县志，且中华人民共和国成立后新修县志有记载，故列入。

（4）当时塞外五厅已不在今山西辖区，故从略。

（5）清实录载豁免州县一年有多次（如 1877 年、1878 年等），本表以最高州县数来统计。

　　表3是根据笔者所见到的山西州县方志记载而统计的，为了更加准确地反映实际情况，特将也能反映受灾州县和范围的《大清德宗实录》中1872—1880 年对山西抚恤豁免州县数目一并列出作一比较，以期更好地说明问题。从表3来看，光绪初年山西受灾范围极为广泛，尤其在 1876 年、1877 年、1878 年几乎遍及全省，这与《华北、东北近五百年旱涝分布图》的统计较为一致，基本能说明受灾范围。1879—1880 年，方志记载统计较少，而《清实录》记录较多，我们不妨推测一下其原因，一方面可能是大同、朔州地区光绪、民国志较少，其他州县志以记载狼灾鼠患为主，旱灾顺延，不再赘述；另一方面山西连年遭旱，报灾频繁，朝野皆知，即使

有些地方得雨，但有地无人或无力耕种，仍需抚恤，或者是旱情已解，民力一时难以恢复，也需继续抚恤和救济，因此这一时段清廷抚恤较多。

（二）旱灾的强度

对一次灾情的描述，除了时限和范围，更主要的是其强度。就旱灾的强度而言，随其评判标准的不同而不同，《谷梁传》以农作物收成的多少来划分，"一谷不升谓之歉，二谷不升谓之饥，三谷不升谓之馑，四谷不升谓之荒，五谷不升谓之大侵"，《墨子》中也有"一谷不收谓之馑，二谷不收谓之旱，三谷不收谓之凶，四谷不收谓之馈，五谷不收为谓之饥馑"之说。① 中央气象局依据史料记载或实测降水量将旱涝情况划分为五个级别，即1级——涝（史料典型描述，下同，"春夏大水，溺死人无算"）；2级——偏涝（"秋霖雨害稼"）；3级——正常（"大捻，有秋"）；4级——偏旱（"秋旱"，"雨泽稀少"）；5级——旱（"春夏旱，赤地千里，人食草根树皮"，"河涸"）②。据以上标准，"丁戊奇荒"当属"大侵"和"特大旱"，已是不争的事实。实际上，评判旱灾最科学的方法应该是以降水量、河川的径流量和地下水量为主要标准的。可惜这方面的史料并不多，不能很好地说明问题。但就山西本次灾荒而言，仍有一些零星的史料可以作为佐证来说明旱灾的程度。如河川径流量方面，山西水文站推算1877年为29.3亿立方米，相当于现今全省水资源评价总量的21%。黄河、汾河、浍河都曾出现过断流或枯竭现象，"光绪二年冬十一月，壶口上流，河水断绝数十余丈，半日方接"。"光绪三年冬十一月二十六日河清，至四年正月初八日，共四十二昼夜。"③ 汾河"已见底而人可步行矣"④。"三年自春徂夏，半年不雨，汾水断流。"⑤ 霍州、曲沃均有"六月汾浍几竭"的记载。⑥ 绛州"六七月浍水竭两次，各旬余"⑦。

---

① 转引自邓拓《中国救荒史》，北京出版社1998年版，第4页。

② 参考中央气象局气象科学研究院主编《中国近五百年旱涝分布图集》，地图出版社1981年版，说明部分。

③ （光绪）《吉州志》卷7，祥异。

④ 《论晋省近年旱灾情形》，《申报》1877年11月23日。

⑤ （光绪）《永宁州志》卷31，祥异。

⑥ （光绪）《直隶霍州志续编》卷上，饥祥。光绪《曲沃县志》卷32，祥异。

⑦ （光绪）《直隶绛州志》卷20，杂志。

另外，从降水量来看，山西水文总站根据故宫档案分析整理出 1876—1878 年全省降水量情况，现转引如下（见表4），以供参考。"1877 年全省各地连续无雨日短者 50—60 天，长者数月以上，洪洞县连续无雨日达 349 天，年降水量仅有 5.2 毫米；太原连续 123 天无雨，年降水量 156.6 毫米为多年平均值的 32.1%；全省连续 200 天以上无雨的县有 14 个，连续 100—200 天无雨的县有 61 个，全省平均降水量只有 116 毫米，仅为多年降水量的 22.1%。"①

表4　　　　　　　　1876—1878 年山西各地区降水量表　　　　　单位：毫米

时间	大同	忻州	太原	晋中	吕梁	临汾	运城	长治	晋城
1876	113.0	159.0	249.0	156.0	176.0	145.0	242.0	221.0	217.0
1877	95.0	146.0	193.0	123.0	129.0	67.5	107.0	153.0	122.0
1878	270.0	218.0	401.0	426.0	269.0	409.0	440.0	524.0	450.0

三　山西"丁戊奇荒"的社会史分析

如前所述，评判一场旱灾程度的强弱，最科学的方法应该是以降水量、河川的径流量和地下水量为主要标准来衡量的。根据现存史料，我们是否还可以从社会史的角度来加以分析。笔者认为当时山西的粮食价格，瘟疫和人食人现象，狼鼠灾害以及人口的亡失等社会现象也能进一步说明此次旱灾的强度。

（一）旱灾期间的粮食价格

由于山西长期不雨，农业由歉收逐渐变为失收，潜伏已久的旱情终于突变为旱灾。农业歉收、失收或不收，再加上向来仰给的陕西、河南亦遭荒旱，粮食自然更加短缺，最终导致粮价急剧上涨。山西的粮价，在咸同年间，斗米价银四分左右，石麦价银一两左右。② 而旱灾期间，随着旱灾程度的增加，粮价也在不断地上涨。地方史料中，经常出现"粮

---

① 参见李建国主编《山西水旱灾害》，科技出版社 1996 年版，第 513 页。
② 参见卫天麟《周官荒政条注征今》，《万国公报》第 11 册。

贵物贱""人贱粟贵"等类词语。"线穿黑豆沿街卖"的民谣至今流传，山西米粮文也有"眼看着粮抬头斗价忽变，一时价盛一时如同箭穿"① 的说法。当时"粮食的价格猛涨到正常价格的三至四倍，而萝卜白菜的价格则比通常市场价高出5—6倍，一些如鸡蛋之类的食物据报道在饥饿年月价格上涨到原来的16—17倍。"② 时任太原教区主教的艾世杰的家书中也写道："粮价涨得很高，从前一个'里耳'（意大利币名）的东西现在要八个或十个才能买到。"③ 曾国荃的奏折和给阎敬铭的书信中也提及当时粮价变化的情况，光绪四年（1878）四月"省中大米每斗涨至三千以外，小米亦在二千八九百文"④。五月，"河东粮价大小米每石四十五六两不等，麦每斤亦需钱百五六十文；省城大小米每石三十五六千文，麦每斤亦需钱百文以上"⑤。八月粮价稍有回落，"大米每市斗仍在二千以外，小米一千七八百文，麦亦至今未大减价，粮乏可知"。⑥ 阎敬铭在光绪三年（1877）九月给慈禧的奏折中也提到粮食的价格，省城每银一两仅易八三钱一千四百文，而斗米须钱二千四五百文，省南地方纹银一两易钱一千一百余文，元丝银则止易钱九百文，斗米须银二两有零。⑦ 山西部分州县志和碑记中，也有粮价的记载。特列表统计，力求说明受灾的程度（见表5）。这些记载多以1877年、1878年为主，此前后的记载极少，故难以作一恰当比较。但从中我们可以看出，运城、临汾地区最高（如猗氏县石麦高达52两纹银），也是受灾最重之地；太原、晋中、长治地区稍次之，大同、忻州等地又次之。《永济县志》对荒年粮价变化的记载十分详尽，清晰地描述了这期间粮价的起伏，反映了该县受灾从起始到巅

① 《光绪三年年景录》，山西省人委办公厅编，1961年，第78页。

② Paul Richard Bohr, *Faminein China and the Missionary: Timothy Richard as Relief Administrator and Advocate of National Reform 1876—1884*, Cambridge Mass: East Asian Research Center, Harvard University, 1972.

③ 《光绪三年年景录》，山西省人委办公厅编，1961年，第57页。

④ 萧荣爵编辑：《曾忠襄公全集·书札》（清末民初史料丛书），台北成文出版社1969年版，卷11，第23页，《致阎丹初》。

⑤ 萧荣爵编辑：《曾忠襄公全集·书札》（清末民初史料丛书），台北成文出版社1969年版，卷12，第11页，《致阎丹初》。

⑥ 萧荣爵编辑：《曾忠襄公全集·奏议》（清末民初史料丛书），台北成文出版社1969年版，卷9，第25页，《续得雨泽疏》。

⑦ （光绪）《山西通志》卷82，荒政记。

峰，再到减弱的全过程。光绪二年（1876）芒种后"斗麦值钱三百耳"；三年（1877）"正二月值遂加至五百，三月加至七八百"，四月"麦价加至七八百"，七月"斗价一千二百矣"，冬月"斗麦钱三千矣"；四年（1878）二月"斗麦价至三千六七百，米值四千，麦面每斤一百六十"，十月"斗麦二千五百，包谷一千一百"，"腊月斗麦减至二千二百，麦面斤减至八十"；五年（1879）"二月斗麦钱二千，三月减至一千七百"，立夏以后"斗麦一千三百，米九百余"①。而夏县、高平的两块碑文则对各类食物的价格进行了描述。夏县"白面每斤钱二百文，馍每斤钱一百六十文，豆腐每斤钱四十八文，葱韭亦每斤钱三十余文，余食物相等"②。高平"小米每斗一千六百文，小麦每斗一千三百文，白黑豆每斗一千三百文，蕉籽每斗九百文，白面每斤一百一十文，谷糠每斗六十文，蕉糠每斗三十文，香油每斤二百八十文，猪肉无，羊肉每斤一百一十文，鸡子一只八百文，鸡蛋一枚二十四文，豆腐每斤三十二文，红、白萝卜每斤十六文，生姜一两二十四文"③。另外，绛州传教士王玛窦致李提摩太论灾书中，对灾荒期间和平时的粮价进行了比较，"小米每斗重三十斤常时卖铜钱四百文者，今则卖铜钱三千文；常时小麦每斗卖钱三百有零者，今则卖钱二千八百有零；常时高粱每斗卖钱二百文者，今则卖钱一千六百文"④。

　　肆虐的旱荒，奇缺的粮食，给三晋民众带来极大的苦难。为了生存，他们不得不变卖家产，典当物品，以换取粮食。然而在食贵物贱的旱荒时期，无论何种物产均不值钱，《申报》1878年1月24日载，一扬州人到山西放赈之后，带回一些物品，猞猁狲皮马褂一件价值八百文，摹本缀套裤价只五十文，锡器每斤银一分，其物之贱可想而知。永济"穷民各处设肆，布帛衣服器物无不贱售，大屋三楹，卖钱千余，良田一亩，易钱百余"⑤。赵城"四五吊钱即可买合院一座，三个馍即可得好地几

<hr>

①　吉可乐：《丁戊荒年记事》，（光绪）《永济县志》卷21，艺文。
②　《丁丑大荒记》（夏县牛庄村的一块碑文），转引自张杰《山西自然灾害史年表》，地方志编撰委员会，1988年印行，第269页。
③　史纪模：《纪荒警世碑》（高平县西里门二仙庙的一块碑文），转引自《高平文史资料》1986年第二辑，第129页。
④　《申报》1878年4月1日。
⑤　吉可乐：《丁戊荒年记事》，（光绪）《永济县志》卷21，艺文。

表 5   **1877—1878 年山西各州县粮食价格表**

时间	州县	米		麦		粟		杂粮		注
		两	文	两	文	两	文	两	文	
1877年（清光绪三年）	灵丘	米价昂贵								
	忻州		千余钱							
	定襄	1								
	浑源					粟腾贵				
	岢岚		3000							
	文水		3000							
	交城								2000	小米
	太原		2800							
	太谷		数千							
	徐沟	2—3								
	清源乡	2 两余								
	临县		500							春
			1300—1400							夏
	临县		2000 多							冬
	永宁		2400—2500						1780—1800	
	屯留		1000							
	壶关		1600							
	黎城		1000							
	高平		1000							
	陵川		1600							
	榆社		2000							
	辽州		1200—1300							二月
			1700—1800							四月

续表

时间	州县	米		麦		粟		杂粮		注
		两	文	两	文	两	文	两	文	
1877年（清光绪三年）	沁州		900							
	武乡		1400—1500							
	平定州		1600							
	东平乡		1200							昔阳
	寿阳		2400							
	汾西		2400							
	洪洞	3余两								
	曲沃	20余两/石	20余两/石							
	襄陵	3		3						
	太平	2余两								
	万泉					4				
	猗氏			30余两/石						
	永济				500					二月
					800					三月
					900					四月
					2200					七月
					3000					冬
	虞乡	数金								
	平陆			5					3000*	谷
	安邑	2余两								
	夏县			32余两/石	200文/斤*					麦面
	芮城	2余两	500/升				40/斤			
	绛县	14—15两/石			80—90文/斤*					麦面
	垣曲	1.7		1.7						
	隰州	3								

续表

时间	州县	米		麦		粟		杂粮		注
		两	文	两	文	两	文	两	文	
1877年（清光绪三年）	大宁	1.3								
	永和							3		小米
	霍州		3000		100/斤*					麦面
1878年（清光绪四年）	马邑					1				
	交城		3000							
	徐沟	2—3								
	临县		2300—2400						1700—1800*	豆
	孝义		3000							
	长治	1								
	长子		1500							
	屯留		1400							
	襄垣		1500							
	潞城		1400							
	黎城		1800							
	高平		1700							
	阳城		2600							
	和顺		2000						1000	
	辽州		3000						2500—2600*	豆
									1700—1800*	黍谷
									2000*	谷
	沁州		1500							
	盂县		2200							
	临汾		4800		180/斤*					麦面
	浮山	2.5		2.5						
	翼城		4000							

续表

时间	州县	米		麦		粟		杂粮		注
		两	文	两	文	两	文	两	文	
1878年（清光绪四年）	曲沃	30余/石		30余/石						
	太平	3.2		3						
	荣河			36/石		7				
	猗氏			52/石						
	临晋					3—4				
	永济		4000		3600—3700					二月
	永济			160/斤 麦面					300 灰菜籽	九月
					2500				1500 谷	十月
					2200					十二月
	夏县		5000							
	芮城	4余								
	绛州	3.6								
	绛县	30余/石		150—160/斤*						麦面
	垣曲	2.4		2.4						
	大宁	3								

说明：1. 本表主要以每斗粮食的价格来统计的，其他单位标准在表中注出。

2. 表中带＊为杂粮项的具体种类和小麦项的麦面类，在备注中列出。

亩"①。河津"一间房一亩田一餐不够"②。由于家家都在变卖物产，其价格越来越低，直至无人购买。泽州"房地衣物均无买主，民田一亩易钱百文或数十文"③。辽州"贫民鬻田物以求生，然少买主，价钱极贱，良田每亩数百钱，崇楼广厦仅易米一、二升而已"④。夏县"家产尽费，即

① 《光绪三年年景录》，山西人委编印，1961年，第55页。

② 河津县官庄村的一块碑文，转引自曹才瑞《晋中历史自然灾害实录专辑》（未刊）。

③ 转引自张杰《山西自然灾害史年表》，地方志编纂委员会，1988年印行，第264页。

④ 《辽州荒年记》，（光绪）《辽州志》卷6，艺文。

悬罄之室亦无，尚莫能保其残生"①。物产无人购买或已卖尽，在走投无路的情况下，人们不惜卖妻鬻子，以求活命。辽州"自冬至戊寅春，数月之间始而鬻物，继而鬻人，北省贩人贩物之夫遍城乡"②，永和"外来商贩到此收买（妇女），佳丽者不过千钱，稍次者不值一文"③，安邑"卖妻鬻子女得值不足数日餐"，"黄河船家满载妇女运往下游"④。由于钱粮奇缺，饥民求食无望，只好罗雀灌鼠，挖草根，剥树皮，食树叶以求一饱。"草根当粮，榆皮做饭"的情况比比皆是。《沁州复续志·艺文》中的一首《剥榆皮》道出了人们的心酸，"朝剥榆皮暮剥榆皮，手持斧柯身困腹饥。道旁累累不忍见，老幼相携面如土。家贫岁荒不得食，聊借榆皮充肺腑。吁嗟乎，山中榆树能有几，剥尽榆皮榆树死。荒村破屋半逃亡，何处叫阍天万里"。⑤ 仅以草根树皮为食，人们的身体每况愈下，直至死亡。在昔阳（时为平定州乐平乡）"饥民多掘蒲根、剥榆皮而食，久而面肿，肿消则死"，⑥ 在灵石"剥树皮而食者，瘦似黑面夜叉"⑦。在运城地区，以草根树皮磨成面粉高价出售，绛州"草籽蒲根面每斗银一两"⑧，临汾"蒲根面每斤卖至钱六十文，榆皮面每斤四十余文"⑨，荣河"柿叶、豆萁、蒲根等面每斤钱四五十文"⑩，猗氏"苜蓿面每斤钱六七十文"⑪，永济"灰菜籽每斗三百文"⑫。从而使田野遍地剡成荒墟，树皮皆被剥去，李提摩太在前往山西南部灾区的路上，沿路所见到的树木，都因树皮被剥去果腹而呈白色。⑬ 即使这样，人们也难活命。民国《临县

---

① 《丁丑大荒记》（夏县牛庄村的一块碑文），转引自张杰《山西自然害史年表》，地方志编撰委员会，1988 年印行，第 269 页。

② 《辽州荒年记》，（光绪）《辽州志》卷 6，艺文。

③ 段金城：《清光绪三年被灾甚大略情记》，（民国）《永和县志》卷 15，艺文志。

④ 李用清：《大荒记》，（民国）《昔阳县志》卷 42。

⑤ （光绪）《沁州复续志》艺文。

⑥ （民国）《昔阳县志》卷 42。

⑦ （民国）《灵石县志》卷 12，灾异。

⑧ （光绪）《直隶绛州志》卷 20，杂志。

⑨ （民国）《临汾县志》卷 5，艺文类。

⑩ （光绪）《荣河县志》卷 14，祥异。

⑪ （光绪）《猗氏县志》卷下，祥异。

⑫ 吉可乐：《丁戊荒年记事》，光绪《永济县志》卷 21，艺文。

⑬ Timothy Richard, *Forty Five Years in China*, London, T. Fisher Vnwin Ltd., 1916, p. 132.

县志》载"剥树皮而树皮已尽，磨糠秕而糠秕已空。鬻产则无主可售，质子则无人肯收。或匍匐街衢移时就毙，或投奔亲友半途已亡"①。更有甚者，挫木削和泥土为食，以苟延活命，昔阳"亦有剥白土干泥而食者，肠断肚裂，情状尤惨"②。灵石"挖坩泥以解饥，肿如大肚弥勒佛"③。晋人"研石作绱，和土为团，啖以果腹，乃医得眼前疮"④。曾国荃奏折中也提到，各属灾民"多掘观音白泥以充饥者，苟延一息之残喘，不数日间泥性发胀，腹破肠摧，同归于尽"⑤。饥民以泥土石粉为食，只求一饱。然一进腹中，难以消化，大便不通，死者甚众。

(二) 瘟疫和人食人现象

当一切食物罄尽无余之时，谁都不愿见到的"人食人"现象发生了，饥民维系生机的路径也只有"吃人"了。在这次旱灾期间，人食人乃至骨肉相残的现象已是司空见惯，山西史料有记载的就达42州县（见表6）。

表6　　　　　1877—1878年山西出现"人食人"现象的州县统计表

时间	州县数	州　县　名　称
1877 年	34	文水、太谷、临县、永宁州、辽州、平定州、高平、临汾、岳阳、浮山、洪洞、赵城、曲沃、襄陵、乡宁、太平、万泉、荣河、永济、虞乡、安邑、平陆、夏县、绛州、绛县、垣曲、隰州、翼城、灵石、左云、阳城、沁水、芮城、闻喜
1878 年	18	文水、辽州、平定州、高平、临汾、岳阳、夏县、绛州、翼城、孝义、屯留、襄垣、阳城、盂县、吉州、汾西、猗氏、大宁

起初人们只是吃死人肉，"十冬两月乃渐割死尸食之，既刮人肉以为

---

① （民国）《临县县志》卷17，著述考。

② （民国）《昔阳县志》卷42。

③ （民国）《灵石县志》卷12，灾异。

④ 《申报》1877年10月26日。

⑤ 李文治：《中国近代农业史资料》第一辑，三联书店1957年版，第741页。

粮，即折人骸以为薪"①。绛县"甚至剥遗尸刨掩骸"② 以充饥肠。"死者窃而食之，或肢割以取肉，或大脔宰猪羊者，有妇女枕死人之身，嚼其肉者"③ 在很多地方发生。在这种情况下，就是遭丧之家也不敢哭泣声张，恐惧邻里齐来宰割而食。他们饥饿难挨，早把传统的三纲五常抛掷脑后，"父故而于不葬，啖其肉以充饥；子死而父弗悲，折其骨以为薪"，④ 即使"亲骨肉亦或分裂其尸，藏之瓮中以当糇粮⑤。此后，饥饿难挨的贫民不得不下狠手残食活人，以图活命，甚至易子而食，骨肉相残。致使山路僻乡无敢独行。"腊月间复有阴险妇女攫小儿，而山僻处须成群结伙持械而行，盖此时又食生人矣。"⑥ 外国传教士艾世杰在家书中亦写道："饥饿的人找不到可吃的东西，就在死人身上打主意，在夜间出外寻找尸首，拿回家去吃。更有甚者。在饭铺出卖人肉包子。最后发展到父母、父子、父女相食的地步。曾有一个 6 岁儿童，在死前不久，领过洗，他成了他父亲的牺牲品。"⑦ 《山西米粮文》和夏县牛庄村的碑文亦均有描述"四乡里人吃人不分亲眷，吃人肉只吃的红了眼圈。父吃子子吃父骨肉不念，兄食弟弟食兄夫妇相餐"⑧。"有父子相食，母女相啖，较之'易子而食，折骸以薪'为尤酷。"⑨《申报》记云："徐沟县有兄弟二人被控告于县衙，招曰曾吃十一死尸。有一女子见父已死，竟斧炊而食之。又有数妇于田间炊一孩童而食。"⑩ 李用清《大荒记》中对"吃人"的感受有一段骇人听闻的描述："闻各处惯食人之人被官拿到讯云：女肉美于男肉小儿之肉尤美，腰以上之肉煮则化而为油，腰以下乃成块。隐僻处多挖出人头若干，讯云：人头最易熟，被火一燎脑即可食，每食

① （民国）《昔阳县志》卷 42。

② （民国）《绛县志》卷 12，祥异。

③ 王锡伦：《怡青堂文集》卷 6。李贞年《大祲记》，民国《平陆县志》卷上，杂记。

④ 李贞年：《大祲记》，民国《平陆县志》卷上，杂记。

⑤ （民国）《昔阳县志》卷 42。

⑥ 同上。

⑦ 《光绪三年年景录》，山西省人委办公厅编，1961 年。第 57 页。

⑧ 同上书，第 87、83、84 页。

⑨ 《丁丑大荒记》（夏县牛庄村的一块碑文），转引自张杰《山西自然灾害史年表》，地方志编纂委员会，1988 年印行，第 269 页。

⑩ 《申报》1878 年 8 月 1 日。

一脑可数不饥。此皆生民以来未有之阅历,言之悚然,非复人境。"① 更有一些不良之徒,竟以人肉假为畜肉,在集市上出售。"又还有卖人肉古今少见,假借的牲口肉集市卖钱。"② 《申报》亦有这样的描述:"……卒致食人,初时假为骡肉,售钱每斤五十余文,以其值廉又舍此无从觅食,买充口腹,多有知之为不知也者。嗣货之者,售货之者亦众,而人肉之食遂视为平淡无奇。"③ 这种凄情惨状,至今读之仍令人毛骨悚然,心惊胆战。

酷烈的灾情,严重的旱荒,早已把人们的伦理道德撞击得支离破碎。为了苟一活命不惜采取任何手段,老人被丢于屋舍,小孩被抛于道旁,死尸填于沟壑,饿殍盈于田野,暴骨磷磷,道馑相望,好不凄惨。当然,还是有一些人为了维护仅有的一点伦理道德而不惜舍弃生命。这类事件史料记载并不多,足见其在灾害期间是多么的微乎其微,这里只引用《乡宁县志》和《垣曲县志》的记载加以说明:

> 清光绪丁戌大荒,西坡村人尉才家,储粟仅石余,自知无济,因以一半分邻里,食之而死。
>
> 又尉璜、尚双卯、郭茂林皆农家子,是时饥民到处抢食,坚邀之不往,甘心闭门饿死。
>
> 乔某家有财粟,为河津饥民抢尽,村人欲往追夺,某止之曰"彼不得已也,吾老矣,可以死矣。"正衣冠,卧棺中,待毙之。数人者皆未读书,故人以为难。④
>
> 卫景贤农夫也,光绪三年大祲,度日无资。语家人曰:"宁守礼而待毙,勿为匪以偷生。"合家十二口闭门饿死。⑤

不管饥民们采取何种求生手段,都难以挽救其"因饥就毙"的厄运。在饥寒交迫、无以为生的情况下,不少饥民竟选择自杀来摆脱饥饿的折

---

① (民国)《昔阳县志》卷42。

② 《光绪三年年景录》,山西省人委办公厅编,1961年,第87、83、84页。

③ 《申报》1877年10月26日。

④ (民国)《乡宁县志》卷8,杂记。

⑤ (光绪)《垣曲县志》卷8,人物。

磨。有母杀子后而自尽者，有母子相携投河井者，更有举室闭门抑或投环跳井自杀者，还有阖村自尽者。种种情形，实难尽述。

正当饥民们在生命线上苦苦挣扎之时，一场可怕的瘟疫悄然而至，并在三晋大地逐渐蔓延开来。真可谓"雪上加霜"，宛如一记重拳，砸在已无举手之力的饥民们身上。此次瘟疫的传染，究其原因，一是由于天气亢阳，民食草根、树叶等物生病者多。二是上年冬饿死、冻死的饥民大多未来得及掩埋，即使有的掩埋也是泥土甚松，入土不深。有的干脆挖掘大坑，把死尸堆存坑内。这样到了第二年春天，天气变暖，尸体腐烂蒸发，最终导致瘟疫的发生。蒋廉在《临汾救荒记》中即言"死气之薰蒸化为疹疬，贫者既死于岁，富者复死于疫"①。"瘟疫"这一疾病传染极快，且覆盖面大，可以想象它对身体极其虚弱的饥民打击是多么之大。本次瘟疫的流行，波及全省州31县（见表7，以现存方志记载来统计），死亡极众。

表7 1877—1879 年山西被"瘟疫"灾州县统计表

时间	州县数	州 县 名 称
1877 年	13	太原、交城、徐沟、灵石、和顺、临汾、猗氏、临晋、虞乡、解州、绛州、应县、高平
1878 年	23	交城、文水、徐沟、寿阳、临县、屯留、阳城、临汾、浮山、平定州、洪洞、襄陵、太平、荣河、虞乡、夏县、平陆、绛州、隰州、绛县、平遥、阳曲*、芮城
1879 年	2	左云、万泉

注：*《申报》1879 年 3 月 12 日阳曲县尉曹君致松江某君书中载："去年春夏，瘟疫大作死亡者不知凡几。"故列入。

"不死于饥，即死于病。"如此严重的瘟疫对民众的杀伤并不比旱荒轻。夏县"疫疬多乘一村一镇传染，死亡日以数十计，民不聊生"②。隰州光绪四年"春夏大旱亢疫，死骸枕藉"③。临汾光绪三、四年（1877、

---

① （民国）《临汾县志》卷5，艺文类。
② （光绪）《夏县县志》卷5，祥异。
③ （光绪）《续修隰州志》卷4，祥异。

1878)"赤地千里，饿莩盈野，瘟疫盛行，死亡过半"①。徐沟县"连岁大旱，有多疫病传染，阖村有全家病死无人问者"②。太原光绪三年"是岁大疫，死于病者枕藉"③。屯留光绪四年"疫大作，自夏乃秋，死者甚众"④。光绪《临晋县志》有《瘟劫》一文曰："旱既火炎炎，密云无雨泽，阴阳乃失调，沴气蒸成疫，剩此孑遗民，卒然中不怿，及延扁鹊医，束手苦无策，病症莫能名，朝偏不保夕，无分老少年，贫富何曾择，传染或全家，期间冤莫白。"⑤ 的描述。曾国荃的奏折和书信中也陈述了瘟疫损伤的严重性，"大祲未已，瘟疫流行，小民非死于饥饿，即死于疾病"⑥。"入春以后，寒燠不接，疫气流行，饥馑余生，触疫即死，以致死骸遍野，无人掩埋，情形极堪悯恻。"⑦ "频年荒旱，疫疠盛行，民人或十损八九，或十死八九，迄今市廛阗寂，鸡犬无闻，高下原田，鞠为茂草。"⑧ 无情的瘟疫夺取了多少人的生命，甚至连办赈的官员和外国传教士都不放过，绛州知州陈世纶、赵城知县刘祥瀚自亢旱以来，竭力尽心，茹苦忍饥，顶风冒雪，勘查赈灾，光绪四年"疫气流行，该员等不避艰难，驰逐郊关，因而染病卧床不起"，仍谆谆以救民为念"刘祥瀚竟于三月二十八日身故，陈世纶亦于四月初五日出缺"。⑨ 外国传教士魏文明于光绪四年（1878）二月底在徐沟施赈期间，"偶感风寒，后竟疫病染身，未及一月而殁"。⑩ 此外，面对惨烈瘟疫，官府也采取了一些办法（虽然功效甚微），他们从捐款中划出一部分资金，专用于雇人掩埋尸体，以消

---

① （民国）《临汾县志》卷6，杂记。

② （光绪）《补修徐沟县志》卷5，祥异。

③ （光绪）《续修太原县志》卷下，祥异。

④ （光绪）《屯留县志》卷1，祥异。

⑤ （光绪）《临晋县志》卷续下，祥异。

⑥ 《复丁雨生》，萧荣爵编辑：《曾忠襄公全集·书札》（清末民初史料丛书），台北成文出版社1969年版，卷11，第31页。

⑦ 《缓征上忙疏》，萧荣爵编辑：《曾忠襄公全集·奏议》（清末民初史料丛书），台北成文出版社1969年版，卷9，第34页。

⑧ 《请缓二忙以利垦荒疏》，萧荣爵编辑：《曾忠襄公全集·奏议》（清末民初史料丛书），台北成文出版社1969年版，卷16，第34页。

⑨ 《道员请恤疏》，萧荣爵编辑：《曾忠襄公全集·奏议》（清末民初史料丛书），台北成文出版社1969年版，卷9，第18—19页。

⑩ 《申报》1878年8月1日。

除"传染源"。"念此愚氓因贫病而转乎沟壑……且恐沴戾传染，因分饬各属在捐款项下酌量动用。遇有路毙尸骸，查明并无别故，及无族里亲友为之收殓者，责令乡保分段具报，购买义地判别男女坑穴（掩埋）。每名口给予掩埋席片、人工钱四百文，小口减半。"① 全省各地因疫疠流行，致使人民死伤无以数计，故而光绪《山西通志》总结道："瘟疫大作，全省人民因疫而死亡者达十之二三。"②

（三）狼鼠灾害

就在旱情稍有缓解，瘟疫仍然盛行之际，晋省中南部地区又发生了不同程度的狼鼠灾害。光绪三年（1877），山西有1—2个州县就已出现了狼灾和鼠患，光绪四年（1878），逐渐扩展到4—10个州县，到光绪五年（1879），遂以出现了大面积、大范围的狼鼠灾害，其中狼灾29州县，鼠患28州县，光绪六年（1880），缩减到4—7个州县，直到光绪七年，盂县、临县仍有狼灾。1877—1880年被狼灾的州县共有34个，被鼠灾的州县共有30个（见表8）。

表8　　　　　　　　1877—1880年被狼鼠灾害州县统计表

时间	州县数	被狼灾害州县名称	州县数	被鼠灾害州县名称
1877年	2	徐沟、沁州	1	太谷
1878年	10	徐沟、太谷、沁州、洪洞、曲沃、太平、虞乡、永和、平定州、清源乡	5	介休、荣河、永济、洪洞、平定州
1879年	29	定襄、忻州、榆次、太谷、孝义、长治、屯留、高平、沁州、岳阳、榆社、盂县、汾西、临汾、洪洞、曲沃、太平、荣河、永济、虞乡、临晋、解州、夏县、平陆、芮城、绛州、隰州、平定州、清源乡	28	文水、榆次、太谷、灵石、孝义、长治、泽州、屯留、高平、汾西、临汾、吉州、岳阳、曲沃、襄陵、太平、荣河、永济、虞乡、临晋、解州、夏县、平陆、芮城、绛州、隰州、大宁、平定州

———————

① 《缓征上忙疏》，萧荣爵编辑：《曾忠襄公全集·奏议》（清末民初史料丛书），台北成文出版社1969年版，卷9，第34页。

② （光绪）《山西通志》卷82。

时间	州县数	被狼灾害州县名称	州县数	被鼠灾害州县名称
1880 年	7	交城、灵石、孝义、盂县、岳阳、临县、清源乡	4	孝义、岳阳、泽州、绛州

　　伴随着旱荒和瘟疫，狼鼠灾害的出现，给经过数劫而艰难逃生的灾民又一重创。狼灾伤人的情况频频发生，记载较多，"没饿死逃脱了瘟疫荒旱，不料想又一劫狼狈下山；三成伙五成群到处跑遍，把多少男和女咬死吃餐"①。光绪四年（1878），永和"豺狼成群，相率噬人，村边无敢独行者"②。洪洞"四乡豺狼成群，白昼伤人，幼男寡女辄被攫食"③。光绪五年（1879），忻州"狼多伤人"④，定襄"狼灾所至，伤人"⑤。榆次"狼灾三五成群，涂水南北伤人甚多"⑥。屯留"狼狈成群，伤人无数"⑦。解州"狼出为患，白昼伤人，老少妇女皆不敢出门，壮者在外被其伤者数十"。并描述食人的情状"两狼一长尾一短尾，每食人前者扑面而来，后者噬其腿立毙"⑧。光绪六年（1880），灵石县狼灾甚重，该县县志载："狼之为物也，滋生甚繁，痘痊死者十之八九，所留者仅十之二三也。而是年之狼成群至十二三只、七八只不等，草舍茅屋固不足以避害，竟有深宅大院入室攫小儿者。甚至路上行人非结伴不敢走，田地农夫非合作不敢动。县属五百余村被狼伤者四千人，较之死于旱灾其死尤为惨也！"⑨ 还有的州县连续两三年出现狼灾。平定州光绪四、五年（1878、1879）"狼入城伤人，悬赏格捕狼"⑩。盂县光绪五、六、七年"狼食人，

---

① 《山西米粮文》，《光绪三年年景录》，山西省人委办公厅编，1961 年，第 96 页。
② （民国）《永和县志》卷 14，祥异。
③ （光绪）《洪洞县志》卷 12，祥异。
④ （光绪）《忻州志》卷 39，祥异。
⑤ （民国）《定襄县志》卷 1，祥异。
⑥ （光绪）《榆次县志》卷 3，祥异。
⑦ （光绪）《屯留县志》卷 1，祥异。
⑧ （民国）《解县志》卷 13，旧闻考。
⑨ （民国）《灵石县志》卷 12，灾异。
⑩ （光绪）《平定州志》卷 5，祥异。

城关乡镇出没无常，所伤甚众"①。清源乡光绪四、五、六年"狼成群，相率噬人"②。面对凶残的豺狼，各州县官府不得不采取措施，或雇工或悬赏，捕杀群狼，以减轻狼患的危害。如交城光绪六年"群狼入城伤人畜，官示谕捕一狼赏钱十千"③。榆社光绪五年"狼食人，大府檄募捕杀，计头给赏，获狼多者并给功牌衣顶"④。沁州"四乡多狼，村民往往被噬，州牧出示捕打，每狼一只给赏钱四千文"⑤。临汾"豺狼为患，动辄伤人，乃出示悬赏，令猎户捕之"⑥。辽州"出赏格打一狼者，赏钱一千文"⑦。

鼠患在省南各地更为广泛，它无疑是给饱受饥荒瘟疫折磨的饥民带来更大的苦难。"鼠为灾""鼠害稼""鼠患"之类的词语散见于各类志书之中。"老天爷降鼠劫不分善恶，家伤物地损苗老鼠翻遍；满地里硕鼠多无有边岸，害得人昼夜间不得安然。"⑧ 光绪五年（1879），榆次"晚禾初播，复被田鼠伤害"。⑨ 高平"耕者少田愈荒，狼鼠为害"⑩。光绪四五年（1878、1879），平定州"到处多鼠，昼不畏人"⑪。"荣河鼠千百成群穴处，食苗一夜尽数亩，室内几无定器"⑫。临汾县志亦载"鼠从他处五年夏纷至沓来，生息愈蕃，耗粟米，齿衣物，白昼略不避人。而田间有一种出目短豆，尾修黄色，千百成群，夜食（禾苗）数亩不等"⑬。另，光绪五年（1879）秋"鼠为灾。初城南人晨起往田中，见禾伤如刈，以为邻人窃。于是夜伺之，倏闻齿啮声，潜击毙杖下，重斤许，睛吐喙锐。尾黄过身，黎明视之，被食者已数亩"⑭。解州"鼠无数危害居民，

① （光绪）《盂县志》卷5，祥异。

② （光绪）《清源乡志》卷16，祥异。

③ （光绪）《交城县志》卷10，天文。

④ （光绪）《榆社县志》卷1，祥异。

⑤ （光绪）《沁州复续志》卷4，灾异。

⑥ （民国）《临汾县志》卷5，艺文类。

⑦ 《辽州荒年记》，光绪《辽州志》卷6，艺文。

⑧ 《山西米粮文》，《光绪三年年景录》，山西省人委办公厅编，1961年，第95页。

⑨ （光绪）《榆次县志》卷3，祥异。

⑩ （光绪）《续修高平县志》卷3，祥异。

⑪ （光绪）《平定州志》卷5，祥异。

⑫ （光绪）《荣河县志》卷5，祥异。

⑬ （民国）《临汾县志》卷5，艺文类。

⑭ （民国）《临汾县志续编》卷下，祥异。

室无完器，间伤禾稼"①。灵石县鼠患极为严重，因而记载较为详细，"是年（光绪五年）木器、锡器、瓷器、瓦器均能咬破，夜间咬羊羔，咬雏鸡，上床咬小儿耳鼻。家室不安，昼夜不宁，人不堪其扰。……近世发明鼠疫，此可谓之鼠灾"②。面对群鼠为灾，民众和官府都采取办法捕杀之，以减缓危害。"上宪驰檄严捕（鼠），赏格。"③ "鼠多猫少，无法治之。于是制木猫、铁猫、砖猫，愈治愈多。后想出喂鼠之法，盆中贮饭，以木棍敲之，群鼠皆至，食毕而去，毫不畏人。"④

（四）人口的亡失

人口的亡失是体现此次旱荒强度极其重要的因素。人口的亡失在本处是指人口的死亡和流失。如此巨灾的蹂躏，使山西人口亡失极为惨重。贫者既死，富者变贫，力壮者到处流离，妇女被贩于他方，老幼病弱者填于沟壑。史载："晋省户口，素称蕃盛，逮乎丁戊大祲，顿至耗减。"⑤各州县方志对人口亡失均有大量不同的描述。如马邑"光绪二年大旱，三年大旱，四年春夏斗粟银一两，人死被野"⑥。神池"三年大旱，岁不及三分，民多流亡"⑦。太原"光绪三年大饥，民死于饿者十之三四，是年大疫，死于病者相枕藉"⑧。榆次"光绪初频年灾祲，十室九空，人民荡析离居，户口因之锐减"⑨。文水"大祲以后，（户口）几去三分之一，户口逃亡既众，土地之荒芜必多"⑩。辽州"光绪三、四年迭遭大祲……户口卒减过半"⑪。长治"光绪四年，岁荐饥馑……春夏大疫，饥病相因，居民死者十之三四"⑫。长子"光绪以前虽不详其籍，而戊寅、己卯迭遭

① （民国）《解县志》卷13，旧闻考。
② （民国）《灵石县志》卷12，灾异。
③ （民国）《临汾县志续编》卷下，祥异。
④ （民国）《灵石县志》卷12，灾异。
⑤ （光绪）《山西通志》卷65，户口。
⑥ （民国）《马邑县志》卷1，灾祥。
⑦ （民国）《神池县志》卷1，灾祥。
⑧ （光绪）《续修太原县志》卷下，祥异。
⑨ （民国）《榆次县志》卷5，户口。
⑩ （光绪）《文水县志》卷3，户口。
⑪ （光绪）《续修辽州志》卷5，户口。
⑫ （光绪）《长治县志》卷8，大事记。

大祲，死亡及半"①。灵石"光绪三年，人民逃亡"②"（饥民）流离失所，死亡相继，论户四千余家，论人四万余口……此亘古以来未有之奇灾也"③。永和光绪旱灾前"实有男女口三万余口"，灾后"仅存男女九千余口"④ 洪洞连遭大祲，"死亡几半，民为数三分去一"⑤。临汾"光绪三年大祲后，人民减去强半"⑥。曲沃"甚至百十族之繁家，仅存二三姓之寂处，方诸在昔之盛，是十而只存一也"⑦。吉州"光绪丁丑，岁乃大饥……一岁以成两岁之灾，食树皮，食人肉，十分几毙七分之数"⑧。翼城"丁丑大旱成灾，翼民采食数皮草根尽，又宰牛羊犬等，卒至人相食，逾年饿死者居其大半"⑨。襄陵"（光绪）三四五等年，岁大祲，人多户绝，地多荒芜"⑩。乡宁"光绪三四年大旱，饿死人民无数"⑪。荣河"丁丑、戊寅运逢阳九，编氓死亡逾半"⑫。沁水"（光绪）三年大旱，饥馑相望，民多饿死。四年岁大祲，人民死亡过半"⑬。临晋"光绪丁丑戊寅间山右奇旱，晋南尤剧。饿莩流民相望于道，户口殆耗十之五六"⑭。猗氏"向之人烟辐辏者，今则寥落无几矣"⑮。高平"光绪丁丑之岁，高邑大饥，户口逃亡故绝者村沦灭，以九分计。城郭殄绝，以多半计"⑯，等等。正所谓"山西省劫甚重千古罕见，十室邑有多半闭户绝烟"⑰。这当

---

① （光绪）《长子县志》卷8，户口。

② （光绪）《灵石县志》卷3，户口。

③ （光绪）《灵石县志》卷12，灾异。

④ （民国）《永和县志》卷2，户口。

⑤ （民国）《洪洞县志》卷18，杂记。

⑥ （民国）《临汾县志》卷5，户口略。

⑦ （民国）《曲沃县志》卷6，户口。

⑧ 冯锡福：《大荒碑》，光绪《吉州志》卷8，艺文。

⑨ （民国）《翼城县志》卷9，田赋。

⑩ （民国）《襄陵县志》卷3，户口。

⑪ （民国）《乡宁县志》卷8，大事记。

⑫ （光绪）《荣河县志》卷3，户口。

⑬ （光绪）《沁水县志》卷10，祥异。

⑭ （民国）《临晋县志》卷1，区村考。

⑮ （光绪）《猗氏县志》卷上，户口。

⑯ 史纪模：《纪荒警世碑》（高平县西里门二仙庙的一块碑文），转引自《高平文史资料》第二辑，第128页。

⑰ 《光绪三年年景录》，山西省人委办公厅编，1961年，第88页。

中肯定有大批饥民抛弃家园,逃亡他处某生。可惜史料记载不多,临晋
"户口流亡而半矣"。① 应县"人民无以为生,多数逃亡"。② 平鲁"四年
又大旱,人多外迁逃"③。"虞(乡)、平(陆)、永(济)、芮(城)、汾
(阳)、吉(州)、垣(曲)、沁(水)人民流亡十之六七"④。"流民之散
而之四方者,远抛乡井犹未周知"⑤。因对周边各省地方志涉猎较少,需
以后进一步确证。另外,1878 年 4 月 11 日《申报》所录《山西饥民单》
和光绪《猗氏县志·户口》的记载中,对每个村庄在此次灾害人口亡失
的数目进行了较为详尽的记述,此处不再列举。以上这些史料仅是对灾
情造成人口亡失的严重性作了一个大约的描述。而各州县人口的确切亡
失数记载的较少。有的县志仅记录灾后的人口数,灾前人口数的记载已
远至乾隆年间,相隔年代较远,加上有的统计仍含有清前期"丁"的色
彩,故而不能机械地将两朝的人口数相减得出人口亡失数。因此,对这
些史料只能割舍,不予采用。还有的州县志对灾前灾后的人口数均作了
记载,可信度比较大,虽然数目较少。但能反映出一些问题,现列表如
下(见表9),以资说明。

表9　　　　　　　　　　山西部分州县人口亡失统计表　　　　　单位:人

时间 州县	咸、同 年间 1850 年后	1875 年 光绪元年	1876 年 光绪二年	1877 年 光绪三年	1878 年 光绪四年	1879 年 光绪五年	1880 年 光绪六年	亡失 人口数	亡 失 率
榆次	211628*					164813		46815	22%
平遥	320959*						177342*	143617	45%
文水			188312				136125	52187	28%
交城		150000*					115000	35000	23%
屯留	100387*				51665			48722	49%

---

① (民国)《临晋县志》卷14,旧闻记。

② 马良主编:《应县志》,山西人民出版社1992年版,第11章。

③ 《平鲁县志》,大事记,山西人民出版社1992年版。

④ 萧荣爵编辑:《曾忠襄公全集·书札》(清末民初史料丛书),台北成文出版社1969年
版,卷14,第52页。

⑤ 同上书,第40页。

续表

时间 / 州县	咸、同年间 1850年后	1875年 光绪元年	1876年 光绪二年	1877年 光绪三年	1878年 光绪四年	1879年 光绪五年	1880年 光绪六年	亡失人口数	亡失率
高平	257385*						42195	215190	84%
隰州		103675		33871	23353			80322	77%
永和				30000		9000		21000	70%
大宁			27652		13974			13678	50%
临汾		174558	174561	174564	94548	74551	87100	100013	57%
襄陵		155261				97261		58000	37%
洪洞		189700				123200		66500	35%
翼城				139985			45246	94739	68%
乡宁		76422				36670		39752	52%
猗氏				127819			60384	67435	53%
稷山				224387			74716	149671	67%
绛县				139303		30347		108956	78%
安邑			175102		70138			104964	60%
平陆				145685			37958	107727	74%
芮城				126191			56034	70157	56%

说明：1. 部分州县有咸丰、同治年间的人口数，榆次为同治二年（1863），平遥、屯留为咸丰元年（1851），高平为同治五年（1866），因其年代与灾期接近，人口数相对准确，故列入，并以＊标出。

2. 1880年列中以＊标出的为1881年平遥的人口数。1875年列中以＊标出的为交城光绪初年的人口数。

而辽州、汾西、闻喜、凤台记载的人口数无准确年代，却有灾前灾后人口数的比较，辽州"原有州民七万六千二百一口，大灾后仅存二万七千七十九口"[①]，亡失人口数为49123人，亡失率为64.5%。汾西灾前"户口繁衍大小男妇十万有奇，散居五百余村"，"大祲之后，极力拯救，全村极绝者数十村，现在寥寥星散，老弱羸壮不及三万口"[②]。以此来算，

————————

① （光绪）《辽州志》卷5，户口。

② （光绪）《汾西县志》卷3，户口。

亡失人口数为七万余，亡失率约为70%。闻喜仅有灾后亡失数"较前光绪三年未荒之时，户则减一万一千余，口且减十万余矣"[1]。凤台"天祸之酷烈，固已不堪回忆矣，至光绪五年编查户口，户七万四千九百六十八，口十八万八千三百六十二，盖较未荒以前，户则减二万三千余，口则减十九万八千余，遗尸遍野，饿骨盈城或阖室之俱空，或一村之尽绝"[2]。此外，还有的州县未对灾前的人口数作记载，缺少灾后的人口数，我们可以利用光绪《山西通志》卷65，田赋略中的各州县人口数作一比较，虽然该统计有一定的偏差，加上灾后人口有一定恢复，亡失数肯定偏低，但不妨作一粗略概算，以期能反映出人口亡失的大略情况（见表10）。

表10　　　　　　　　　　　　　　　　　　　　　　　　单位：人

时间 州县	1875 年 光绪元年	1876 年 光绪二年	1877 年 光绪三年	1884 年 光绪十年	人口 亡失数	亡失率
岢岚	20471			16041	4430	21%
临县	100116 *			75710	24406	24%
永济		337207 *		65825	271382	80%
虞乡			35625	26832	8793	25%

说明：* 为临县光绪初年的人口数。

从表9、表10量化的数字中可以直观地看出，此次灾害死亡之众，强度之高，破坏力之大。而数据较为准确的表9显示，20个州县共亡失人口1624442人。平均亡失率为54.3%，这与曾国荃所言"此次大祲之后……灾重之区，十室仅存二三，次亦不及五六"[3]较为吻合。那么整个山西省在这次大灾中人口的亡失数是多少呢，史料无确切记载。但前人对此曾做过估算，曾国荃估计死亡数为全省的一半。[4]洋赈会估计死亡

---

① （民国）《闻喜县志》卷24，旧闻。

② （光绪）《凤台县志》卷1，蠲赈。

③ 《东华录》，光绪四年六月，8条。

④ 萧荣爵编辑：《曾忠襄公全集·奏议》（清末民初史料丛书），台北成文出版社1969年版，卷8。

550 万。① 韦天麟先生估计为 400 万人，② 马士估计山西省 1600 万居民中，死亡 500 万人，另有几百万人口逃荒或被贩卖到外地。③ 光绪《山西通志》户口（卷 65）载，1877 年有 16433000 人，到 1883 年有 10744057人，六年之间人口减少 5688943 人。由于当时人口方面的史料记载较少，难以给出人口亡失的确切数字，何炳棣先生对洋赈会的估计较为肯定，并说决不夸张，④ 而洋赈会估计的是死亡人数，若加上流失数（流失情况上面已有论述），估计亡失人口数可能还要大得多。笔者曾撰文估计山西在此次灾荒中的人口亡失数约 800 万—1000 万人。⑤ 如此巨大的数字，令人触目惊心，如此惨烈的灾害，使三晋民众元气大伤，正如曾国荃所言"农民十室九空，田地蒿草满目，较之东南久被兵燹者，其情形尤为残酷"。"二十年后元气可稍复乎。"⑥

此外，值得注意的是，由于大量妇女被贩往他方，使山西灾区的人性别比例严重失衡，在很大程度上阻碍了灾后人口的恢复。直到民国年间，人口数都未能恢复到灾荒前的水平。如临汾 1877 年尚有人口 174564人，灾后虽然从河北、山东等地补充了大量的客民，但到了 1935 年仍仅有 152587 人；芮城 1877 年有人口 126191 人，灾后到该县人口处于上升顶峰的 1929 年也只有 72585 人；翼城 1877 年有人口 139985 人，灾后人口最高的 1917 年只有 123542 人；类似的还有安邑、文水、平陆、乡宁等州县。

大灾期间，虽然清政府、山西地方官吏和灾民采取各种手段进行赈济和自救，但相对于旷日持久的特大旱荒，仍显得十分单薄，仅能达到

---

① 转引自 Paul Richard Bohr, *Famine in China and the Missionary*: *Timothy Richard as Relief Administrator and Advocate of National Reform 1876—1884*, Cambridge Mass: East Asian Research Center, Harvard University, 1972, p. 113。

② 转引自何汉威《光绪初年华北的旱灾》，香港中文大学中国文化研究所专刊（二），第122 页。

③ 马士:《中华帝国对外关系史》第 2 卷，三联书店 1957 年版，第 340 页。

④ 转引自何汉威《光绪初年华北的旱灾》，第 123 页。

⑤ 郝平:《山西"丁戊奇荒"的人口亡失情况》，《山西大学学报》2001 年第 6 期。

⑥ 萧荣爵编辑:《曾忠襄公全集·书札》（清末民初史料丛书），台北成文出版社 1969 年版，卷 14，第 26、30 页。

"饥民可望延活,不致即于死亡"① 的程度而已。"丁戊奇荒"给三晋人民带来了极大灾难,灾后人口亡失严重,田地长期荒芜,耕牛农具严重短缺,工商业一片萧条,等等,都是后来山西经济长时期难以恢复的重要因素。而户口亡失、田地荒芜、生产力惨遭重创,则是此次灾害带来的最直接最严重的后果。难怪时任山西巡抚大员的曾国荃也曾感叹:"大祲奇灾,古所未见。"② 连西方人在灾后编写的《大荒纪录》中亦称此次灾荒为中国古今以来的"第一大荒年"③。

① (光绪)《山西通志》卷82,荒政记。
② (光绪)《山西通志》卷65,户口。
③ 《万国公报》,第11册,总第6721页。

近代山西集市数量、分布及其变迁

集市、市镇研究是新时期史学研究成绩斐然的领域之一，其中，江南市镇研究成果尤为丰硕。20世纪80年代中期以来，华北平原的集镇研究也有了长足进展。相比之下，对于位居华北平原上游并与之有着密切经济联系的山西集市的研究仍显得很不充分。实际上，近代山西集市变迁自有其独特之处，与外省结合进行对比研究不仅可以丰富市镇研究的内容，而且可以从学术上提供不同的范例。本文拟以山西清代、民国各州县地方志资料为基础通过解剖典型、计量分析的方法，从社会史的角度对近代山西集市数量、分布及其变迁作一探讨。

一

集市是人们约定俗成进行定期交易的场所。学界一般认为中国农村集市的起源最早可上溯到战国至秦汉[1]，山西是华夏文明的发源地之一，晋南一隅集市经济的发展应不晚于此期。明代，集市开始在全国城乡大量涌现，然而此时的山西，却由于气候水文等环境条件的恶化，加之国都东移从而近畿地位的丧失经济发展趋向低落。明清时期，集市在全国基本普及，至迟到明代后期，山西各地也程度不同地为疏密不等的集市网络所覆盖，但现存四十余部明代地方志中，大多数不像清代那样专项记载集市、庙会活动，不少甚至对此不置一语，其时集会概貌我们只能通过个别清代方志的反溯加以了解，这至少表明集市贸易此时还不是山西农村经济生活中的一项必需或重要的内容，与江南、山东相比存在明

---

① 龙登高：《中国传统市场发展史》，人民出版社1997年版，第26页。

显的差异。由于集市的形成、变迁属于长时段现象,不会因鸦片战争的炮火而迅速改变它的发展轨迹,因此,本文从其可查资料的系统性和本身周期的完整性出发,选择清代初年作为考察近代山西集市数量变迁的起点。

清代、民国各州县所修地方志是这一时期山西集市信息的主要来源,其中笔者已查阅到的有190余部。由于各志体例不尽一致,相关记叙或详或略甚或空缺,加之方志本身续修间隔亦参差不齐,因而欲对全省集市数量随时间变动的情况进行全面统计与研究,目前尚无可能。在此,本文拟以此期分布全省的若干集市资料连贯性较好的州县为代表进行前后变动比较,从而求得管中窥豹之效。集市数量的变化有两种情况,一种是集市场址本身的增减,这是"集市数"通常的含义;还有一种是同一集址上开集频率的升降,后者一般并不能通过前者得到反映,为此这里使用"场次数"的复合单位对其进行计量,在某一集址开集一次即记为一场次。以下表1是根据地方志资料对部分州县不同年代集市场址、场次统计的结果。其中,由于集市在城、镇、村三类居民点均有分布,而县城集市的变迁受到非经济因素的影响远比村镇集市为大,所以这里将二者分列。

以上共列36州县,占嘉庆元年全省101州县(不包括归绥道十二厅)的1/3强。从中很容易看出大多数县份集市数量变化甚微,甚至近三百年完全没有变化。集市场址数变动幅度多于4个(即平均一县四境至少有一处集市增减多于1个)或场址数变动虽小于5个,但场次数变动幅度大于15个的县份只有文水、屯留、万泉、荣河、潞城、临县、陵川和太平等8县,仅占36州县总数的22%。那么,依以上标准区分开的这两个大的类型中哪一个代表了山西集市变迁的普遍趋势呢?一般来说,"市镇崛起归根到底是根植于农村经济实力(主要是农副产品商品化程度)的增强,没有农村经济的振兴,也就没有乡村中市镇的勃兴"[1]。因为在近代,集市的存在主要是为了给自给自足的小生产者提供互通有无的场所,除此之外,农民有限的文化、娱乐等其他需求往往更多通过庙会等途径来满足,故此可以说剩余农产品是集市数量增加的基本推动力,

---

① 从翰香:《近代冀鲁豫乡村》,中国社会科学出版社1995年版,第117页。

表1 清代与民国山西若干县集市场址、场次数变化

地区＼时间	顺治	康熙	雍正	乾隆	嘉庆	道光	咸丰	同治	光绪	宣统	民国
祁县		6 90 15		4 15					7 105 15		1 13 15 195
文水		4 15							4 13 15 195		
汾阳				4 11 30 90		4 11 30 90			4 11 30 90		
介休		5 5 1		1 5 1 5	1 1 6 15						2 1 30 9
平遥		15 7							15 7		
灵石	4 15	2 21 15			1 9 9 102						1 10 9 108
临县											1 10 15 60
吉州		1 0 6 0									

续表

地区＼时间（集数）	顺治	康熙	雍正	乾隆	嘉庆	道光	咸丰	同治	光绪	宣统	民国
蒲县				3 4				3 4			
长治				5 18 30					5 17 30 228		
长子					1 11 15 141				1 11 15 141		
屯留			3 3 15 33						3 8 15 114		
襄垣				1 5 15 69							1 6 15 84
潞城		6 4 30 60							6 84		8
沁源			4 5 15								1 3 15 45
高平	5 10 10 168								5 10 10 168		

续表

地区	顺治	康熙	雍正	乾隆	嘉庆	道光	咸丰	同治	光绪	宣统	民国
陵川		5 8 15							5 3 15 33		
武乡				1 10 15 93							1 11 15 102
太平				1 6 5 51		1 6 5 51			1 6 5 31		
襄陵			4 2							4 4	
浮山			2 1 9	2 1 9					2 1 9		2 1 15 15
曲沃		14 9		15 8		15 8			17 8		
绛县	5 5								1 3		
荣河		2 3 60 18		2 10					2 10		7 42 6

续表

地区＼时间	顺治	康熙	雍正	乾隆	嘉庆	道光	咸丰	同治	光绪	宣统	民国
猗氏		1 0 / 9 0	1 2 / 6 15					1 2 / 6 15	1 2 / 6 15		
万泉				3 / 1							1 12 / 3 45
寿阳				4 14 / 15					4 13 / 15 93		
平定				5 6 / 15 45					5 8 / 15 57		
盂县				5 13 / 15 97					17 / 111		
辽州			3 / 8						3 / 8		
定襄			1 4 / 15 27						3 / 30		
广灵				1 0 / 9 0					1 0 / 9 0		

续表

时间 集数 地区	顺治	康熙	雍正	乾隆	嘉庆	道光	咸丰	同治	光绪	宣统	民国
五台				1 3 15 24					1 3 15 24		
繁峙						1 2 15 30			1 2 15 30		
保德		1 1 3 6							1 1		
河曲		0 0						1 2 6 12			

说明：1. 资料来源参见 P153 注 1 "表注"。

2. 表中每个方格内列有 4 个数字，其中左上为各县城集市场址数，右上为各村镇集市场址数，左下为其对应场次数，右下为其对应场次数（时间以月计）。

只有当农村经济实力增强，从而剩余农产品增多时，才会有足够的交易量维持一个集市的生存，新集市的产生也才有必要的物质前提。换言之，与农村经济状况脱节的集市数量水平是缺乏后劲、难以持久的。所以，上述两个集市变迁类型中，哪一个与近代山西农村经济发展的轨迹相一致，那么哪一个就代表着山西集市变迁的一般趋势。以下我们根据方志相关记载，逐一分析上列8县集市数量的较大变动究竟根植于怎样的基础上，并从中找出近代山西集市数量变迁的普遍走向。

屯留县志载雍正年间本县共有村镇集市3处，另标明还有废集5处，到光绪年间此5废集中已有2处恢复，另3处别移他处重新开集，集市总数因此增至8处。

荣河的情形与屯留十分相似。康熙年间荣河除县城集外，另仅有孙吉、庙前、薛稽3镇集，与乾隆年间村镇集10处相比，增幅显然不小。然而康熙《荣河县志》明确记有"冯村市、西李市、程村市、王显市俱废"①，换句话说，荣河村镇集数至少曾达7处之多，这样再与乾隆年间10处比较，增幅并不算大。

潞城与屯留同在晋东南地区。清初有村镇集4处，相应场次数为60，光绪时集址数缓增为6处，但场次数已猛增为84，这一较大差额的产生主要由于微子镇集的变化②，康熙年间微子"以秋禾登日贸易，任民便也"③。既然交易间隔如此之长，微子集划属庙会似更适当，因此，表1集市数统计未予计入。光绪年间，微子镇集期定为"偶日集"，于是，仅它的增加就使场次数骤升了15，潞城由此成为集市数量激增的县份之一。微子镇相传因商代贤臣微子受封于此而得名，自古是上党通往中原的交通要冲和商品集散地。因此，虽然此处康熙年间集期稀疏且地方志缺载，但我们有理由推测这只是明末清初战乱留下的遗痕。所以潞城与屯留、荣河的情形一样，若站在更广阔的时空范围内观察的话，清代中叶以后集市经济的兴盛，只不过是早已达到过的往日繁荣的再现，集市数量并

---

①　（康熙）《荣河县志》卷一，舆地志，市镇。

②　乾隆二十九年（1764），原平顺县属北杜镇的划入，是潞城集市场次数变化的另一原因，但其幅度小于微子。

③　（康熙）《潞城县志》卷一，舆地志，市集。

无实质的提高。

陵川县康熙年间共有 8 镇，"随镇立集，日各不同"①，相应应有 8 集。而到光绪年间，仅其中的 3 镇仍有集市，其余 5 集不复存在。陵川位于太行山深处，境内"陵阜环列"②，交通阻隔，这种环境必然使即使仅限于县域以内的物资交流也极其艰难，集市交易只能在被深沟巨壑分割成的小块范围内进行，陵川自古为军事重镇，"随镇立集"便十分自然了。然而，腹地狭小亦会使集市的稳定性成为问题，集市分布易在一些偶然变故作用下，由于交易量萎缩或不得不适当集中，或进一步分散转变成庙会，从而导致集市数量的减少。光绪初年席卷全省的"丁戊奇荒"，就是这样导致了陵川和临县集市数量分别沿着上述不同的方向大幅减少的。

乾隆、道光两朝《太平县志》显示，此间全县村镇集市保稳定，然而光绪八年县志则表明，此时其数量已陡然下降。转变集中发生于赵康、北柴两地，它们以前均为隔日一集，光绪时北柴转为仅腊月下旬有集，单从交易角度看实际上已变成庙会。赵康腊月出现了与北柴相同的转变，其他月份也减少到每月只有集。赵康、北柴都位于临汾盆地的腹心，北柴还是晋商大帮太平王家的故乡，正是得益于这种有利的农业生产条件和雄厚财力基础，两地集市经济显得异常活跃。可是，赵康、北柴东西相距并不算远，而且又北邻太平县城，南傍绛州州城，在后者强大的经济辐射力的阴影下，它们超高密度的集市场次数与其已被过分细碎分割的交易腹地显得极不相称，当光绪初年临汾盆地成为"丁戊奇荒"的重灾区而元气大伤时，赵康、北柴与前述陵川、临县殊途同归，过量集市场次不能不被一一淘汰。

文水与太平在很多方面非常相似，如全境大部同样位于汾河西岸冲积平原上，同样有着优越的农业生产尤其是粮棉种植条件。然而，两地村镇集市发展的趋势却截然相反，有清一代，文水村镇集市的场次数猛增了 3 倍有余。两相比较，造成这种差异的原因主要由于它们周边环境的不同。文水四境，从北沿顺时针方向转至西南，依次与当时山西主要

---

① （康熙）《陵川县志》卷一，疆域。

② 同上。

皮毛产品集散地之一的交城,晋中粮食流通枢纽之一的徐沟,最大晋商商帮聚集地祁县、平遥和汾州府城所在地汾阳相邻,与其时作为全省商业中心的太谷以及介休亦相距较近。于是,文水年复一年将大量农副产品尤其是粮食向以上这些官员和商人等消费人群集中的四邻输出。与这种强邻环峙的形势形成对照的是,文水自身缺少具有强大辐射力的中心市镇。文水县城"为街者十,为巷者十五,而四隅隙地犹多田焉,民亦不甚庶矣"①。因之,"殷实之户悉交易于邻邑"②。集市分布也呈现出四境村庄分别以相邻外县县城为中心,三五成群,各自向外的格局。故此,文水中心市场发育不足而初级市场畸形扩张,就形成了与一个中等规模县份颇不相称的沿边境伸展的密集集市网(此期文水庙会之多亦令人惊奇)。可见,文水集市数量激增主要是其特定人文地理环境的产物,而来自经济实力增长方面的动因反倒是比较次要的。

最后看一下万泉的情形。乾隆《万泉县志》载:"解店镇……清康熙元年知县郑章倡建店舍兴起市集"③,时村镇集市当仅此一处。民国六年《万泉县志》中,村镇集市则列有12处之多,前后差距极为悬殊。然而在这些新增集市中,多达9处每旬开集仅一次,余者亦只有两次。显然,它们既可以看作开集稀疏的集市,亦可视为举会频繁的庙会,正如《万泉县志·卷一·集会》的题标所示,它们是集市与庙会合二为一的结果。下文将说明,清代尤其是进入近代以后,山西庙会大量增加,因此万泉集市数量变化是在其集会合一的特殊情形下对全省庙会发展共同趋向的间接反映,其中并不包含来自经济实力方面的意蕴。

归纳起来,8县集市数量大幅变动的原因共有如下四种:一是集会合一型,仅万泉属此;二是强邻环峙型,仅文水属此。前面的分析表明,这两种变动形式与经济实力的消长关联甚少,而且文水的情形在全省堪称绝无仅有,万泉的模式亦仅见此一例。因此,它们的存在除去使全省集市变迁的形式多姿多彩外,没有带来关于集市变迁一般规律的信息。

三是恢复增长型,屯留、荣河和潞城属此;四是灾变下降型,陵川、

---

① (康熙)《文水县志》卷三,民俗志,市集。
② (光绪)《文水县志》卷三,民俗志,庙会。
③ (乾隆)《万泉县志》卷一,镇。

临县和太平属此。显而易见，此两种变动形式直接源于经济形势的改变，前者是经济水平恢复的反映，后者是经济状况恶化的结果。但是，集市变迁一般说来并不会像镜中视物一样与经济波动保持同步。由于集市的形成大都经历了比较漫长的过程，人们到期赶集的习惯一旦形成，即使遭遇战乱天灾，只要不是十室九空，人烟断绝，一俟经济稍苏，社会初定，集市贸易就会在原来的基础上重新开始。此外，集市往往兼具一定的社交联谊功能，这进一步强化了它的相当稳定性的特点，或者说，意外变故往往缩小集市的规模，但却较少能够减低它的数量，集市数量具有向下的刚性。正因如此，虽然明末战火几乎燃遍三晋，"丁戊奇荒"近于席卷全省，但在上举36州县中，集市数量因此而发生剧烈起伏的却各仅有3例。而且紧邻屯留和潞城，长治、襄垣同期集市各仅增1处，更有甚者，长子完全没有变化。与此相似，今太平和襄陵已合为襄汾县，两地应有很强的相似性，而在当时，襄陵集市数量仅增两处，与太平反差鲜明，类似例子不一而足。

由于集市变迁向下刚性的存在，因此它的数量只有当经济水平出现比较大的进步时才会相应有较快速的增长，或者说才会有持续而显著的变动。这样，灾变下降型就只是集市变迁的一种特殊形式，也即一种偶然的现象。又由于"恢复增长"必定以"灾变下降"为前提，所以恢复增长型亦不会成为集市变迁的一种普遍模式。

反过来，表1中所列绝大多数县份集市数量停滞不前的现象与此期山西经济发展迟缓的现实是一致的。关于后者的情况，为节省篇幅，不妨在下文探究近代山西集市数量长期停顿的原因时再一并加以交代。

综上所述，近代山西集市缺少由于经济振兴所带来的持久推动力，个别县份集市数量的剧烈波动，都有一定的偶然性，其中恢复增长型还从一个侧面印证了山西经济至少从明代起到清中叶一直在比较低的水平上起伏徘徊，屯留、荣河和潞城集市变迁实质上属于在扩大了的时段上的停滞型。这一切表明，表1中达78%（若加上屯留等3县则为86%）的州县集市数量长期停顿的状况并没有受到我们样本选取的影响，相反，它如实反映了近代山西集市变迁的共同趋向。全省集市数量增减相抵，在总体停滞的基础上略微有所上升，以村镇集址数为例，数百年间增幅仅10%略多一点。

二

对近代山西集市数量变迁的趋势有了基本的把握以后，我们就有条件对这一时期的集市总量作出估计，为此，需要首先解决集市的空间分布问题。考虑到近代山西集市数量具有相对凝固性，集市场次数又与集址数有大致同步的关系，所以集市分布的研究结果基本不会受到时点选择和统计对象（场址数还是场次数）的影响。表2列出了相关资料较完整的清光绪年间32个州县以及时间上邻近的同治年间1县、民国期间8县共计41个州县的集市场址数，并将它们依集址数多少从高到低作了分类排序（见表2）。

表2　　　　　　　　　**不同村镇集数范围上的州县分布**

村镇集数　范围	州县名及其集址数											
9个以上	长治 17	孟县 17	寿阳 13	永宁 13	文水 13	万泉 12	汾阳 11	武乡 11	长子 11	临县 10	荣河 10	高平 10	灵石 10
5—9个	曲沃 8	屯留 8	辽州 8	潞城 6	平定 7	平遥 7	祁县 7	襄垣 6	太平 6	岳阳 5		
2—4个	蒲县 4	襄陵 4	绛县 3	五台 3	定襄 3	陵川 3	汾西 3	沁源 3	猗氏 2	河曲 2	兴县 2	繁峙 2
2个以下	保德 1	浮山 1	吉州 1	介休 1	左云 0	广灵 0						

说明：1. 资料来源参见本书第153页注1"表注"。

　　　　2. 表中万泉、武乡、临县、灵石、襄垣、岳阳、沁源、介休8县为民国年间数据，河曲为同治年间数据，余均光绪年间。

从中可见，拥有10个以上集市的州县分布在晋中盆地、运城盆地、上党一带和平定、永宁两东西交通孔道上；5—9个集市的州县基本上位于太原、临汾两盆地和上党一带；4个集市以下的州县多处在各盆地外围和晋北、晋西北地区。

将上列各州县按一定的自然、社会相似性分地域重新加以组合并按各地域集市平均数大小依次排列，集市空间分布的特点会更清楚地凸现出来，见表3。

表3　　　　　　　不同地域各州县村镇集数及其平均数

地区	样本县及其村镇集集址数						平均	包括州县
潞泽盆地区	长治	长子	高平	屯留	潞城	襄垣	9.8	另加凤台、阳城共8县
	17	11	10	8	6	7		
蒲州区	万泉		荣河		猗氏		8	蒲州府、解州所属共11州县
	12		10		2			
晋中盆地区	文水	灵石	汾阳	平遥	祁县	介休	8	另加徐沟、榆次、太谷、太原、交城、孝义、阳曲共13县
	13	10	10	7	7	1		
潞泽盆地外围区	沁源		陵川	武乡		辽州	6.25	另加黎城、壶关、沁水、和顺、榆社、沁州共10州县
	3		3	11		8		
临汾盆地区	曲沃		太平	襄陵		绛县	5.2	另加临汾、洪洞、翼城、绛州、稷山、河津、闻喜共11州县
	8		6	4		3		
临汾盆地外围区	岳阳	蒲县	汾西	浮山		吉县	2.8	另加霍州、赵城、乡宁、垣曲、宁乡、石楼、隰州、永和、大宁共14州县
	5	4	3	1		1		
忻代区	五台		定襄		繁峙		2.7	忻州、代州所属共7州县
	3		3		2			
晋西北区	兴县		河曲		保德		2	另加岚县、岢岚共5州县
	3		2		1			
晋北区	左云			广灵			0	大同、朔平、宁武三府属共17州县
	0			0				
太行孔道	盂县		寿阳		平定		12.3	
	17		13		7			
吕梁孔道	永宁			临县			11.5	
	13			10				

说明：资料来源参见本书第153页注1"表注"。

　　显而易见，集市平均数较高的区域包括太行和吕梁二孔道，整个上党地区、晋中盆地、临汾盆地和运城盆地，刚好与今天由北、南同蒲铁路、太焦铁路、石太铁路和孝柳铁路组成的"大"字形交通骨架基本重合，稍有差异的是，"大"字头上突起部集市分布较少，"大"字一捺处属于成片集市密集区。概言之，近代山西集市分布以上述"大"字形除顶端外其余四端点和中心交汇点处最集中，"大"字外围地区则要相对稀疏并由南向北递减（如图所示）。不过应予指出的是，位于晋北边塞的大同府城和朔平府杀虎口作为明清时期对俄蒙贸易的前哨，"繁华富庶，不下江南"[1]，因此，从广义上讲，"大"字形集市贸易分布格局并不失为一个完整的整体。

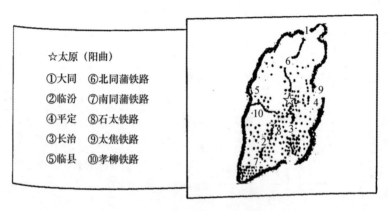

☆太原（阳曲）

①大同　⑥北同蒲铁路

②临汾　⑦南同蒲铁路

④平定　⑧石太铁路

③长治　⑨太焦铁路

⑤临县　⑩孝柳铁路

图1　山西集市分布示意图

如果以上对于光绪年间山西集市分布概貌的估计是不错的话，那么据此求得各区域所包括县数与相应的县均集市数的乘积的总和，便可统计出全省村镇集市的总数为518处。也即是说，其时山西各县除县城集外，县均集市5处，如不计晋北3府17县，则县均集市为6处。

把表3数据依行政区划进行重组，还可以进一步推算出各府和（直隶）州的村镇集市数，若再以之与同期对应各府州的人口数分别相比，则又能得到另一项重要的集市衡量指标——每集市平均服务人口数。

---

[1] （明）谢肇淛：《五杂俎·地部》。

表4　　　　　　　　　　分府州集市平均服务人口数

府州	人口数（人）	集市数（个）	平均服务人口（人/个）
太原府	1435971	70	20514
汾州府	1646119	61	26986
潞安府	849430	62	13700
泽州府	685689	42	16326
平阳府	766722	45	17038
蒲州府	548769	48	11433
辽州	129209	18	7178
沁州	187764	19	9882
平定州	596402	37	16119
隰州	85771	11	7797
霍州	176651	13	13589
忻州	450027	8	56253
代州	454368	11	41306
保德州	158051	4	39512
解州	292483	40	11728
绛州	516763	29	
总计	10410738	518	20098

　　说明：1. 人口数取自光绪《山西通志》卷六五·田赋略八，中华书局1990年版第四六五五

　　　　　至四六六六页（全省人口总数不包括归绥道）。

　　　2. 解、绛二州样本县偏少，环境较相似，故平均服务人口取二州平均数。

　　表4显示，山西集市分布格局是各地区经济发展水平和自然地理环境交互作用的结果，这一点具体体现在：

　　1. 假若我们把目光从省境西南角开始沿今同蒲铁路由南向北移动，可以发现该平均数在蒲州府和解、绛二州仅不足1.2万人，到平阳府和霍州增至1.7万人左右，于汾州、太原二府突破2万人，进而在更加偏北的忻、代二州越过4万人大关，加速递增趋势十分明显。

　　2. 具有太行山中小盆地类似地貌的平定州和潞安、泽州二府集市平

均服务人口数也很类似，大致 1.3 万—1.6 万人。

3. 僻处万山丛中的隰州、辽州和沁州集市平均服务人口数较少，其中辽州还创下全省各府州的最低水平。不难看出这主要是因为三地严重的交通阻隔造成的小区域分割，而并非像蒲、解、绛诸府州那样是由于存在比较发达的商品性生产而带动起来的高密度交换所致。

三

通过以上讨论，近代山西集市时空变迁的轮廓已被大致勾勒出来了。那么这一模式是否具有普遍性，以下就让我们将山西置于明清乃至民国时期集市（镇）经济极具活力的江南和华北平原地区的大背景下，在比较中找出山西集市变迁的特点。

清代江南包括分属江苏、浙江二省的江宁、镇江、常州、苏州、松江、杭州、嘉兴、湖州八府以及雍正年间从苏州府析出的太仓直隶州，即以太湖流域为中心的长江三角洲和杭州湾一带。从隋朝开通大运河起，全国经济重心即开始向江南偏移。以后随着宋代工商业的发展，原有乡村地区的草市逐渐演变为商业性的聚落，而军事性及以行政机能为主的城镇也渐次蜕化为工商业据点。元代，由海路传入中国的重要经济作物棉花在江南大面积引种，这里家庭纺织业生产的商品性成分从此越来越大，以至于人称松江布"衣被天下"，为江南城镇经济的起飞加入了强有力的助推剂。"明清以来，商品经济的发展和商业市镇的兴起，在江南地区更是普遍与突出的现象，经济结构在此起了大变化，初期的资本主义业已萌芽发展，19 世纪西方经济势力冲击到中国沿海及近代通商口岸都市出现之前，江南地区'近代化'的程度已达到了相当的水平。"① 因此，明清江南是衡量一地集市（镇）经济发展水平的极佳参照系。

首先看一下江南与山西集市（镇）数量上的差异，本文第一部分曾推算出清代山西（今省境内）大约共有集市 518 处，县均集市 5—6 处。在江南"这块不大的地面上……清代分布了 459 处市镇，以清代中叶的

---

① 刘石吉：《明清时代江南市镇研究》，中国社会科学出版社 1987 年版，第 1 页。

建置，苏、松、常、杭、嘉、湖 6 府 53 县平均每县分布 8 处至 9 处市镇"①。县均集市数山西低于江南。如果进而把山西与江南行政幅员上的差距也一并考虑进去，比较两地平均每个集市服务的空间范围即市镇跨度的大小，其差别就会更加显著（如表 5 所示）。

表 5　　　　　　　　　　**山西与江南诸府市镇跨度比较**

地区	面积① （平方千米）	市镇数② （个）	市镇跨度（平方千米/个）
苏州府	5100	121	42
常州府	8700	67	129
松江府	4200	100	42
杭州府	6300	86	73
嘉兴府	3900	49	79
湖州府	5400	56	96
太原府	16500	70	236
汾州府	15000	61	246
潞安府	9000	62	143
泽州府	8700	42	207
平阳府	12300	45	273
蒲州府	3300	48	69

说明：①引自梁方仲《中国历代户口、田地、田赋统计》甲表 88。

②引自樊树志《明清长江三角洲的市镇网络》，载《复旦学报》（社科版）1987 年第 2 期。

显然，江南市镇跨度几乎小于山西，若把每个市镇的服务范围假设为一个以市镇所在地为中心的正六边形区域，则苏州、松江每个市镇距其服务空间上的最远点的距离（即服务半径）仅有 5.7 公里，杭、嘉、湖诸府也在 8.5 公里以内，赴市者乘船半日可以往返。而山西除蒲州府外，最小者为潞安府的 10.5 公里，其余各府均在 12.5 公里以上，考虑到

① 樊树志：《明清长江三角洲的市镇网络》，载《复旦学报》（社科版）1987 年第 2 期。

山西远比江南艰难的交通条件,山西居民参与集市活动的比重和频度不能不是大大打了折扣的。由此可见,山西与江南在集址数上存在明显的差距。

山西与江南集市(镇)在场次数上的差异也很突出。山西集镇仍严格保持真正定期性的特点,开集次数以旬计,十日内间隔开集一至五次不等,"月无虚日"甚为罕见。江南市镇开集次数以日计,每日开集一至三次,直至"日无虚时"。盛泽镇"四方大贾辇金至者无虚日,每日日中为市,舟楫塞港,街道肩摩"①。诸翟镇"自朝至暮,抱布者不绝",并且"各省布商先发银于布庄而徐收其布"②,这就甚至连市镇交易的形式本身也干脆弃之一旁了。其次再来比较一下山西与江南集市(镇)发展趋势上的显著不同。如前所述,从清初至民国,山西集市数量基本上处于停滞的状态,江南市镇却如表6所示,在近千年的岁月里始终呈现出持续上升的态势。

表6 江南诸府历代市镇变化

市镇数量　地区　朝代	苏州府	常州府	松江府	杭州府	嘉兴府	湖州府
宋	11	13	10（无镇仅市）	13	17	7
明	91	57	62	43	41	22
清	121（含太仓）	67	100	86	49	56

说明:相关数据取自樊树志《明清长江三角洲的市镇网络》,载《复旦学报》(社科版)1987年第2期。

刘石吉先生研究表明,就明清时代江南市镇的发展而言,1500年至1800年的三百年间,方志资料显示这是一段市镇稳定成长时期,尤其在正德、万历年间以迄清代乾隆时代,市镇数量平均增加一两倍以上,而

① (乾隆)《吴江县志》卷四,镇市。
② 《紫堤村志》卷二,风俗。

且有许多达到空前的繁荣。统计数字显示，许多市镇均在明清之际由一个乡村聚落，快速发展为地方贸易中心，且往往成为数千成万户的大市镇。

清代以后，江南地区的苏州、松江、太仓及浙西各市镇，明显的有大量增加的趋势；尤其是19世纪中叶以后，江南市镇进入了一个快速成长的极盛时代，而以表现在长江三角洲地区及杭州湾附近各地最为深刻。如果选取方志资料较丰富的上海县市镇扩充与发展做一观察，可以看出在开港（1842年）以前，随着木棉贸易的发达与海运的兴起，上海已经具备了成为一个大都会的条件。它所属的市镇，从明末以来，均有大量增加的趋势。

此外，山西与江南集市（镇）人口状况的差异也有助于说明它们在发展趋势上的不同。由于地域面积、人口总数存在较大差距，加之山西集镇人口资料十分欠缺，因此，着力考证两地集市（镇）人口绝对数的多少是不易做到且没有必要的，在这里我们拟从山西、江南各集市（镇）与其行政中心所在地不同的人口对比关系来对此加以阐明。江南地区据刘石吉先生详细考查，自明末清初以降，市镇人口越来越多，乡村人口向市镇及城市中流动，形成了富于江南特色的"城市化"过程。这一过程日渐扩大了市镇的规模，使得江南最终"不乏数万人的大镇，有不少例子显示出某些大镇的重要性超过了它所属的县城，不论就人口或商业化程度来看，南浔镇远驾乎湖州府城而上，乌青镇也超过了县城，硖石镇的繁庶过于海宁州城；而盛泽、震泽、黎里、同里等大镇的人口也均凌驾吴江、震泽县城之上，罗店与江湾也远盛于宝山县城"[1]。"几乎所有县境大镇的人口均超过了县城"[2]。乾隆年间，山西也曾出现"烟火万家"的介休张兰镇[3]和居民三千户的太谷范村镇[4]，两镇人口规模是否超过其所在县城由于资料所限不得而知，但可以肯定的是，这样巨大的人

---

① 刘石吉：《明清时代江南市镇研究》，中国社会科学出版社1987年版，第135页。

② 同上书，第140页。

③ 嘉庆《介休县志·艺文》，载：（张兰镇）"地当冲要，商贾辐辏，五方杂处，百货云集，烟火万家，素称富庶，为晋省第一大镇。"

④ 见《宫中档案乾隆朝奏折》第15辑，第714页，"乾隆二十一年十月十二日山西巡抚明德奏"。

口聚集是其时山西大多数县城甚至府城都难与之匹敌的。然而，至迟在民国初年，张兰、范村二镇已衰落成了区区百余户居民的寒村①，并且此时山西也没有能与之匹配的继起者产生②，与数量远比山西众多的江南千户以上大镇此伏彼起、历久不衰的状况恰成对比。缺乏足可倚恃的生产基础，山西巨型集镇就像生长于腐木之上的蘑菇，气候适宜时虽可借天时大规模暴发，但终究只是孤立于周围环境以外的异物，时过境迁，又往往会消失得无影无踪，几乎留不下一点痕迹。民国年间地方志及其他资料显示③，山西各县县城都是本县最大的居民聚落，像江南那样对比行政中心占据绝对优势的市镇，在山西极其罕见。市镇人口规模从一个侧面反映了近代山西集市缺少生气、停滞不前的发展趋势。除此之外，山西与江南集市（镇）还在交易主体、经营内容乃至市面景观等许多方面表现出质的差异，篇幅所限，于此不再赘述。

山西与江南集市（镇）发展的反差是巨大的，但两地自然人文条件的不同也是明显的。在传统社会里，河道交通对于地区经济发展水平往往具有决定性的作用，"南船北马"形象地说明了南、北方运输方式的差别，由于这一缘故，近代北方市镇经济整体上落后于江南。因此，与江南进行比较，有助于我们对山西市镇发展水平作出正确的定位，但只有进一步把山西放在与其自然社会环境有更多相似性的北方冀、鲁、豫诸省中，才能准确发现山西集市时空变迁的特点。

先来看山东集镇变迁的情况。山东是中国历史上最早开发的地区之一，明清时期棉花等经济作物已在这里广泛种植，农村农副产品家庭加工业随之发展起来，生产商品化程度也逐渐得以提高，反映在流通领域上便呈现出集市贸易日趋繁荣的景象。山东"农村集市的勃兴大约始于明代中叶，到乾隆年间山东已基本形成一个涵盖广阔，运作自如的农村

---

① 参见日本同文会《中国分省全志·山西省志》，山西省地方志编纂委员会办公室译编，1992年版，第154页；（民国）《太谷县志》卷三，赋税、户口。

② 参见日本同文会《中国分省全志·山西省志》，山西省地方志编纂委员会办公室译编，1992年版，书中记载了民国初年山西省各主要交通沿线各县城和重要村镇人口数，尽管其统计是不完全的，但由于它已将山西各经济发达地区尽数收录，故这些数据基本能反映当时全省城镇人口的最高水平。

③ 同上。

集市网，这一基层集市网与处于流通干线的城镇密切联系，沟通城乡市场，构成山东流通网的整体"①。从集市数量上讲，"1914年山东省统计，较有规模的村镇集市769个"②，若把大小集市统统计算在内，则仅占清末山东州县总数一半稍多的56个州县的集市总数就达到了1555处之多。③ 与同其面积基本相等的山西省的集镇总数相比，前者多出近三分之一。后者多出近2倍。再从市镇跨度上讲，以东昌府清平县、济南府长清县和武定府商河县为例，"清平县面积600平方公里，嘉庆时共有集市14处，平均每集交易腹地42.8平方公里"；"长清县面积1238平方公里，道光年间共有集市35处，平均每集交易腹地35.4平方公里"；"商河县面积1325平方公里，道光年间共有集市34处，平均每集交易腹地38.9平方公里"④。如果采用前述江南与山西市镇服务范围比较时所用方法计算，三县集市平均服务半径分别仅为5.7公里、5.2公里和5.5公里，不仅远低于山西，甚至也低于江南苏、松二府。与陆路交通为主的环境相适应，山东居民参与集市活动的程度应仍低于江南的水平，但肯定远在山西之上。河北、河南的情形亦是如此，据许檀统计，清末咸丰至宣统年间，直隶关内59州县即共有集市826处⑤，是山西全境集市总数的约1.5倍；再据陈其采等编《中华民国统计提要》，1935年，"河南97县共有集镇2243处"⑥。同样将山西远远抛在了后面。

　　冀、鲁、豫三省集市变迁与山西的不同点还表现在它们的发展趋势上，拿清代直隶（关内）和山东来说，如以清初集市数为100，那么前者到清中叶时已达129，到清末时进一步增至139⑦；同样地，后者在清中

---

　　① 许檀：《16—19世纪山东人口的非农业化趋势》（未刊稿）；另参见许檀《明清时期山东商品经济的发展》，中国社会科学出版社1998年版，第246—256页。

　　② 张利民：《论近代华北商品市场的演变与市场联系的形成》，载《中国经济史研究》1996年第1期。

　　③ 许檀：《明清时期农村集市的发展》，载《中国经济史研究》1997年第2期。

　　④ 三组数字均引自许檀、经君健《明清时期山东生产资料市场初探》，载《中国经济史研究》1988年第1期。

　　⑤ 许檀：《明清时期农村集市的发展》，载《中国经济史研究》1997年第2期。

　　⑥ 转引自从翰香《近代冀鲁豫乡村》，中国社会科学出版社1995年版，第132页。

　　⑦ 许檀：《明清时期农村集市的发展》，载《中国经济史研究》1997年第2期。

叶时为 122，清末时达到了 158①，均大大超过了大致同一时期山西集市场址数 10% 的增幅。而且在民国年间，三省还曾出现更大规模的集市增长高潮，以山东为例，其时"各个村庄定期集市成倍增长，如高密乡集清代 16 个，1935 年 65 个；胶县万历 12 个，1931 年 57 个"②。"光绪末年全省有镇 110 个，1920 年据《山东各县乡土调查录》记载累计则有镇 476 个。"③ 概言之，"如果说，明代中期至清代前期是江南市镇勃兴的黄金时代；那么，华北平原的市镇勃兴，则大致上是发生在 19 世纪末叶到 20 世纪 30 年代的近半个世纪里"④。与山西数百年表现平平的集市发展轨迹恰成对比。

由上可见，数量偏少、分布较疏和发展迟滞是近代山西集市时空变迁不同于江南和华北平原地区的显著特点。

四

明清时期，山西商人在全国商业金融领域发挥着举足轻重的作用，山西农村副业、矿业等小商品生产亦十分活跃和多样，这些都曾为山西集镇经济的发展提供了潜在的深厚物质基础和独特优势。然而，如上所述，近代山西集市看不出有任何"勃兴"的迹象，也未出现"一个快速成长的极盛时代"。以下我们就来分析一下阻碍山西集镇经济发展由可能性转变为现实性的主要原因所在。

1. 农业生产力水平低下，进步迟缓。山西农业文明起源较早，汉唐以前，汾河、涑水河流域也曾数度位居全国经济发达地区之列，但宋代以降，"地瘠天寒"的字眼频频出现在时人记述山西的笔下，有清一代，各州县方志中描写山西生存艰难的文字触目皆是。如晋北灵丘"地土沙碛，阪田硗确，先秋陨霜，深春犹雪……岁丰亩不满二斗，稍歉则籽粒

---

① 许檀：《明清时期农村集市的发展》，载《中国经济史研究》1997 年第 2 期。
② 从翰香：《从区域经济的角度看清末民初华北平原冀鲁豫三省的农村》，载叶显恩主编《清代区域社会经济研究》，中华书局 1992 年版，第 76 页。
③ 同上。
④ 从翰香：《近代冀鲁豫乡村》，中国社会科学出版社 1995 年版，第 118 页。

半失，即挈家就食邻郡，故中人日仅再食"①。在晋中辽州，"辽民农作之外不知贸易，且山多土少无田可耕，即有山陂硗瘠之地，所获仅偿所粪，而衣食徭差则越境备办。间称有余，不过仅仅自给，稍为丰侈，立见消涸"②。晋南向称沃土，然而荣河的景象却是"荣民艰于生计，处不得不俭之势，丰年犹多杂谷皮为食，尝有生十余岁不知肉味者，岁暮杀一鸡以祀神，旋市之，不肯食也。县城至五、六月无肉并无豆腐，冬无鲜蔬，服食燕会即欲侈其可得乎?!"③ 甚至在"富甲天下"的祁、太、平，祁县"土瘠民贫，俗尚勤俭"④。平遥亦"……水崩沙浅，生理鲜薄，民生其间终岁勤劳"⑤。在几乎全境都处在一种"户乏蓄积，常有冻馁之虞"⑥的维生经济状态下，山西居民无疑既拿不出多少剩余产品投放市场，更不会有很大的购买力充分参与集市交易，相应地集市数量也就只能停留在较低的层次上。

集市数量的多少基本上受制于农业生产力的水平，而集市时空变迁的趋势与缓急则主要取决于农业生产力的发展方向与快慢。在种植业中，植棉为主的生产结构对集市贸易的推动作用显然要比种粮大了许多，因此，就传统农业而言，在生产力诸多要素中，集市的性质和交易对象决定了对其影响最为直接的应首推农业生产品种结构这个因素。然而明清至民国，山西此方面的进步恰恰是十分迟缓的。"在山西传统的种植业中，经济作物素来居于次要地位"⑦，只是"从近代开始，随着资本主义商品经济的逐步渗透，经济作物才有了一定的发展"⑧。这一点主要体现在棉花和鸦片的较大面积种植上。但即使这有限的发展亦不仅起步晚，且分布极不均衡。以棉花为例，"晋西南是重要产棉区，其次是太原盆地"⑨，鸦片田地分布也大致如此。特别需要提及的是，以上两个区域

---

① （康熙）《灵丘县志》卷一，风俗。

② （康熙）《辽州志》卷二，风俗考。

③ （光绪）《荣河县志》卷三，风俗。

④ （康熙）《祁县志》卷一，舆地志，风俗。

⑤ （康熙）《重修平遥县志》卷三，田赋志，物产。

⑥ （乾隆）《蒲县志》卷二，建置志，乡镇。

⑦ 徐月文：《山西经济开发史》，山西经济出版社1992年版，第308页。

⑧ 同上。

⑨ 同上。

尤其是前者正是"丁戊奇荒"中灾情最重，人口死亡最剧的地区（关于此详见下文），而鸦片种植又对灾荒的蔓延起了推波助澜的恶劣作用。因此，山西农业生产的结构调整刚刚起步就由于大旱的破坏和鸦片的危害而被大大延缓了，联系到棉花的广泛种植与近代华北平原集市"勃兴"之间的密切关系，这种情况对山西集市造成何等影响就不难想象了。

2. 生产、消费的强烈季节性特点。农副产品是集市贸易的主要对象，也是农民购买力的根本源泉，其中，粮食、棉花及棉制品又占据着集市贸易的压倒多数的份额。既然山西农户大多家无盖藏，户乏蓄积，因此在满足基本生存需要以外，日常不可能有太多余粮上市交易。若非婚丧嫁娶，就只能在年关节令勒紧腰带出卖部分粮食以换取年节用品或生产用具，这显然只是一种季节性的交易行为。在衣着上，山西由于地势高亢，冬季寒冷漫长，故此皮衣毡帽成为居民必备的御寒之物。与此相应，民众对棉花及其制品保暖功用的认可、接受过程就比华北平原诸省大为延长，家庭棉纺织业的发展也要落后、缓慢很多。与棉制品相比，皮毛制品属于"耐用"消费品，一次置办，往往可以惠及几代，无论其生产量，还是消费量，都比棉织品远为逊色，当然更不可能取代后者在促进集市贸易上所具有的转折性的关键作用。尽管从晚清开始，棉花种植在山西逐渐推广开来，但"晋省所产棉花，在本省纱厂业未发达前，省内之消费量，以人民衣被所需，多服用皮毛，而需要数额甚少，故多运销省外"[①]。而且山西农户从事棉纺织业比重很小，故而棉农收获原棉后，不会如粮食一样大量贮存以供日常消费或零星供给非植棉家庭户的小生产需要，只能于采摘季节集中销售出去。由此可见，棉花的上市也是季节性的。粮食、棉花的集中交易决定了山西农民购买力的季节性，频繁开集的集市交易形式显然与之不相适应。由是，近代山西农业生产商品化程度的一定发展并未像冀、鲁、豫等地那样成为乡村集市数量增加的促进因素，倒是明清以来在华北地区城镇乡村加速普及开来的庙会以其规模大、分布广，同时又间隔长的季节性特点与山西农民的生活、生产节奏相合拍，从而在山西对集市产生了独特的替代作用。关于此点，下

———————————

① 民国二十五年刊《中国实业志（山西省）》，九六（丁）页。

文将进一步论述。

3. 闭塞的环境。山西古有"表里河山"之称，省境四周，西临黄河，东依太行，北部长城绵延，南界山环水绕；境内重峦叠嶂，沟壑纵横。在现代交通出现之前，无论省内外，转运物资、传递信息均异常艰难，居民身处万山丛中，老死不相往来。

封闭的环境对山西集市经济的发展有着直接的负面影响。首先，地形破碎使各类产业尤其是种植业无法取得规模效益，阻碍着农业生产专业化的发展。反过来，地形复杂却有利于小区域生产的多样化，为自给自足经济结构的成长提供了肥沃的土壤。其次，进入近代，呼啸而过的火车终于冲开自然经济的壁垒，慢慢唤醒了沉睡千年的商品生产，但山西特殊的地理地貌条件使其乡间交通条件并未随着市场交换的频繁而很快改观，依旧山河阻隔、艰险难行，与集市贸易人流与货流的扩大越来越难以适应。在这种情况下，过去服务半径偏大的集市面临两难选择：或收缩腹地，增建新集，交易量扩展有限，尚不足长期维持其存在；或保持原有格局，运输成本又会成为集市贸易的限制瓶颈。于是，分布广、周期长的庙会逐渐作为集市的补充，在贸易色彩日益浓厚的同时，数量也持续增多。在此基础上，山西出现了先有高层市场（原有集市），然后补充初级市场（新兴庙会）的独特的市场逆向发育模式。交通困难将集市推到了高高在上的位置，由于生产专业化、经济市场化在近代山西尚属刚刚起步，其数量自然难有大的变化，而此一时期庙会却顺应了初期商品化的特定需要，获得了迅速发展的机会，封闭环境是山西庙会替代作用的又一原因。

4. "丁戊奇荒"的打击。说到山西近代史，"丁戊奇荒"都不能不提及，集市变迁亦不例外。这场"二百年未有之奇荒"波及山西全境，"其时也，我晋赤地千里……居民皆十室九空，竟以草根为粮，榆皮作饭，人民饿死者尸骸遍野，道馑相望"①。从光绪三年至九年（1877—1883），全省人口由16433000人降至10793000人②，几年间骤减1/3。此次灾荒北方华北和西北地区均程度不同地受到影响，然而都未像山西这样达

---

① （民国）《永和县志》卷一五，艺文录。
② 李玉文：《山西近现代人口统计与研究》，中国经济出版社1992年版，表1—1。

到几乎从东到西、由南至北无一幸免的地步，而像遭灾最为惨烈的恰恰是山西省经济最发达、商品生产最活跃的晋西南棉花主产区、晋东南铁器主产区以及晋中地区，这对山西集市的发育造成尤为严重的影响。灾荒中，襄陵、翼城、虞乡和辽州户口耗减均超过六成，隰州、闻喜、平陆更达到了七成，即便是晋商大力出资济灾的平遥，户口损耗也高达四成①。我们知道，近代冀、鲁、豫集市数量急速膨胀与其当时棉花的大面积种植和家庭棉纺织业的蓬勃兴起有直接且密切的联系，而山西晋南棉区恰在它形成初期与这场灾荒不期而遇，土地荒芜，哀鸿遍野，再生产过程几乎中断，这对以编织品生产为主要依托之一的集市经济的发展和集市数量的成长，不能不是一次沉重的打击。晋东南古称上党，清代属潞安府和泽州府辖地，是其时山西最大的集市成片密集区。明清时期这里是山西乃至全国铁器业的中心之一，"旧凤台、阳城业此者多，近则高平亦较增矣。铁之为物，缝纫必资，邑惟西南与凤台接壤处多业此者"②。"在欧洲进口货尚未侵入以前，是有几亿人从凤台县取得铁的供应的"③。然而，正当潞泽铁器在大举进逼的"洋铁"竞争下市场占有率下降，生产面临困难时，"丁戊奇荒"悄悄袭来了，"近岁祲后，工人凋敝，生计衰薄，较昔仅十之一二云"④，潞泽铁器业从此一蹶不振。"丁戊奇荒"阻滞了河东集市的"勃兴"，同时雪上加霜，对上党集市经济的发展起了釜底抽薪的作用。它拉开了山西与邻省集市发展水平的差距，大大延缓了山西集市数量增长的步伐。

5. 庙会的替代作用。庙会是与集市既有联系又有区别的定期交易的又一种形式，二者的差异大致有如表7所示。

---

① 以上三组比数分别据民国《襄陵县志》卷三，户口；（民国）《翼城县志》卷九，田赋；（民国）《虞乡县新志》卷三，丁役略；（光绪）《辽州志》卷三，祥异；（光绪）《续修隰州志》卷二，户口；（光绪）《闻喜县志补》卷一，蠲赈；（光绪）《平陆县续志》卷上，户口和（光绪）《平遥县志》卷三，食货等资料统计得出。

② （光绪）《高平县志》卷三，物产。

③ 转引自彭泽益《中国近代手工业史资料》，中华书局1962年版，第138页。

④ （光绪）《高平县志》卷三，物产。

表7 集市、庙会之异同比较

形式	包括项目	举办间隔	举办时间	交易内容	交易对象
集市	单一交易	较频,每旬一至五次不等	一般不多于一天	相对集中于粮棉布帛	农民为主,另有少数小商贩和城镇居民
庙会	包含宗教文化娱乐交谊等多项内容,同时进行交易	较稀,长者一年;短者一月一季不等	相对较长,一般一天至十五天不等,亦有长至月余者	除上所举外,农具种子子畜及百货杂陈	农民以外,商人也是重要参与者

庙会的起源是异常悠久的,《周礼·春官·大宗伯》载:"诸侯时见曰会",这种会,需在天子或盟主的宗庙中进行,由此而形成了最早的庙会。以后庙会逐渐由宫廷移向民间,演变成为定期性的合宗教、娱乐和商贸为一体的民众集体活动,明清时期,庙会日渐在大江南北的广泛地区普及开来。今天仍有迹可循的山西早期庙会其时间至少可追溯到汉朝[1],不迟于清代,山西庙会已为浓厚的商业气息所充斥。如康熙年间荣河县"后土庙会在后土祠上二月十八日,三官庙会在城南门内十月十八日,二会四方商集,贸易三日"[2]。乾隆年间,榆次县"岁中为会场,合百货而市易焉"[3]。光绪年间,太谷县称"赁房列肆,裘绮珍玩,经旬匝月而市者为大会"[4]。民国年间,山西庙会有了进一步的扩展,如太谷阳春会"卖货物者甚多,绸缎棚一巷,估衣棚一巷,羊裘棚一巷,竹木器具棚一巷,车马皮套棚一巷,其余磁器、铁器、纸张棚虽不成巷,而亦不少。此外杂货、旧货小坛,不可胜数。赶会之车辆约有数千乘,可谓大会矣"[5]。数量方面,下列表8根据清代和民国地方志中不同时期前后对应的有关庙会的记载制作,从中可以看出,总体上是明显上升的趋势。

---

[1] 梁肇唐等:《山西庙会》夏县西下晁古会条,山西经济出版社1995年版。

[2] (康熙)《荣河县志》卷一,舆地志,市镇。

[3] (乾隆)《榆次县志》卷六,风俗。

[4] (光绪)《太谷县志》卷三,风俗。

[5] 刘大鹏:《退想斋日记》,乔志强点校,山西人民出版社1990年版,第76页。

表8　　　　　清代与民国山西若干县份庙会会址数和年举会次数变化

时期 会数 地区	康熙	雍正	乾隆	嘉庆	道光	同治	光绪	民国
榆次		8　8				8　8		43　59
太谷							47　57	48　58
太平			7　9		11　16		16　23	
介休				7 12				18
襄陵							11　18	11　18
繁峙					2　2		2　2	
猗氏		4　4					4　4	
荣河	2　2						20　62	

说明：1. 资料来源参见 P153 注 1 "表注"。

　　　2. 清代顺治、咸丰、宣统三朝因无资料未列。

　　　3. 表中每方格内前后两个数字分别为各县不同时期的庙会会址数及其一年中举办庙会的总次数。

其中在繁峙县，道光年间县志关于庙会的记述为："三月十八日本城、砂河俱有香烟会，远近士民以鸡鸭羊支入庙酬神，是日商贾云集，惟砂河会为蕞盛。"① 而到了光绪年间，相关记叙已变为："祈年报赛，演剧酬神，事虽俗，义则古也。百室之邑必有社会，而以城中及砂河为盛，皆以三月十八日大祀后土，士女游观，商贾云集。"② 前后对比，虽然见诸笔端的庙会会址没有增加，但县城庙会显然已经较前扩大，而且透过字里行间，我们还能隐约感到光绪年间举办庙会的地点似乎也有普及之势。甚至把不同时期不同州县的间断资料按先后顺序排列起来，也能发现相似的趋向。

① （道光）《繁峙县志》卷二，建置志，风俗。

② （光绪）《繁峙县志》卷一，地理志，风土。

表9 不同时期山西若干州县庙会会址数和年举会次数①

时期	康熙		光绪				民国		
	十二年	四十九年	六年	六年	八年	九年	二年	六年	二十二年
州县	吉州	隰州	高平	平陆	长子	文水	岳阳	临县	沁源
会址数	1	3	13	38	4	48	12	9	13
会次数	3	3		65	4	83	12	24	20

① 表注：各表中集市、庙会的场址、场次数资料来源如下（按州县名汉语拼音字母次序排列，括号中为各该项统计资料所在表号）：

保德：（康熙）《保德县志》卷一，市集（表1）；（光绪）《保德县乡土志》第十一、二十二节"市镇"（表1、表2、表3）。长治：（乾隆）《长治县志》卷四，城池，市集（表1）；（光绪）《长治县志》卷二，建置，市集（表1）。定襄：（雍正）《定襄县志》卷一，集场（表1）；（光绪）《定襄县补志》卷三，建置志（表1、表2、表3）。繁峙：（道光）《繁峙县志》卷二，建置门，集场（表1）；卷二，建置门，风俗（表8）；（光绪）《繁峙县志》卷一，地理志，风土（表8）；卷二，建置志，市集（表1、表2、表3）。汾西：（光绪）《汾西县志》卷二，城池，市镇（表2、表3）。汾阳：（乾隆）《汾阳县志》卷一，疆域（表1）；（道光）《汾阳县志》卷一，沿革（表1）；（光绪）《汾阳县志》卷一，疆域（表1、表2、表3）。浮山：（乾隆）《浮山县志》卷五，城池，市集（表1）；（光绪）《浮山县志》卷五，城池，市集（表1、表2、表3）；（民国）《浮山县志》卷下，城池（表1）。高平：（顺治）《高平县志》卷二，建置志，市集（表1）；（光绪）《续高平县志》卷二，市会（表1、表2、表3、表9）。广灵：（康熙）《广灵县志》卷二，建置志，市集（表1）；（乾隆）《广灵县志》卷一，方域，市廛（表1）；（光绪）《广灵县补志》卷一，方域，市廛（表1、表2、表3）。河曲：（顺治）《河曲县志》卷一，疆域志，村集（表1）；（同治）《河曲县志》卷三，疆域类，村集（表1、表2、表3）。吉州：（康熙）《吉州志》上卷，市镇（表1、表9）；（光绪）《吉州全志》卷一，镇堡（表1、表2、表3）。绛县：（顺治）《绛县志》卷上，市易（表1）；（光绪）《绛县志》卷三，城池（表1、表2、表3）。介休：（康熙）《介休县志》卷二，建置，市集（表1）；（乾隆）《介休县志》卷一，疆域，市集（表1）；（嘉庆）《介休县志》卷一，疆域，堡寨（表1、表8）；（民国）《介休县志》卷八，疆域，集会（表1、表2、表3、表8）。辽州：（雍正）《辽州志》卷二，市镇（表1）；（光绪）《辽州志》卷二，市镇（表1、表2、表3）。临县：（康熙）《临县志》卷二，建置志，坊市（表1）；（民国）《临县志》卷八，疆域略，集会谱（表1、表2、表3、表9）。灵石：（嘉庆）《灵石县志》卷一，风俗，市集期（表1）；（民国）《灵石县志》卷二，建置，市集期（表1、表2、表3）。陵川：（康熙）《陵川县志》卷二，山川，镇市桥梁（表1）；（光绪）《陵川县志》卷八，城池，市集（表1、表2、表3）。潞城：（康熙）《潞城县志》卷一，舆地志，市集（表1）；（光绪）《潞城县志》卷二，建置沿革考，市镇（表1、表2、表3，其中石梁里"集无定期"，未计）；（民国）《潞城县志》（不分卷）疆域略，市镇（表1）。平定：（乾隆）《平定州志》卷三，舆地志（表1）；（光绪）《平定州志》卷一，舆地，都屯（表1、表2、表3）。平陆：（光绪）《平陆续志》卷上，营建，集会（表9）。平遥：（康熙）《重修 （转下页）

表9可见，除文水、平陆庙会奇多外，大体上随着时间的推移越往后越多，这表明全省庙会无论其相对量还是绝对量，一般都是随时间延续而持续增加的。应当说，随着农副业产品商品化程度的加深，庙会因其举办周期与农业生产的季节性极为一致的特点而规模扩大，数量激增，是近代华北地区十分普遍的现象，并非山西所独有。但是由于前述生产、

（接上页）平遥县志》卷二，建置志，市集（表1）；（光绪）《平遥县志》卷二，建置志，市集（表1、表2、表3）。蒲县：（乾隆）《蒲县志》卷一，市集（表1）；（光绪）《蒲县续志》卷一，地理志，市集（表1、表2、表3）。祁县：（康熙）《祁县志》卷二，建置志，市集（表1）；（乾隆）《祁县志》卷二，疆域，市集（表1）；（光绪）《续修祁县志》卷二，疆域，市集（表1、表2、表3）。沁源：（雍正）《沁源县志》卷一，封域，市集（表1）；（民国）《沁源县志》卷一，疆域略，集会（表1、表2、表3、表9）。曲沃：（康熙）《曲沃县志》卷六，城池（表1）；（乾隆）《新修曲沃县志》卷七，城池（表1）；（道光）《新修曲沃县志》卷二，地舆，市集村镇（表1）；（光绪）《续修曲沃县志》卷六，城池（表1、表2、表3）。荣河：（康熙）《荣河县志》卷一，舆地志，市镇（表1、表8）；（乾隆）《荣河县志》卷二，城池（表1）；（光绪）《荣河县志》卷二，城池（表1、表2、表3）；（民国）《荣河县志》卷八，礼俗（表1、表8）。寿阳：（乾隆）《寿阳县志》卷一，村庄（表1）；（光绪）《寿阳县志》市镇第四（表1、表2、表3）。太谷：（光绪）《太谷县志》卷三，风俗（表8）；（民国）《太谷县志》卷四，礼俗（表8）。太平：（乾隆）《太平县志》卷二，建置志，市集（表1、表8）；（道光）《太平县志》卷三，市集（表1、表8）；（光绪）《太平县志》卷二，建置，市集（表1、表2、表3、表8）。屯留：（雍正）《屯留县志》卷二，政事志，市镇（表1）；（光绪）《屯留县志》卷三，市镇（表1、表2、表3）。万泉：（乾隆）《万泉县志》卷一，（表1）；（民国）《万泉县志》卷一，舆地志，集会（表1、表2、表3）。文水：（康熙）《文水县志》卷二，民俗志，市集（表1）；（光绪）《文水县志》卷三，民俗志，市镇（表1、表2、表3）；卷三，民俗志，庙会（表9）。五台：（乾隆）《五台县志》卷三，镇集（表1）；（光绪）《五台县新志》卷一，治所市集（表1、表2、表3）。武乡：（乾隆）《武乡县志》卷一，疆域，市集（表1）；（民国）《武乡县新志》卷一，疆域略，里镇市集（表1、表2、表3）。隰州：（康熙）《隰州志》卷十四，风俗（表9）。襄陵：（雍正）《襄陵县志》卷五，城郭市集（表1）；（光绪）《襄陵县志》卷五，城郭市集（表1、表2、表3）；卷一三，风俗（表8）；（民国）《襄陵县志》卷四，风俗（表8）。襄垣：（乾隆）《重修襄垣县志》卷二，市镇（表1）；（民国）《襄垣县志》卷一，疆域略，市镇（表1、表2、表3）。兴县：（光绪）《兴县续志》卷三，疆域志，村集（表2、表3）。猗氏：（雍正）《猗氏县志》卷一，市集（表1、表8）；（同治）《续猗氏县志》卷一，市集（表1、表8）；（光绪）《续猗氏县志》卷一，市集（表1、表2、表3）。永宁：（光绪）《永宁州志》卷十，市镇（表2、表3）。盂县：（乾隆）《平定州志》卷三，舆地志（表1）；（光绪）《盂县志》卷一，乡堡（表1、表2、表3）。榆次：（乾隆）《榆次县志》卷六，风俗（表8）；（同治）《榆次县志》卷七，风俗（表8）；（民国）《榆次县志》卷三，市集（表8）。岳阳：（民国）《新修岳阳县志》卷四，坊里志，市集（表2、表3、表9）。长子：（嘉庆）《长子县志》卷二，市期（表1）；（光绪）《长子县志》卷四，建置志，市集（表1、表2、表3、表9）。左云：（光绪）《左云县志》卷三，建置志，市集（表2、表3）。

消费、环境和灾荒等原因，山西的农副产品加工业尤其是家庭棉纺织业远远落在东邻诸省后面（山西的采矿业、冶炼业在华北地区占据一定的比较优势，但这些产品对集市贸易的促进作用是像皮毛制品一样小的），故此山西缺少集市贸易"勃兴"的必要物质基础。反过来，广布城乡的庙会倒像一个蓄水池吸收了农民的大部分农产品，即如《文水县志》所记载的那样，"境内无多商贾，平居一箕之微，无从购置，惟恃有庙会，则四方齐集，百货杂陈，民间日用之需，耕获之具，皆取给焉"[①]。庙会对集市产生了替代效应，于是在山西，集市发展成为无米之炊，其数量相应不会像华北平原地区一样出现那么显著的增长。

概而言之，近代山西集市发展有其独特之处。从集市数量上看，它不仅与江南地区有天壤之别，与华北诸省也有较大差距；就集市分布而言，其格局的形成并非主要受到近代商品经济和资本主义经济发展的推动，自然地理环境的限制仍为主因；就发展模式而言，在集市数量偏少、分布稀疏和发展迟滞的同时，庙会却顺应时势地迅速发展，从而对集市产生了很大的替代作用。山西近代集市的发展为整个中国集市发展提供了独具特色的另一种范例，也是一种值得学界重视的范例。

中国是一个幅员辽阔的国家，政治、经济乃至社会生活发展的不平衡性又是半殖民地半封建中国社会发展最显著的特点之一。历史研究应当抓住这一突出的历史特征，深入细致地考察多区域间的不同发展模式和特点，而不能一刀切地、笼统地急于下结论。惟其如此，才能将历史研究引向深入，才能真正地为区域社会经济的发展提供有价值的历史借鉴。

---

① （光绪）《文水县志》卷三，民俗志，庙会。

从迎神赛社看近代山西
民教冲突

　　整整一百年前，义和团运动轰然兴起于山东，转而京津地区成为主要活动区域，而地处内陆的山西却以烧杀惨重闻名于世人，以致当时中外人士皆惊呼"晋案为最大"。遗憾的是，如此凸显的历史现象并未引起国内外学术界足够的重视，以往的研究或将此归结为巡抚毓贤的滥杀，或从民族斗争的角度泛而论之。本文将利用历史文献，尤其是地方文献，从山西民众传统的乡土信仰——迎神赛社来透视这一奇特的历史现象，不妥之处，尚祈指正。

一

　　在近代山西的民教冲突中，由戏乐纠葛直接引发的冲突占有相当大的比例，要探究戏乐纠葛的原因，则首先应当从迎神赛社说起。

　　迎神赛社源于古代先民进入农耕时期的"礼祭"，这是一种全民性的祭祀后土的活动。祭祀后土的民间组织称"社""里社""村社"，祭后土这一天称"社日"。此后随着时间的推移，在泛神观念的作用下，民间出现了祭祀百神的宗教性活动。从发展进程上看，迎神赛社大致勃兴于宋代，元、明、清以后愈演愈烈。它的全过程由祭仪和赛社两大部分组成。祭仪主要是"请神"和"祭祀"，赛社主要是村社献演乐舞百戏，也就是说，集礼仪和娱乐于一体。

　　山西各地一年四季迎神赛会活动不断，有关史料俯拾皆是，如五台"正西门者，为城隍庙最大，道会司主持于此，每岁于五月十七日有报赛之会，士女云集"①；曲沃"里社，有春祈秋报，自是古雅，多聚娼优，扮演杂剧，连日累夜"②；寿阳"三月一日起乡赛，以祈谷实雨泽，其备肴馔，演杂剧，费辄不赀……十月一日起乡赛，谓之秋报"③；繁峙"祈年报赛，演戏酬神，事虽俗，义则古也。百室之邑，必有社会，而以城中及沙河为盛，皆以三月十八日大祀后土，士女游观，商贾云集，盖即社祀之遗"④；崞县在四月初八日"各村多迎神作戏"，其中"东南乡多办社火，合数十村，各妆演故事，观者如堵"⑤；绛县二月二十五日在"坡下老君庙设香火会，装社火，演杂剧，招集贩鬻，各色货物置买甚便"⑥；闻喜"村各有所迎之神，大村独为一社，小村联合为社，有合五六社及十余社不等，分年轮接一神，所接神有后稷、有成汤、有伯益、有泰山、有金龙四大王、又有澹台灭明、五龙、五虎、石娘娘等神……凡轮值之社，及沿定之期，锣鼓外必闹会……庙所在村及途经同社之村，必游行一周。庙中，则送神之社，预演戏；既至，锣鼓数通后，排其仪仗，异其行趫，返至社人公建之行宫，演戏三日以安神。平日轮一户，祀两餐，早晚铺叠床寝如生人。每村至少有一月盘期，搭精巧之彩棚，陈水陆之供品，演戏三日。邻村及戚友皆捧酒肉以浇神，必款以宴。次年送神，则仅有锣鼓而已。亦有闹送不闹接者。要之，不赛神之村，无几也"⑦；高平"春祈，秋报，礼也。城乡迎神赛社，鼓吹鸠众，戏优杂沓，按月（期）恒有，东关每年四月八日，祭赛炎帝大会，十日、九月十三日，祭赛关帝于炎帝庙内，诸货骈罗，远近士女云集，其于米山各处，赛会尚多"⑧。

这种定期举行、绵延不绝的民间活动大体也为地方政府所认可。据道光《太原县志》载，"祀事而大礼，亦教民美报焉。盖治民事神，理实

① （道光）《五台县志》卷三，风土记。

② 丁世良、赵放编：《中国地方志民俗资料汇编》（华北卷），书目文献出版社1989年版，第661页。

③ （光绪）《寿阳县志》卷五，风土志。

④ （光绪）《繁峙县志》卷一，地理志，风俗。

⑤ （乾隆）《崞县志》卷四，风俗。

⑥ （光绪）《绛县志》卷二，风俗。

⑦ 《中国地方志民俗资料汇编》（华北卷），第700页。

⑧ 同上书，第618页。

相需，故祀有常典，而民间祭赛，亦守土者所弗禁也"①。也就是说，地方官绅将这一仪式视为一种"教民"与"治民"的明智措施。

迎神赛会作为一项地方文化传统，具备相当的社会功能：

娱乐功能。乡土民众对戏剧的热情有一个基本的理由，那就是他们很少有可行的娱乐活动。对于大多数农村的人来说，除了几个节日，伴有戏剧演出的集市或没有集市的戏剧演出外，确实也没有可以用来进行劳逸调节的活动方式了。祈神禳灾的功能。乡土民众进行迎神赛社活动，其宗教心理是功利性的，亦即祈福禳灾。为了祈福，需要祀神，为了禳灾，需要驱鬼，这就产生了赛祭和傩祭。无论赛祭，还是傩祭，祭祀时都需要敬献戏乐。晋东南地区历史地孕育了锣鼓杂戏，晋北有赛戏，上党地区有队戏。总的来说，这些戏剧类型多取材于历史故事、佛家道家经典以及民间传说。在演出开始之前，有一段"过街""摆队"等驱邪除祟的仪式性表演。在正式演出中，上演《目连戏》《许真君点化》《观音斗六筹》等剧目，烘托神灵的力量，反映了人们祀神祈福的心理，寻求着一种精神寄托。演出《关公破蚩尤》《鞭打黄痨鬼》《五鬼闹钟馗》等傩剧剧目，折射了人们驱鬼禳灾的动机，这是自不待言的。至于取材于历史故事的戏剧，如《单刀赴会》《三战吕布》《长坂坡》等等，则可以迎合人们的娱乐需求。台湾学者巫仁恕认为，由于这类演剧产生在中国民间信仰的祭祀场合底下，与其他除煞驱邪的傩戏性质相比，其演戏本身往往是一种逐疫禳灾、拔邪除祟的宗教仪式。② 笔者十分赞同这一观点，近代山西灾荒频仍，演戏兴盛不是经济繁荣的写照，反而恰恰反映了人们心中的不安全感。

凝聚社区的功能。农村的迎神赛社活动往往是以社区作为组织单位与活动单位，这暗含了它的社会功能要远远超过娱乐本身。从社会学的观点来看，它将提供一种集体的象征，给人们造成一种总体的感受。换言之，通过娱乐形式来发挥凝聚社区的职能。关于此功能，将在后面详细论述。

---

① （道光）《太原县志》卷三，祀典。

② 巫仁恕：《明清之际江南时事剧的发展及其反映的社会心态》，载"中央研究院"《近代史集刊》第31期。

内涵丰富的戏乐活动日渐内化为乡土民众普遍的心理需求，故而他们对此格外珍视。戏乐习俗作为具有丰厚底蕴的中国传统文化的一种外在表现形式，它在一定程度上透露了乡土民众多神崇拜的宗教文化心理。然而，在近代西方武力支持下进入中国乡村社会的基督教带有浓厚的征服性色彩。传教士对于与他们信奉的上帝为唯一真神教义具有根本差异的中国多神信仰的社会文化现象持不宽容的态度。不只如此，他们还认为演戏积习弊端丛生："戏价在百串之外；绅社人等滥用分肥，多于戏价两三倍；合村接待亲朋之肴馔，妇孺之衣服，簪珥之装饰又多数十倍；更可恶者，演剧之场必有赌棚数十处，每棚有数十人之费用，此等匪徒每到一村，必与绅社人等以一定之棚价，绅社人等利其棚价，遂任其害人子弟，耗人资财，是以演剧不过数日，至令人民终年困穷。"[1] 有鉴于此，各地传教士往往以不拜偶像为理由，禁止教徒参加迎神赛会活动。我们应该承认，传教士对于迎神赛会这一民间习俗弊端的评价是较为中肯的，遗憾的是，他们作为西方基督教文化特质的携带者，作为中国乡土社会圈子的局外人，始终不能洞悉这一习俗在乡土民众当中心照不宣的社会功能。

在西方传教士的种种压力下，总理衙门被迫于1861年11月下令"迎神演戏赛会烧香等事，与伊等无涉，永远不得勒派。惟修路、填坑挑河，以及编查保甲，看守青苗，凡乡里一切守望常规，并例有差徭，皆民间分所当为之事。所有教民，虽习贵国之教，犹是中国之民，此等费用，仍应照常摊派"[2]。朝廷虽明令教民可以不负担"迎神演戏赛会烧香等"费用，但山西一些地方民教双方由于戏份问题引发的纠纷时有发生。

兹据《教务教案档》记载，将近代山西所有的民教斗争事件按时间顺序作一简单介绍。

凤台：咸丰十一年七月（1861年8月），天井关村马海嘴因系习教，抗不遵守礼规，社首乡约率八十余人，将其殴打成重伤。[3] 同月，阎庄村

---

① 李刚己：《教务纪略》卷四，杂录，上海书店1986年版。

② 台湾"中央研究院"近代史所编：《教务教案档》第一辑，"中央研究院"近代史研究所，1974年，第720页。

③ 同上书，第714页。

民李祥太等人以入教为由，拒纳献戏焚香等钱文，民教双方发生冲突。在此案中，双方言词不一。传教士声称社首常氏率百余人至奉教人李祥太家，将其拖入庙内，勒令罚钱四十千文，修庙唱戏，且将李祥太桑柿树砍伐四十余株。但山西巡抚在禀支中指出，社首并无率人强揪勒罚，实因追偿所欠社中垫过钱项，为数有限。失树并非常氏使人所为，因民教失和，无人看管造成。①

霍州：咸丰十一年（1861），霍州知府审教民田树银告刘丙申。断令田树银与刘丙申等各敬各神，不准刘等社中向田讨要唱戏、迎神、祭祀等钱文，所有办差巡田草夫公摊公派，著刘等社中与田树银看望田禾，赔田树银所失玉粮。②

阳曲：咸丰十一年（1861），窑儿上村社首张际宗以白耀、张纯等紊乱社规，将应摊差务钱文硬抗不出，具控到县。教民挟社首控告之嫌，将其打伤。另有涧河村社首贾年等呈控乐保元等，长子头村乡约程国对等呈控陈明等，享堂村社首王致中呈控张也玉等抗钱不摊。③

壶关：同治二年（1863）正月，安口村教民申安德呈诉，因奉教有干例禁，被邻村崔姓以此挟制，恃强占产。④

归化：同治九年（1870）三月，贺选拒摊村中神戏钱三千二百文，与其姐夫王玉发生纠纷。教民因王玉不信天主教，将其殴成重伤。⑤

孝义：同治十二年（1873）十二月，东头村郭起茂禀称，本村郭士郎等人因伊习教，拒摊庙内之费，挟嫌佐使他人盗去其成熟田禾几半。县令断村中祈神赛会与郭起茂无干，丢失秋禾令巡夫先行酌赔谷子六斗。⑥

大同：光绪七年（1881）十二月，榆林村社首管劳等率多人向习教人纪运昌、管祥勒索戏钱不遂，即行凶殴打，后又至教民杨天资家中勒

---

① 台湾"中央研究院"近代史所编：《教务教案档》第一辑，"中央研究院"近代史研究所，1974年，第716页。

② 同上书，第720页。

③ 同上书，第721页。

④ 同上书，第757页。

⑤ 台湾"中央研究院"近代史所编：《教务教案档》第三辑，"中央研究院"近代史研究所，1975年，第413页。

⑥ 同上书，第480页。

索，滋闹不休。①

天镇：光绪七年（1881），定安营村民高应珍等与直省传教士王先垲发生冲突，具体原因不详。②

寿阳：光绪二十一年（1895）七月，教民张乾元因摊演戏钱文与社首邢聋三涉讼。③

上述记载除壶关、天镇外，其余冲突均属戏乐纠葛。戏乐纠纷反映了传教士、教民与中国本土社会的冲突已触及了基层社会内部的权力结构。教民不纳戏份虽然得到了清政府的允准，但始终无法获得乡绅的谅解。迎神赛会以村社为活动单位，大多数是由乡绅发起和主持的。晋东南阳城县北留镇郭峪村的地方文献，给我们留下了关于社的基本职能的具体描述。据新编《郭峪村志》载，"里社有社首，由推举产生，里社设在太庙，主管春秋祭祀，庙宇创建及维修、祈雨、庙会、看庄稼、巡更、查夜等事项，具有很大权力"。《郭峪大庙墙碑记》载"如违反条约，强梁不服者，阖社鸣鼓而攻，罚必加倍，祈神圣鉴察，降下灭门灾祸"④，说明了里社的力量。笔者认为运用杜赞奇提出的"权力的文化网络"这一概念解释乡绅反教行为是较为合适的。宗教的信仰、教义与仪式是构成文化网络的重要因素，它是地方领袖获取权威和其他利益的源泉之一。教民拒纳戏份是对社首权威的严重挑战与蔑视，这一点连外国人都窥见到了：教民拒绝"对村里庙宇——邪教的宝座——维持费的捐纳，或者是对时常举行的和庙宇有关的村里的联欢宴会——相当于我们的宗教节日和感恩日的捐款，问题就尤其困难，当地的人民和统治者感到为难，他们可能从这局面中看到星星之火，可以燎原"。⑤

---

① 台湾"中央研究院"近代史所编：《教务教案档》第四辑，"中央研究院"近代史研究所，1976年，第312页。

② 同上书，第313页。

③ 台湾"中央研究院"近代史所编：《教务教案档》第五辑，"中央研究院"近代史研究所，1977年，第658页。

④ 山西《郭峪村志》，转引自赵世瑜《明清华北的社与社火》，载于《中国史研究》1999年第3期。

⑤ 摩尔斯：《中国的贸易与行政》，转引自李文海《乡绅与反洋教运动》，载于《近代史研究》1986年第1期。

为了重新树立自己的政治权威，维护和谐的乡村社会秩序，乡绅对于教民的破坏性行为给予了积极的回应，主要以教民的经济利益为突破口，对其进行打击制裁，迫使放弃基督信仰，回到乡村大家庭中来。手段之一就是利用乡村社会中长期以来形成的看青组织。所谓看青，即看护庄稼，此种看青组织既可防止秋季庄稼收获时被偷盗，又可保证贫苦无依的看青人的基本生计。看青组织规定不为教民看护庄稼，结果往往令其遭受经济损失，教民很有可能在无奈的情况下，重新参与社庙祭拜及有关活动。

在乡绅成功的反击活动中，1890 年发生的洪洞事件最具有代表性。事情的原委是这样的：安楼村几年前数名村民以基督教为由，向村理会请求免付宗教性质的税用，为村理会所拒绝。由于四村共同使用一条灌溉渠道，其中几个村的村理会共同决定不让任何村民破坏古老的传统而不交税。教徒以宗教原因不愿付税，村理会于是不准他们引水灌溉。教徒坚持了三年，总因收成恶劣而再度交税，虽然他们依然信奉基督教，但从此停止公开表明自己的宗教信仰，并且不参加宗教仪式。[①]

社首在与以传教士为保护神的教民的戏乐冲突中，更多时候是败下阵来。上述的凤台教案由于传教士出面干涉，最终以迎神赛会之费与教民无涉，社首被罢职结案。阳曲教案的处理结果是社首不得向教民收取迎神之费，并且该村原有寨子地十三四亩，系早年民户教户共同捐置，以为避难之所，县令认为若仍民教共产，恐启争端，决定按粮分拨。[②]

在社首出于维护自身权威领导的反教斗争中，民众又是在何种心理意识的支配下积极参与，并且成为斗争的中坚力量呢？我们认为主要出于以下两个方面的原因：

第一，保持民族风俗习惯的要求。戏乐活动是中国人重要的文化传统，是乡土民众日常生活的一部分。在平淡无奇的日子里，定期举行的戏乐活动可以把广大农民从枯燥乏味的农活中暂时解脱出来，使他们的精神世界得到充实与满足。社会学研究表明，特定民族持久而强固的风

---

① 《义和团与近代中国社会国际学术讨论会论文集》，齐鲁书社 1992 年版，第 460 页。

② 台湾"中央研究院"近代史所编：《教务教案档》第一辑，"中央研究院"近代史研究所，1974 年，第 722 页。

俗一旦形成，往往具有了价值观的意义。任何外来力量对于本土习俗的攻击，都会为习惯法所不容。

基督教进入农村社会后，教会以禁止偶像崇拜为由，不准教民参加任何形式的戏乐活动。这样教民就成为生活在乡土之中而又与其生活方式发生严重抵牾的特殊社群。此时乡土民众维护传统风俗习惯的要求就同排斥基督教交织在了一起，当时山西地方官向居民分摊各项公款，"而于习教者，因其以求雨、演戏、赛会等事为异端，不愿出钱，故于别项公款，所派比常民多"①。强迫教民多出钱，实际上是强调社会风俗对于所有社会成员的规制作用。双方就此展开的斗争持续不断，愈演愈烈，有的史料甚至记载说："去岁拳匪之乱，惨杀教民，晋案最大，实由平日各乡社演戏之风极盛，教民不出戏资，积怨日久，故一举发，如此强烈。"② 近代山西民教斗争的深层原因实际在于教民的行为从根本上背离了民族固有的风俗习惯。于是，风俗就要通过人们的从众行为发挥作用。在群体场合，不从众就会受到谴责，乃至仇视。

事实上，教会的禁令是十分蛮横的，虽然教民恪守教规，均不交纳戏份，但"其间亦有狡黠之徒，吝于出钱，勇于观戏"③。这是由于教民生活在下层乡土社会，从小就饱受传统习俗的熏染，演戏虽因敬神，然亦悦耳怡目，借此可以丰富他们的精神生活。教民的这种表里不一的行为不免要招致一般民众的谴责，在一些干旱的地方，如果祈雨无效，民众就认定这是教民拒纳戏份的行为开罪了神灵而降下的惩罚，遂将怨气发泄在教堂与教民身上。有时又进一步猜忌他们用何种邪术止住了雨水，一时间谣言四起，民教关系异常紧张。当时在华传教士李提摩太对此曾有记载："当我在太原府的时候，民众中间产生了谣言。他们认定教堂顶端的天使人形将会带来有害的影响。这个天使人形吹着一个能起到风向标作用的号子，面朝着能带来降雨的大风所来的方向，结果中国人宣称，只要风从那个方向刮来，这个天使人形吹着号子，将大风与雨水刮跑，

---

① 乔志强编：《义和团在山西地区史料》，山西人民出版社1980年版，第77页。
② 同上书，第112页。
③ 《山西教案善后章程》，《东方杂志》1904年第11期。

于是他们扬言要拆毁教堂。"①

第二,维系村社团结与认同的要求。一般民众从事民间宗教仪式活动多数是由于个人或家庭的原因,在有特殊需要的时候,往往自己前往祠庙祈祷,对于超人间的神秘力量寄托一定的希望。但社会人类学者认为这种来自个人的心理解释并不能够体现民间宗教的全部内涵。民间宗教除了可以满足一般民众的个人心理需要外,还表现出个人与社会的不可分割性。只有加上对"己"和"他人"、个人与社会、私和公等关系的界定,民间信仰与仪式才具有了完整的功能。②

迎神赛会这种仪式活动正好体现着民间宗教的后一种功能。演戏既是娱神,又是娱人活动,它可以将不同经济利益、社会身份、社会背景的社区成员集中起来,使其融合在一个共同体中。事实上,"社会"是一比较空洞的概念,只有当村民共同参加一个仪式时,才能体现出他们同属于一个社会。正因为如此,村庙进行的演戏酬神活动从宗教仪式的角度,体现了村落是一个具有社会认同与互助功能的共同体。

由于商业发展,灾荒接踵等因素引起的人口迁移,导致近代华北地区单姓村庄很少,移民户多姓杂居村庄占有绝对的优势。与江南地区庞大的宗族组织相比,在华北多姓村庄中,传统血缘性宗族的力量较小,无法对本族成员实行有效的经济援助。村民们逐渐将目光移出了亲缘群体的范围,开始从地缘组织中寻求社会认同与经济互助。能够发挥这种积极功用的地缘组织——村庙组织于是得到了村民的看重与依恋。村民将村庙及庙田视为全村公共财产,参与修庙、演戏酬神活动成为每个人应尽的义务。为了营造和感受社区的和谐气氛,演戏费用虽然颇高,但村民对此绝对不会吝惜。仅在忻州地区,演戏开支达7000英镑。在富裕地区,如平遥、太谷,每年花在这样的娱乐招待上的费用,则远远超过7000英镑。③

当基督教民试图仅仅因为宗教原因不遵守社规,拒绝交纳维修庙宇

---

① Tinothy Richard, *Forty-five Years in China*, T. Fisher Unwin LTD, 1916, p. 175.

② 王铭铭:《社会人类学与中国研究》,生活·读书·新知三联书店1997年版,第162页。

③ [英]爱德华兹:《义和团运动时期的山西传教士》,李喜所、郭亚平等译,冯承柏校,南开大学出版社1986年版,第64页。

与迎神赛会之费用，在他们自己与社区其他人之间划清界限时，从乡村民俗文化的角度讲，教民的行为已经破坏了迎神赛会活动所具有的确保人们心理平衡与社会默契的功用。人们归属村庙组织，并不见得就是因为具有某种特定明确的宗教信仰，而主要原因是居住在此村，就是该村的成员。村神的庆典活动是村庄认同感的创造与再创造，所以说村民将村庙活动首先解释为社会的、世俗的；其次才是宗教的。然而，基督徒企图不再承认迎神赛会活动的社区整体性特点，那么村庙组织的整体经济实力必将下降，社区认同整合功能必将衰退。一言以蔽之，民间迎神赛会的大众宗教仪式活动在过去一度发挥了凝聚社区的职能，现在却遇到了前所未有的挑战。村民为此必须采取措施，维护社区的完整性。1873 年孝义县东头村民郭起茂的控词，十分具有代表性："缘小的闻听人传说天主教最善，又见有谕单凭据，凡尊奉其教者，庙内之费皆与其无涉。小的奉天主教已十数月之久，向郭士郎等再三说明，"凡属村中巡田巡更及各项差徭等费，小的分文不欠，惟演戏供戏庙中等事与小的无涉"。彼等违谕忿恨无处所施，合伙定计，不单不肯照看小的禾稼，又且差使他人盗窃小的成熟田禾几半，以致小的明年开春想欲耕种亦无所资，非远游乞食，即雇工度日，田地将必荒芜，皇粮无以起凑，小的托人再三央求，将所取之粮食隐名还回，他事再做商议。彼等并无善言及不容商和之说，硬逼小的上控。第思小的奉教系遵谕而行，并非自私，钱粮差徭并不短欠。谕单有云，习教与不习教皆系中国赤子，自应一体抚之，夫乡舍民人有何不法，彼村社首只可送署究治，何必藐法妄为。①

显然，教民的说法将奉教的合法性落在了皇帝通过谕单形式表达的认可与提供的保护上，但他们同时却不理会谕单是帝国主义强迫的结果，没有意识到每个村民都不容分辩地被卷入了村庙组织的各项活动中，忽略了迎神赛会这一民间宗教仪式的象征性意义。

教民的行为不仅使村社团结遭到破坏，而且还直接引起了社会结构的调整。在村民看来，基督徒的所作所为是对中国本土文化的严重挑衅，是有意游离于传统社会之外的大逆不道的行为，因此必须对原有的社会

---

① 台湾"中央研究院"近代史所编：《教务教案档》第三辑，"中央研究院"近代史研究所，1975 年，第 476—477 页。

结构作出相应的调整。"民"这一词在传统社会指的是官绅之外，奉儒家思想为圭臬的没有功名的人，现在却发生了根本性的分野，具有了新的意义。一方是以新宗教为理由，分裂乡村社区的教民。这一词对于民众来说，具有极大的敏感性，他们潜意识里自然地将其与中国历史上纷杂的民间秘密教门联系起来，从而赋予"教民"一词浓厚的反叛意味；另一方是持本土文化传统的村民。① 在对社会结构重新界定之后，教民与村民的对峙已跨出了宗教信仰的范围，民族国家存亡的重大问题已上升为斗争的焦点。在1880年大同榆林村发生的民教冲突中，县令问杨天资"你是何国人，答应说是清国人，为什么要随洋鬼子反叛教，你们尽是反叛。村中向你们要戏钱，你们不出，因此打你们，你们还敢告状，你们不知左宫保为什么进京，就是为杀灭洋鬼子，你们一定该出戏钱，若不出戏钱，不准你们在清国居住，出外国去。"② 这一案件充分说明，民族意识在民教冲突中扮演了重要角色。

总而言之，自19世纪60年代起，由戏乐纠葛作为导火线燃发的民教冲突，在山西一直延续到世纪末。它不仅造成了半个世纪以来山西民教冲突的剑拔弩张，并为以后双方更大规模的对峙埋下了仇恨的种子。

二

在基督教半个世纪连续猛烈的冲撞下，世纪之交的中国社会面临着彻底瘫痪的绝境。1898年后，华北地区普遍性的灾荒愈发加重山西地区的社会危机。

1900年，山西自春到秋持续干旱，赤地千里，"旱乡之民壮者多逃于外，老弱妇女四出拾槐豆，扫蒺藜以食，树皮都刮尽，椽屋器物等鬻价极贱，无人过问"③。全省成灾共计60余处，本次灾害死亡总数至少20万人以上，其中绛县死亡达3万人，占全县人口的50%。

---

① Charles Litzinger, *Temple Community and Village Cultural Integration in North China*, Univercley of Califonia, 1983, p. 225.

② 台湾"中央研究院"近代史所编：《教务教案档》第四辑，"中央研究院"近代史研究所，1976年，第320页。

③ （民国）《临汾县志》卷六，杂记类。

干旱与洪水同是人们面临的自然灾害，但二者在许多方面存在着差异。与水灾不同，干旱造成的后果不是突发性的，而是弥漫增长性的。干旱持续的时间越长，这样的问题就会变得愈加紧迫。什么时候才会降雨呢？干旱什么时候才能结束呢？换言之，对于水灾，人们关注的是已经发生的；对于旱灾，则是尚未发生的。后者在人们心理上造成的影响是很难对付的，人们对于干旱的反应只能是焦躁、无奈与渴望。

山西农民在整个干旱期无所事事，据一位传教士的报道："由于干旱，许多人无事可做，义和团组织在全省范围内迅速蔓延开来。"① 清源、曲沃、临晋、榆次等县志将义和团的兴起与干旱联系起来。我们认为虽然不能将 1900 年春夏之季山西义和团的出现完全归因于干旱，但它至少是一个具有重要意义的因素。

义和团在发展过程中，直接将干旱原因归咎于传教士。在山西汾州府，到处流传着"传教士爬到房顶用尽全力扇回了云彩"②。"天不雨，地焦干，全是鬼子止住了天"一类的讹传不胫而走。在一个由于无法预见的自然原因导致不断遭受饥饿困扰的生态环境中，人们将饥饿的直接原因归咎于自然，并与代表异域文化的外国势力入侵联系起来是十分自然的事情。

传教士的行为被认为是破坏了宇宙平衡，这样一种思维方式深深地扎根于中国传统之中。在中国，数千年来人们普遍地相信在人类活动与老天行为之间存在着一种微妙的关系，将自然灾害视为人们行为不当，激怒神灵而降下的惩罚。通过祈雨酬神活动直接讨好老天，重建天人和谐是遭灾地区人们的惯常做法。在 1900 年春夏之交，山西百姓同样进行了这种活动，然而祈雨并未奏效。焦躁不安的人们重新寻找问题的根源，教会教民平日拒绝献戏娱神的恶迹立刻彰显出来，于是他们就不可推卸地成为这场灾难的罪魁祸首。

由于干旱引起的仇外讹传还可以通过当时驻山西传教士的记载加以佐证。6 月 25 日，传教士伯德在私信中写道："这是一段痛苦难耐的日子，义和团威胁说要抢劫、杀死传教士与基督徒。村中到处散布着谣言，

① Paul A. Cohen, *History in Three Keys*, Columbia University Press. 1997, p. 78.
② 《义和团运动时期的山西传教士》，南开大学出版社 1986 年版，第 158 页。

人们无事可干，他们谈论要杀洋人，我们感到死期不远了。情况越来越糟，如果再不下雨，不知道会发生什么暴力事件。"① 驻永宁的中华内地会传教士奥格林夫妇报道："这个地区遭受着由于长期干旱带来的灾荒，在我们到达后，情况更为严重，人们开始责备我们赶走了雨。"②

如果谣言一旦为偶然事件所证实，那么更将为人们广泛接受与传布。7月1日，寿阳人盼望已久的大雨下起来了，传教士这时已经逃跑了。毫无疑问，义和团把能下大雨的原因归结为洋魔不在了。③从此之后，义和团的事业更具有了合理性与正义性。

义和团不仅将干旱归结为洋人作祟，而且又相应地衍生出一系列谣言。据时人记载，"没有一个时期比光绪二十六年夏秋之交更加谣言繁兴"④。义和团散布教会教民使用的邪术主要有：洒血。即教会洒血于门口，七日后会使全家男女疯癫而自相残杀；黄纸人。教会剪黄纸人置于街巷，就能把不信教的人杀死；黑风口。教会用皮、布做虎、狼之类的野兽，能咬人。类似谣言四起，加重了人们的恐惧不安，以至于1900年6月间，"太原一郡村村守井，以防毒之投；人人执皮鞭，以防黑风口之咬，皮鞭价格顿时倍涨脱销；处处戒拾食物，以杜毒之害；户户悬高灯，以破邪之扰"⑤。

分析上述恐惧性谣言的内容，我们发现这实际上是中国历史上经常发生的民众恐慌与歇斯底里在世纪之交的一次爆发。在1900年春夏之交，指控投毒的谣言到处传布。听到讹传的乡土民众不禁要扪心自问，为什么要在公共水源中投毒呢？他们对此只能有一个解释，那就是洋人要剥夺他们基本的、共同的生存条件，因此所有的人均处于随时都有可能丧失生命的危险之中。对于具有素重人生、执着生命日常意识的乡土中人来说，为了达到保全个人性命的目的，不免要采取一些极端的行为。传教士伯德在信件中反复地说，被杀之人与传教士没有任何关系。在7月6日的日记中写道"情况越来越糟，不仅基督徒，而且一般人也担心具有

① Paul A. Cohen, *History in Three Keys*, Columbia University Press. 1997, p. 79.

② Ibid. , p. 80.

③ 《义和团运动时期的山西传教士》，第39页。

④ 《义和团山西地区史料》，第39页。

⑤ 同上书，第35页。

生命危险。昨天晚上，两个人并非基督徒，被指控受外人雇佣投毒，立刻就被烧死了"①。

1900 年后，由于演戏积聚的民教怨隙和世纪之交由各类谣言引发的焦虑、恐惧乃至仇视情绪叠加在一起，使山西社会处于一片紧张气氛的笼罩之下，民教仇杀活动一触即发。

研究民众抗争同时需要考虑权力的各种特征。动员人们起来的能力本身，并不能保证抗争一定会发生，当局是抗争的另一参加者，其态度与能力也限制着集体行动的机会。② 因此当时山西巡抚的作用就显得举足轻重。由于洋人干预而中断仕途的毓贤在山西东山再起后，对于洋人的仇恨一股脑儿全部倾泻出来。这对于以"杀洋灭教"为宗旨的义和团来说，不啻推波助澜。

山西义和团仇杀活动于 5 月份首先在洪洞爆发，在短短两个月，迅速蔓延开来。教徒家庭遭到洗劫，并且还被课以罚戏、奉献给神偶。如果教民拒绝上庙，不宣布放弃基督，重新祭祖敬宗，那么将被毫不留情地杀死。

面对拳民的种种行为，相当一部分教民展开了武装对峙。8 月 16 日，"太原府洞儿沟蚁聚教民男女老幼二三千人，妇女藏匿邃室，少壮编列队伍，短剑长矛，森立教堂之前；鸟枪、火炮密布教堂周遭，昼则树帜以壮威，夜则悬灯以照路，勒兵严阵以待义和团，声势煊赫，震动远迩，拳民虽众，亦未敢问津，民情汹汹，一夜数惊，惟恐其铤而走险，荼毒生灵"③。此外，清源梁泉道、潞城马厂等地也都发生了大规模的民教对峙。

值得注意的是，由于近代教民成分不一，良莠不齐，入教动机亦错综复杂，因而民教对峙中教民的行为表现必然呈现出多样性。教民之中，持有枪炮，杀人无算者固然有之，还有"逃匿深山，流离异地，辗转于沟壑而死者；自愿出教者，亦不乏其人焉；更有坚持信仰，慷慨捐躯致

① Paul A. Cohen, *History in Three Keys*, Columbia University Press. 1997. p. 169.

② ［美］王国斌：《转变的中国——历史变迁与欧洲经验的局限》，李伯重、连玲玲译，江苏人民出版社 1998 年版，第 160 页。

③ 《义和团在山西地区史料》，第 39 页。

命者"①。其实，教民入教并不能简单理解为谋求教会庇护，进而取得非分利益，其中动机着实复杂，以下稍作剖析。

家庭影响型。对于西方基督徒来说，宗教仅仅涉及个人的救度，它是个体灵魂与天主的对话。但在封建宗法制的笼罩与压制下，中国人的主要传统性格之一是社会取向或家庭取向，即家长家族的信仰态度在个人行为选择中具有重大的引导作用。义和团运动兴起后，在出教意味着保全性命，否则格杀勿论的危急时刻，有人劝绛州高方娃之子背教，方娃曰："如背，不是我子，高姓中不能容背教人也。我生尔于世，岂不能生尔于天堂，何为背教？"其子本系幼童，无心背教，闻父言，更觉坚决②；潞城高家庄一教外人见王神父要遭杀身之祸。于心不忍，暗授钱一千，曰："你可背教而逃。"神父曰："吾祖上七八世奉教，我背么，宁死不从。"③

彼岸皈依型。一般宗教都会在教义中为信徒描绘一个美好的彼岸世界，基督教将理想彼岸称为"天堂"。对天堂的向往与眷恋是一批虔诚善良教民为主积极致命的根本动力。繁峙高某思彼已年逾五旬，在世光阴无几，遂同其妻商议，决定合家信教。在被义和团审问"为什么入教"时，回答说："因为它好。"④ 可见高某是在对基督教的价值作了评估之后才产生了渴望皈依的心理。

简单的一个"好"字是朴实的教民对于彼岸世界的整体性描述，那么美好的彼岸在他们心中的具体表现究竟是什么呢？绛州李某之妻并之女皆致命，其小女未死，语其父曰："予见我母我姊致命后，衣白衣，光丽异常，上升天域，吾侪宜善备身心为主致命。"⑤ 太原城中，众人诵苦路经毕，有一幼者曰："我念时，心神恍惚，见我爹身著白衣，光辉靓丽，呼我名曰'黑柱，不要怕，当为天主致命'。"⑥ 这样的描述吸引教民急于见主，迅速摆脱人间苦难，享受天国优厚待遇。在太原城中，兵

---

① 陈捷：《义和团运动史》，文海出版社 1972 年版，第 78 页。
② 李杕：《增补拳匪祸教记》，土山湾印书馆，宣统元年（1909），第 411 页。
③ 同上书，第 368 页。
④ 《义和团运动时期的山西传教士》，南开大学出版社 1986 年版，第 104 页。
⑤ 李杕：《增补拳匪祸教记》，第 401 页。
⑥ 同上书，第 342 页。

匪至教友聚处，教友见之，喜出望外，认为天主之命已到，高声传告众人，预备致命，男女咸跪于地，冀得致命。不料一员呼曰："止刀，不许再杀。"教友未致命者，顿失所望，相向而哭，认为自己错失了进入天堂的绝好机会。① 还有"口中念念有词，求接己之灵，面目异常欢喜，有视死如归之状"② 的教民，甚至有人将致命之日视为"一生中最幸福的日子"③，唱着圣歌"他引导着我"④，怀着一种坚定的信念，从容执着地步入天堂。

教义理解型。多数教民在皈依之初对于宗教要旨的理解是含糊不清的，但在日常的宗教仪式与活动中，逐渐体悟到一些宗教教义，在遇到一些无法为常理解释的偶然事件或怪异的自然现象时，就开始求助于这些宗教教义，对其进行理解与反思，希冀从中找到答案。如果教义得到证实与检验，那么反过来就更会增强他们信仰的坚定性。据《奇村教会遇难记》记载，"庚子年四月，天久不雨，天上现一怪星，每日正午放光，日光为之改色，月光亦因之而变。又一夜天上突然放光，如同白昼，村人皆为诧异妄谈，惟信道之人，查看马太二十四章第一节至第三十二节之旨，见此异常与救主之预言相合，心中愈觉信主之言是不可疑者。另有高某在历尽艰难摆脱义和团追逐，稍得喘息之时，同父母将目前所现之天象，细为思想，忽忆西伯来十一章三十八节之语，古人为道亦如是受苦，我全家今日受苦，愈见圣经之言，无一子虚"，⑤ 故而在面临义和团威逼时，绝不肯背教。

在民族危机迫在眉睫的大背景下，在义和团看来，教民信教无异于助纣为虐，是在变相叛国。但经过上述对教民信仰心态的分析，我们又可以发现他们皈依基督更多的是由于对宗教教义的领悟，出于宗教功利目的产生的对彼岸世界的向往等心理需求的原因，况且确信自己"所信奉者乃天道，所尊敬者乃真神，所依赖者乃救主耶稣，所跪拜者乃三位

---

① 李杕：《增补拳匪祸教记》，第411页。
② 柴莲馥：《庚子教会华人流血史》，文海出版社1986年版，第162页。
③ 《义和团运动时期的山西传教士》，南开大学出版社1986年版，第105页。
④ 同上书，第99页。
⑤ 柴莲馥：《庚子教会华人流血史》，文海出版社1986年版，第188页。

一神之主宰"①，认为背教简直就是不近人情、不合天理之事，因此"宁可守道，死不愿弃道"②。面对义和团对于这样一种至善之教的种种暴行，他们将拳民视为万恶不赦之恶魔，"上帝子女决不向魔鬼下跪"③，"本是弃假归真，去恶从善，有何害人之事，杀人放火皆汝等所为，反谓我等妇女害人"④，"能杀我之身体，不能杀我之灵性"⑤，"我头易断，而志不改，似汝等如此作恶，亦不能比我多活几日"⑥，"但自此之后，君等恐莫能安然朝食矣"⑦。上述教民临终之语直露了他们对于义和团的深恶痛绝。

然而，即使如此虔诚的信徒，他们也不会成为西方式的基督徒。教民长期生活在中国乡土社会，与以重人伦为特点的中国传统文化之间有着千丝万缕的联系。他们始终无力将个体的精神信仰置于高出家族血缘价值的位置之上。忻州奇村一教民在面临生命之危时，暗求主说：我死不足惜，但父母在土洞盼求，求主使我得到洞中，将事情禀知父母，然后再死，死亦甘心矣。⑧ 此种说法充分体现了中国教民终究不能摆脱伦理亲情的羁绊，这同西方基督徒那种以个人为出发点，以归宿上帝为最终目的的基督主义价值取向之间存在着一定的距离。我们姑且将之称为带有中国本土色彩的宗教信仰。

就教民信仰的本土化而论，我们还想再展现两个例子。首先从符咒说起。符咒起源于中国古代巫术，经道教吸收和加工改造，成为道士法术中的一项重要内容。符咒的主要功用在于驱鬼逐妖，禳灾治病。随着道教广泛传播，符咒以其神秘性和功利性迎合了乡土民众的日常心理，从而获得了他们虔诚的信奉，逐渐发展成为一种民间迷信习俗。义和团运动兴起后，拳民对于这种宗教迷信因素大加利用，这是合乎逻辑，不足为奇的。与此同时，我们也发现了下面这样令人深思的现象：山西阳

---

① 柴莲馥：《庚子教会华人流血史》，文海出版社 1986 年版，第 165 页。

② 同上书，第 214 页。

③ 《义和团运动时期的山西传教士》，南开大学出版社 1986 年版，第 97 页。

④ 柴莲馥：《庚子教会华人流血史》，文海出版社 1986 年版，第 171 页。

⑤ 同上书，第 203 页。

⑥ 同上书，第 216 页。

⑦ 《义和团运动时期的山西传教士》，南开大学出版社 1986 年版，第 32 页。

⑧ 柴莲馥：《庚子教会华人流血史》，文海出版社，第 189 页。

城吴水旺对义和团举动不满，前往一天主教徒家报告义和团行动。该教徒给吴写了一道黄符，吴立刻回来，来到义和团所在大庙，乘其外出，将黄符放在香炉底下。[①] 这则材料说明了教民为对付义和团，在武器的选择上竟然与拳民不谋而合，同样渴求凭借符咒驱逐恶魔。至此我们可以真切地瞥见，这些人虽然身皈基督，然而心理世界却笼罩着传统习俗浓厚的阴影，常常不自觉地利用着其中的文化资源。另外，在山西榆次、太原一带还出现了白灯照与绿手照。据说白灯照与绿手照为教妇所行之法，可破红灯照与义和拳，实际上其基本思路与红灯照如出一辙。

三

1900 年的庚子事变最后以八国联军的武装入侵宣告结束。近代基督教会倚仗着西方列强的坚船利炮重返中国，同样也依靠着武力征服结束了自身的教难。在八国联军进入北京后，获得解救的传教士和教民积极进行着复仇活动，开始了中国基督教史上最为阴暗和悲惨的时刻。在山西教会提出的种种无理要求中，有一项是占领晋祠。此举目的在于通过直接打击对方的信仰风俗，达到实现文化征服的目的。晋祠素为太原一带民众迎神赛会之地，教会提出要求占领晋祠，那么停止演戏是自不待言的事情了。这将意味着在整个近代山西，由于教民拒纳戏份引起的民教冲突最终以教民对普通民众的胜利，西方基督教文化对中国本土文化的胜利而告终。这一结果势必打乱乡土民众原本相对平静的心理环境，使其在痛苦中重新反思自身的文化价值观，最后可能导致信仰发生动摇，产生文化自卑心理。但在山西人民的竭力反对下，教会阴谋最终未能得逞。这一结果清楚地表明，乡土民众珍爱的戏乐习俗具有顽强的生命力和自身的发展轨迹，它不能被西方基督教文化强行挤占，只能与之并驾齐驱地存在于世界多元的文化格局中。

至此进一步考察庚子事变后诱发近代山西近十年激烈民教冲突的因素——迎神赛会习俗的发展走向，无疑是十分必要的。

光绪二十七年五月（1901 年 6 月），四名基督教传教士同山西洋务局

---

① 《山西文史资料》第二辑，政协山西省委文史委编 1962 年版，第 6 页。

沈敦和会议，发表文告："教民不出戏资，积怨日久，故一旦举发，如此之烈，现拟暂时禁止演戏。"① 此时正值晚清政府推行新政，兴办学堂经费困难之际，巡抚赵尔巽深知山西各乡村平日演戏费用颇高，然而又无法长期取缔演戏活动，于是 1902 年由太原衙门下令：所有筹办演戏的乡社，将一部分经费保存起来作为兴建新式学堂的费用。

1908 年，伴随着全国宪政运动的呼声，山西省成立咨议局，并且召开了第一届常年会议。会议在改良社会风俗，实行地方自治方面作出了几项决议，其中都涉及了民间演戏的问题。比如要求减少演剧数目，议员一致指出，演剧之风，晋省为最，一村一镇每年演剧有多至数次或十数次者，所费之数实属不赀。然田家作苦勤劳终岁，若无一次团聚，破颜为笑，亦太减却社会之兴味。最后规定各村演剧每年不得超过两次，所节省之费兴办自治事务。会议还对戏剧类型作出限制，议员们认为耍孩、秧歌、道情戏属于淫戏，伤风败俗，嗣后必须一律禁除。至于通常报赛之戏，应由董事会首选择忠孝节义有资观感者，会同教育会审定，交警察调查，方准演唱。如有不遵审定戏曲者，即将戏价尽数归公，作为地方自治补助经费。此外，还要求征收戏捐，补充地方自治经费。② 但咨议局的决议并未能有效地贯彻到群众的日常生活中去。

迎神赛社作为一项悠久的社会风俗习惯，在民众心中已经根深蒂固，其历史惰性是相当沉重的，仅靠行政命令在短期内也是难以根除的。民初，山西演戏烈风并未煞减。民国《续修昔阳县志》谓，"人多薄于饮食衣服，而丰于事神，大抵以演戏上会为隆重之礼，无论城镇乡村每年每村皆演神戏或一两台或三四台不等，又各村定期接送神驾，演剧上会靡费至数十百千，而多数人且称心得意焉"③。如果说，昔阳县的情况尚属个案，那么乡绅刘大鹏《退想斋日记》中反映的太原一带的情况则带有相当的普遍性。兹据《退想斋日记》按时间先后举例如下：

1913 年 2 月 12 日："晋祠商家翌日开市，今日演剧，此旧年之事，仍然遵行。"5 月 19 日"晋祠人演剧酬神"，"观者如堵"。10 月 28 日

---

① 《义和团在山西地区史料》，第 112 页。
② 《山西谘议局第一届常年会议决案》，1909 年石印本。
③ (民国)《续修昔阳县志》卷一，风俗。

"教场演女剧"。

1914 年 2 月 2 日："里中商号，今日开市……晋祠商号亦且演剧以贺。"2 月 12 日"关帝庙演剧"。4 月 8 日，"本村兰若寺演剧"。5 月 25 日"里中本社演傀儡戏"。7 月 29 日"晋祠、练桥、纸房三村渠甲演剧，酬神宴会于同乐亭"。

1915 年 2 月 21 日，"晋祠翌日开市，今日演剧"。3 月 11 日，"南席村演剧"。5 月 2 日，"晋祠赛会且演秧歌班"。5 月 9 日，"兰若寺演剧，今日观听者蜂屯蚁聚，不可胜数"。5 月 17 日，"明仙峪村演傀儡戏第二日"。6 月 10 日"里中第二日演剧"。9 月 16 日，"袁总统世凯之诞期，本县李知事演剧以祝嘏"。12 月 23 日，"省城庆贺帝国成立，□园通观演女戏，三皇庙唱男剧"。1916 年 2 月 10 日，"晋祠商家演剧开市"。2 月 15 日，"阖城商家今日开市"，"演剧于关帝庙"。2 月 23 日，"里中有人凑钱，邀来他村社伙在里门演唱"。6 月 3 日，"里中演傀儡戏数日矣"。6 月 27 日，"本县城隍庙赛会，有戏班演唱，往观者纷纷，里人更多"。7 月 13 日"晋祠于今日演剧起"。8 月 15 日，"花塔寺第二日演剧酬神谢雨"。10 月 1 日，"晋祠演剧赛会起"。①

无须再举更多的例子，从《退想斋日记》中我们可以得知，迎神赛社的各类演剧在义和团之后并没有因中央和地方政府的限制而停止，相反，之前较少或甚至没有的女戏、傀儡戏、秧歌等地方小戏反而有了增多的趋势。更可注意的是，民众还是那样喜爱这种源于传统的乡土文化。"凡有演剧之处，无不异常热闹，男男女女，结伴往观。"甚至在民初物价上涨，民生日绌的经济条件下，演剧酬神、迎神赛社仍是山西民间不可或缺的生活部分。《退想斋日记》1923 年 8 月 25 日记曰："汾东一带各村社，本月多行演戏，每演三日戏，价必须三、四百千钱，且有一、二百大洋者。大洋每元二千二百文钱，每村唱戏一次，除正岁外，又必多唱，够数再加百二八十千文，则戏捐无论也。通共需钱四、五百吊不等，此项皆系农家之血汗钱，风气至此而极，亦大可畏事。"②

传统本身就是一种力量。迎神赛社的戏乐活动在山西民间有着丰厚

---

① 刘大鹏：《退想斋日记》，乔志强点校，山西人民出版社 1990 年版，第 175—239 页。

② 同上书，第 309 页。

的积淀，外国侵略势力的压抑，中央和地方政府的强禁，都不能使之衰微消失。不同的是，义和团后山西戏乐活动中民教冲突的色彩大为减退甚或难觅其迹，而作为娱乐和经济交流的成分逐渐突出，这便是民初山西迎神赛社活动的基本走向。

结　语

在中国乡土社会，迎神赛社作为一种社会习俗，它一旦形成，就逐步具有了价值观的意义。在自身绵延过程中，它的强固性日渐厚积，功能性日渐完善。在遇到异己力量冲击时，风俗就要通过人们的从众行为发挥对所有社会成员的强制约束力。在山西这样一个封闭的社会区域中，民众更不易接受与传统习俗相悖的事物，更不要说是去容忍凌驾于中国传统文化之上，并且口口声声宣称要取而代之的西方基督教文化了。结果教民新的生活方式、行为习惯与社区邻里发生严重的牴牾是顺理成章的事情了。其中极为微妙的是，教民拒绝参加迎神赛社活动的行为极大地妨碍了这一活动所含社会功能的充分实现，破坏与剥夺了乡土民众对于这类民俗信仰活动的文化解释权。相延数千年的民俗信仰仪式培养了村民对于社区的认同感与归依感，造就了和谐稳定的心理环境，人们日渐赋予和默认了民俗活动的社区凝聚职能。虽然朝廷未能洞悉仪式活动的象征意义而允许教民游离于组织活动之外，也许虔诚的教民也并未意识到自己是否参与这项看似意义简单的活动已上升发展为个人是否归属社区这一严重的问题，但他们的行为毕竟触动了民众敏感的神经，妨碍了他们心理需求的满足，因此对之绝对不能容忍。结果民教关系日日吃紧，教案纷纷迭起，为世纪之交双方更大规模的斗争埋下了仇视的种子。西方教会最后凭借武力结束了自身的教难，但它们试图通过干预乡土戏乐习俗，从而达到文化征服的目的并未实现。这一结果给我们的启示是，中国乡土戏乐习俗只能与西方基督教文化并存，而不容其排挤取代。

秧歌里的世界

——兼论民俗文献与中国社会史研究

我国的民间文化内容丰富，形式多样，源远流长，它是中华文化百花园中一块珍奇的宝地。民间文化的营养哺育了一代代中华儿女，以其特有的资质陶冶与重塑着民族性格。秧歌更是这块宝地中一株瑰丽的奇葩。

秧歌的起源，缺乏确切的考证。有传说认为是宋朝苏东坡治定州时，为在水田中辛苦插秧的农民编唱的歌曲。日久流传，秧歌因此得名，并成为下层民众喜闻乐见的艺术形式。而且随着秧歌的流变，其艺术内涵愈加丰富，逐渐从小戏发展成配乐的正式戏曲。[①] 还有起源于后唐或明清等传说。秧歌在山西获得了生存的沃土，并且由于区域环境的原因，形成了多种风格、不同类别的秧歌。将要作为本文研究对象的，就是以山西中部祁县、太谷等地为中心的独具特色的秧歌系统，即祁太秧歌。

一　祁太秧歌与晋中乡土社会

祁太秧歌在晋中盆地的盛行有艺术发展规律和社会生活状况两方面的原因。一方面晚明正统以后，地方小曲（亦称时曲或俗曲）兴盛，晋中盆地已经流行着民间艺人口编传唱的小曲。这些小曲如《高老庄》《小二姐拜媒》《一块铜》《闹五更》《演纣》《并蒂莲》等保留至今。另一方面更重要的原因，宋代以后尤其是清代和民国时期地方社会民间活动增

---

① 李景汉编：《定县社会概况调查》，中国人民大学出版社 1986 年版，第 336 页。

多,推动了祁太秧歌的兴盛繁荣。在宋代,民间就把街头歌舞娱乐活动称为"闹秧歌"。明代以后,晋中地区的节日习俗更为热烈。每逢年节,民间的"闹社火"有龙灯、旱船、背棍、高跷、吹唱等多种表演,将舞蹈与吹唱结合起来,这就是祁太秧歌的最初形式。民间娱乐活动的兴盛是由于晋中地区经济的繁荣。清代与民国时期,晋中地区的商业活动辐射全国。地方活动繁荣的一个重要表现是商品交换的频繁,在晋中地区,则表现出商业市集与娱乐活动交融的特色。春节期间,"各商行扮演抬阁马社,次日集县衙听点,及期以次前导,各官盛陈仪卫,迎春于东郊","村民于里庙祀神演剧,四乡商贾以百货至。交易杂遝,终日而罢者为小会,赁房列肆裘绮珍玩,经旬匝月而市者为大会,城乡岁会凡五十五"。①在节日通常都会"悬花灯""放烟火弦歌彻夜",同时"货物杂集远近游人争相贸易"。② 可见娱乐游艺与商业风气之盛。

祁太秧歌是在清代道光之后走向成熟的,表现在以下几个方面。第一,剧目大量涌现,题材丰富多彩。通过中华人民共和国成立以来对祁太秧歌剧本的挖掘整理,已知祁太秧歌传统剧目有三百三四十个,其中将近二百八十个是1875年至1948年间的作品。就体裁来看,戏曲占绝大多数,还包括一部分小曲、杂说和歌舞。秧歌剧本所表现的内容可谓丰富,充分展示了清末和民国的晋中民俗与社会生活。打开这一晋中民俗风情画的长卷,我们不妨参照著名民俗学家乌丙安对民俗的分类,③ 对祁太秧歌的内容作一大致分类。

1. 经济类。此类主要包括物质生产方面、交易运输方面和消费生活方面,其中消费生活又包含了服饰、饮食和居住等内容。从祁太秧歌剧本中可以看出晋中农村商业气息浓厚,经商意识强烈,日常生活多姿多彩。从清代到民国,不同性别、年龄、职业的服饰各不相同,并且共同体现了服饰的变迁;饮食和居住方面则变化不大,表现出浓郁的晋中特色和乡土气息。

2. 社会类。这一类又包括四个方面:家族亲族、乡里社会、个人生

---

① (民国)《太谷县志》卷四,礼俗,六。

② (光绪)《祁县志》卷四,风俗,二。

③ 参见乌丙安《中国民俗学》,辽宁大学出版社1985年版。

活礼仪与婚姻。应该说，剧本中反映出的农民家族意识并不十分强烈，血缘、亲缘结成的乡土社会里没有像华南社会那样浓厚的宗族意识，存在较多的倒是乡土意识。其实这二者在晋中农村表现出了融合性，乡村、邻里关系常与血缘、姻缘关系交织并存。较多的是有关家庭生活的内容，尤其是商人家庭状况有较强的特色。关于个人生活礼仪方面，祁太秧歌中表现出重生死的意识，表现婚葬的内容较多，尤其体现出农民对世俗生活的关注和热情。表现婚姻的内容在剧本中占据了较大的分量，比如多种婚姻形式：买卖婚、交换婚、招养婚、童养婚、典妻婚等存在，关于离婚（休妻）的话题与媒妁之言的乡俗约定等。可以说，这部分内容是祁太秧歌表现出的有特色的晋中地方社会状况。

3. 信仰类。晋中农村的信仰形态主要是祖灵信仰和多神崇拜，迷信的主要手段是占卜和祭祀，但这种信仰活动又表现出强烈的世俗目的，因此，信仰习俗通常是与岁时节日紧密联系的。包括一些农事节日、纪念节日、社交游乐节日都能体现出广泛而具功利性的民间信仰特征。

4. 游艺类。祁太秧歌剧本中对于这类内容表现最多的当数民间歌舞活动，特别是秧歌本身。剧本中大量保存了清代和民国著名秧歌艺人与剧目名，表现出晋中乡土社会对这种最具地方特色的文艺形式的热情。

祁太秧歌发展成熟的第二个表现是演出班社的组建和活动形式的多样化。晋中各县村落密集，许多村庄自己就可以组织起来闹秧歌，因此秧歌活动多为自发进行。生活在社会最底层的乡民是秧歌活动最直接、最广大的源泉，他们对秧歌活动的热情使秧歌班社最早都以业余班社的形式出现。祁太秧歌业余班社在清末涌现了一大批，仅成立于光绪十余年间的就有：南沙河社、同乐社（北阳村）、田乐社、三和社、侯城秧歌社、同乐社（桃园堡）、义和社、群乐社、同乐社（北沙河村）和贾家堡社。此外还有宣统元年（1909）成立的乐堡社和民国二十一年（1932）的上庄社。①

业余秧歌班社的涌现和晋中商业繁荣、"票号"兴盛恰为同步，的确证明了经济对于民间文化活动的推动。这些业余秧歌班社，有一部分聘

---

① 郭齐文等编：《山西地方志（增刊）：太谷秧歌》，山西地方志编委会，1987 年，第 92—93 页。

请著名秧歌艺人施教，但相当一部分班社不请教师，自学自乐，排练演出。班社成立后几乎每年都有演出，除了官方查禁偶有停演外，清末以来几十年，秧歌活动在乡土社会的精神生活方面占据了至高无上的地位。

民国年间，祁太秧歌的专业演出团体出现。第一个专业团体是成立于民国八、九年间（1919—1920年）的"风搅雪班"，班址在太谷，但只存在了一年。到民国十一、十二年（1922—1923年），太原人李珍贵又成立"风搅雪班"，演出晋剧和秧歌，有不少秧歌艺人在这个班社参加演出。这个班社也只存在了二年。民国十五、十六年（1926—1927年），一帮榆次人聘请"风搅雪班"的著名艺人，在榆次设立了"双梨园班"，演出晋剧和秧歌戏。这个班社名角云集、制度严格，活跃于晋中十余县，极少有停演的时候，直到由于时局紧张而解散。此后直至中华人民共和国成立前，再也没有秧歌班社存在过。① 中华人民共和国成立后秧歌演出复苏，至今不少传统剧目仍在演出，并广受欢迎。

秧歌之所以在晋中民间有如此深厚的乡土基础，最主要的原因在于民众的参与。在业余班社的组建过程中晋中民众表现出极大的"闹票儿"热情，即自立"票社"（又叫"自乐班"），发展出介于民歌和舞台表演之间的新的表演形式。秧歌票友无疑来源于晋中农村社会下层民众，也有一些富裕商人参与进来。票社兴起在清末光绪年间，是祁太地区商业最为繁盛的时候。其动因主要是一些商号内爱好秧歌的年轻人在业余时间自动组织起来，学唱戏曲。就是这种对于乡土艺术的痴迷使"票社"在晋中一带存在了几十年，甚至在时局较严峻的时候也不曾完全中断，一直持续到1949年以后。"票社"的存在完全出于乡民自发，一切行头、经济来源均没有东家扶持，票友中有造诣精深的秧歌爱好者，他们甚至被职业演员拜为老师。② 祁太秧歌如此顽强的生命力，可见它与乡土社会结合的紧密程度。其实，不论是业余班社还是职业班社，乡民对于秧歌的依恋和支持，才是这种艺术形式存活的真正原因。

在这一部分，我们还希望着力探讨秧歌作为一种文艺形式与乡土社

---

① 郭齐文等编：《山西地方志（增刊）：太谷秧歌》，山西地方志编委会，1987年，第89—90页。

② 《祁县文史资料》（第二辑），政协郭县文史资料委员会1986年，第88页。

会的结合状况，从而体现出祁太秧歌作为晋中地区社会乡土意识之文本的价值。

前面对于祁太秧歌的价值已经大致说明了：祁太秧歌产生于晋中地区，它是乡土社会农事活动和经济社会繁荣的产物。全部的秧歌艺人，都是活跃在晋中地区的民众，由农民、小手工业者、小商贩、落魄的下层知识分子，也有一部分颇有资本的商人和弃商从艺的中下层民众。祁太秧歌"闹票儿"的民众范围之广，是其他艺术形式所罕见的。每年正月，晋中乡村几乎村村闹秧歌，有班社的村庄自己组织演出；没班社的村庄也要从外村请进秧歌班，秧歌演出一般同社火活动一起进行，更增加节庆气氛。祁太秧歌在晋中的普及程度是极高的。例如光绪十年间太谷大王堡村成立的业余秧歌班社或群乐社就规定"全村每户必有一人参加秧歌社的活动"，[①] 因此，如果说无论男女老少都能哼几支秧歌曲调，那是毫不足怪的。

从秧歌活动的经费来源看，大致有以下几种形式：1. 在本村内部募化。或给钱，或给米面，多少不等，视各户经济情况而定；2. 直接到村内富户人家演唱。这种活动在晋中农村较为普遍，并且一般不会遭到拒绝或冷落，秧歌演出的乡土象征意义在这里体现为"送喜"或"送福"，因此除了招待吃喝外，还能得到一些钱；3. 村中商号捐款。祁太秧歌的兴盛的确离不开地方经济的繁荣。有了雄厚的经济实力，民众的文化生活和精神享受自然有较高的要求。因此晋中票号最为发达的时期（清末、民国），也就是祁太秧歌魅力最为充分的时期。4. 正月十五到新娶媳妇的人家化装演出，赚喜钱。晋中乡俗重婚丧大礼，赚喜钱不失为又吉庆又得实惠的方式。5. 秧歌班"保秋"所得报酬。农业生产仍是晋中社会的根本，"保秋"对各村来说都是极为重要的农事，秧歌班社在秋收期间的演出，既为庆祝丰收，又可起到看护秋收成果的作用。6. 外村演出赏赐。外出演出不完全是为了经济利益。晋中地区村落聚集，村落之间的日常交往是存在的，因此凡有秧歌的村庄，每年依例会给有交往的村庄演出，名曰"交社"。这种演出由本村蒸馍送饭，白唱一天。它体现了较少功利

---

① 郭齐文等编：《山西地方志（增刊）：太谷秧歌》，山西地方志编委会，1987 年，第 93 页。

性质的乡民生活状态。对于没有交往的村庄想唱，则先请帖，待同意之后，由邀请方支付食宿开支，情况好些的多给些报酬。可以看出，所得的经费，全部来自于乡土社会自身，它的用途不过是开支化装费用、购置行头服装，作为秧歌班的公有财产。因此秧歌经费的流动区域完全是在底层社会内部的。

再来看与秧歌班的结社和演出相关的祭祀仪式。秧歌班的结社仪式是严肃而神圣的，承班之始，班主备酒席与参加者共饮，凡受酒者，必须在班社参加到底。乡民有谚谣曰："喝了秧歌社的酒，死了人也不能走"，这体现了下层社会民众对于"忠诚不贰"伦理准则的理解。在开班的第一天，班主给每人准备一根麻糖，一碗油茶，并立有"点灯不到，罚油四两"的规矩。① 秧歌班社的结社仪式显示出某种秘密结社的意味，其实仪式本身或许就说明了在乡民的意识里，越是庄重肃穆而带有神秘色彩的仪式，才越能激发起民众心里对该活动的"事业"感和服从心理。

秧歌的演出仪式是颇为隆重的。秧歌活动初期，只在街头演出。正月初一在本村"亮台"，叫"迎喜神"；然后给"三官棚"演出，叫"消社社"。本村活动结束后，到外村演出时，迎送仪式是最值得一提的。出村前，演员一律化装，有一领头人，称为"挑帅"，身穿青衣，打"三花脸"，戴刀尖帽，黑髯口。左手摇"响花"，右手执"令箭"。三声铁炮响过，秧歌队出发。到对方村口，也是三声铁炮恭迎，村里的主持人身穿长袍马褂，头戴礼帽，手执"香火"，相见一揖，迎接进村。围观的乡民经常拥塞街巷，演出期间锣鼓喧天，十分热闹。如此隆重的迎送仪式证明了秧歌活动在乡民心目中是占据了极重的分量的，仪式本身就是乡民意识中的文化象征符号，也是晋中民间社会最具代表性的乡土意识的表现。

在今天晋中地区许多村落里还保存有清末和民国时期乡村秧歌剧演出的戏台。戏台的舞台题壁为我们留下了大量当年秧歌班社演出的证据。我们来看几则：

---

① 郭齐文等编：《山西地方志（增刊）：太谷秧歌》，山西地方志编委会，1987 年，第 94 页。

清徐尧城村舞台题壁

光绪十四年四月初八、九、十、十一日

太谷祁县喜乐社在此一乐也

三盏灯在此

太原古城营舞台题壁

光绪二十三年七月十一、十二、十三日

祁邑全胜社在此一乐也

箱班主太谷锦梨园

承事人　张立人

下庄村舞台题壁

民国三十四年正月十三日本村社火开演

葫油每斤壹佰元　白面每斤伍拾元

羊肉每斤陆拾元米麦绿豆　每石壹仟肆佰元

民国三十四年七月廿三日

太谷上庄、下庄、西炉三村合班

庆贺河神开演

此年粮价太大

麦子 112 仟元　小米 115 仟元　白面 115 仟元①

这些舞台题壁通常记录着演出时向、原因、班社，名角剧目、负责人，甚至演出开销和当时物价情况。在乡民眼中，演剧具有神圣和世俗的双重意义，且世俗的意味更多些，秧歌演出有时是为"庆贺河神开演"，但大多数还是为节日的社火娱乐。秧歌名角如"三盏灯""大要命""活要命""娃娃生""蛤蟆丑"等如此具有乡土气息的艺名充分显示了祁太秧歌的乡土本质。

以上说明和分析或许给人留下一种印象：祁太秧歌纯粹代表了晋中

---

① 郭齐文等编：《山西地方志（增刊）：太谷秧歌》，山西地方志编委会，1987 年，第102—106 页。

地区乡土意识中的狂欢精神。其实不然,我在这里仍然要强调这种乡村娱乐形式的教化功能。正如封建政府对于祭祀坛庙所寄予的希望那样:"古者神道设教,非独如祭法所云,亦有囿民之微意焉"①,同样以戏台的搭建为例,我们从中可以体会一种目上而下的教化渗透。在道光六年的《阳邑净信寺独修戏楼碑》碑文中,我们可知"六社纠首"公立了此碑,碑中赞扬"诰授中宪大夫侯铨同知加二级大经杜公"与其侄"慷慨出资,情愿独修"的义举,特别表达了"造桥有贵显之报,修途来科甲之荣",杜公因此义举,"活报已征于今日":他的子孙科甲及第者多人。在嘉庆七年的太谷东怀远戏台壁碑里,也特指明了"纠首郝光智……等经理重修移建戏楼"。② 关于祁太秧歌的教化功能将在后面的文本分析中详谈,此处从略。

二 文本分析

据多年从事地方文艺宣传和整理的工作者统计,祁太秧歌现存剧目大约有三百多个,除去 1949 年以后的现代戏和移植改编的传统剧以外,大部分是 1875—1949 年间的剧目,虽然缺乏精确的统计,其数也有两三百个之多。我们经过长期的田野访查,搜集到 171 个祁太秧歌剧本与剧本摘段。这些资料基本包括了清末民国时期有影响的秧歌剧目,具有广泛的代表性和较高的研究价值。在这里我们将以这 171 个秧歌剧本及摘段作为研究对象,探讨清末与民国时期晋中地区的乡土意识与社会生活。

应该肯定,以这些田野调查搜集到的祁太秧歌剧本作为民俗文献阐释的文本是具有独特价值的。这些剧本全部来自民间,文字质朴甚至粗俗,地方色彩极为浓郁,极少精英分子加工修饰的痕迹,正是这个特点使它无疑成为研究民众思想和乡土意识的最佳资料。唯祁太秧歌剧目繁多,内容丰富。这里仅选取几个例子略作素描。

---

① (乾隆)《太谷县志》卷二,坛庙,一。
② 郭齐文等编:《山西地方志(增刊):太谷秧歌》,山西地方志编委会,1987 年,第98—100 页。

（一）恋爱与婚姻：浪漫主义与现实主义的合奏

按照清末民国时期晋中地区的婚俗，女孩子到 13 岁就算成人可以出嫁了。一般婚姻年龄不会超过 20 岁。祁太秧歌中表现较多的是"16 岁了还未寻下婆家"或"17 岁到你家"之类的叙述，充分证明了晋中农村早婚之盛。那么对于这些将要成家的年轻人，他（她）们心里存在不存在一定的择偶标准呢？在不少剧目中女方都明确表示："不爱富贵爱人品，爱你忠厚老实人"（《卖菜》），"知心合意嫁个受苦人"（《寺中缘》），而小伙子对于姑娘的要求却糅进了对美的审评："头发长的黑黑的，眉眼、身上白白的，个儿大大的"，尤其是"足巴儿（即脚）小小的，陪嫁多多的，彩礼少少的"，以及"性格温存"（《钉锅》《游花园》）。

对于恋爱的美丽想象也表现在秧歌中，《王三小儿求妻》典型地证明了这一点。故事讲 18 岁的王三小儿到观音庙焚香求妻，因为他"闻说此地有个观音庙，他老人家确实灵验，求风是风，求雨是雨，求男是男，求女是女"。恰好一位仙女来这里求夫，两人互生爱慕之情，于是相随回家成亲去了。另外一个故事《刘三推车》虽然并不涉及恋爱婚姻，但刘三与仙女一夜相偕观灯，情投意合，却也是个美丽的经历。《小二姐梦梦》则以梦境充分表现了一位十七八岁的闺阁姑娘思嫁的心情和对美好婚姻的向往。对美好爱情的向往使秧歌剧中诸如《游湖送伞》《梁祝》等传统故事常演不衰，也受到乡民的欢迎。

对于已订婚的未婚夫妻，一般来讲是不允许私自会面的。但秧歌剧中表现了许多大胆的年轻人冲破这禁令，《拜年》中未婚的女婿来看望未婚妻，双方互相诉说对未来的期望。《送粽粽》中的女主人公瞒着父母到书馆给未婚夫送粽子，并劝他戒掉烟毒。但有关恋爱的故事中反映最多的是私订婚约的故事，这不能不引起笔者的兴趣。

这类故事发生的场景多是在街头巷尾家门附近或田间劳作过程中。创作于民国十年前后的《缉草帽》讲述的是收草帽的买卖人和姑娘在交易过程中产生爱情的故事；还有富家姑娘爱上了住在自家的长工（《四保儿上工》）的故事；《剂白菜》和《拣麦根》都讲述的是男女主人公在劳作中自订婚约的事情。故事中对于爱情婚姻的宣言是如此地质朴直白：

观见买卖人好容貌，有心与他姻缘配……（《缉草帽》）

小奴家，一十七，没啦寻下女婿子。

家里贫穷未娶妻，我们的青春年纪一十八岁。

听说哥哥你没娶妻，俺们的终身许给你。

你有心，奴有意，白菜地里就配夫妻……如今的半头奴儿自找男人。（《剂白菜》）

还有发生在后花园的爱情故事类型。赏花的姑娘与路过的学生互相爱慕，女方嘱咐年轻人尽快提亲（《游花园》）。可以说，秧歌戏中对于爱情的演绎远远不符合我们理解的封建礼教控制下的乡村社会。但秧歌剧作为乡土意识的阐释文本，我想应该小心地把它与真正的乡民生活拉开距离。或许正是这种大胆讽刺了封建礼教的爱情戏恰恰反映了深受封建礼教约束的乡民们对于自由美好爱情的向往。①

过去年轻人走向婚姻不是直截了当的，它需要媒人作为中介。晋中地区的乡民们严格遵守这一习俗。秧歌小曲词《小二姐拜媒》中小二姐央求媒婆给自己找婆家，并许诺"你与奴寻下好婆家，奴与你做一对红绣花鞋"。媒人往往通过牵红线获得类似的报酬。再如在《红砖》中，姑娘的母亲央求二婶为自己的女儿和儿子同时找对象："你去到大街市当个媒翁，找下媳妇儿俺去迎亲，找下女婿儿女娃子嫁出门。两件喜事都办好，全家人送你一件绸缎袄。"②

反映晋中乡村婚姻形式的剧目，在这里应提到《住长工招亲》，这是讲述一家富户将小长工为独生女儿招为夫婿的故事。姑娘一开始并不同意，多次申诉："小长工，什等人……不怕隔壁邻居笑话你们"，"这才是家败奴欺主，主配奴来礼不通"。但经过父亲的劝说最终妥协，同意了这门亲事。这个剧目的存在或许应作为一种"特例"来看，它不是普遍存

---

① 但笔者认为在实际生活中这样美丽的爱情故事是极虚无缥缈，甚或是根本不存在的。一般人家未出嫁的姑娘是不允许随意走出房门的，祁太秧歌中有不少反映私自出门向小贩购买胭脂之类物品却遭调戏的故事（如《卖胭脂》《卖芫荽》等）。

② 媒人在乡村生活中的作用并不是可有可无的，甚至媒人就是乡村婚姻伦理观念中道德与法律的象征，这种双重功能决定了"媒人"这一社会角色即使在边缘化的社会过程中也执行着一项不可或缺的"程序"功能。

在于晋中农村的婚姻形式，也许只是表现了最底层乡民对于通过改变地位的一种设想，与其说它表现婚姻，不如说它表达了社会底层民众对于等级社会秩序的自发朦胧的反抗。

分析婚姻，就不能不提在晋中农村存在的特殊婚姻结构：小女婿和童养媳。这两个特点在秧歌戏里都有反映。《小尿床》的女主人公自白道："今年奴十七明年奴十八，与奴家寻下个要娃娃。"她的小丈夫"先叫一声妻儿后叫一声娘"，这种畸形婚姻给主人公带来的痛苦真是无法言说。童养媳的产生多是由于贫穷，像另一位秧歌戏的女主人公叙述的那样："奴爹爹，命归阴，家留母女两口人……奴家里贫穷无吃用，奴妈妈与奴家把婆婆寻。"结果是"女婿儿今年二十五整，小奴家今年十三春"。男方极力说成这桩婚事："女婿儿来见老母亲，说他妈眼花两耳聋，避冬寒，不能动，做饭洗碗照门门，娶过了就当娃娃亦不差甚。"（《跟大嫂顶工》）但这种婚姻给女主人公带来的是精神和肉体上的双重痛苦。

反映夫妻之间关系的剧目在秧歌剧中所占比重较大。有许多夫妻争吵的闹剧，有的讲妻子给在地里劳作的丈夫送饭迟到，引起二人口角（《锄田》《割田》）；还有讲妻子赌钱误了丈夫的生意（《卖豆腐》），还有妻子苦口规劝丈夫扔掉赌博恶习、专心务农的剧目（《劝丈夫》）。反映夫妻感情的戏曲也不少，如《下河南》就讲述了一个夫妇分离的故事；更多的则是描写分别后妻子对丈夫的思念（如《闹五更》等）。①

然而也许更费笔墨的是表现婚外恋情的秧歌戏。乡土戏曲对不合伦理的婚外恋情戏表现出如此浓厚的兴趣，这实在是个有趣的话题。这些戏文一部分是写男主人公或经商或当兵而外出或对家庭缺乏关注，妻子同第三者有了感情，做出越轨的事情。《卖柴记》中商人的妻子与卖柴的伙计勾搭在一起，事泄后甚至杀死举报的证人；《做"搂肚肚"》里的商妇则是与寄住的房客产生了私情，为他做"搂肚肚"；男人当兵外出，妻子则给相好的做烟口袋（《做烟口袋》）。还有的偷情戏完全悖逆了世俗伦

---

① 民国之后，新式婚姻在乡村社会逐渐生根，文明婚姻成为新一代年轻人羡慕和模仿的对象。比如在《听新房》一剧中，主人的新婚哥嫂就是新式婚姻的结合物："他二人，自主婚，二人年纪不差什。他二人配了夫妻多么文明"，"回家来，日子订，然后就把客人请，娶过的新嫂嫂是毕业生"。

理，如新寡李氏与和尚私通，甚至不惜杀死自己的儿子（《杀子》）。在相好的伙计落难之后，这些"痴情"的有夫之妇竟能不顾世俗耻笑去关照情人（《探监》）。传统戏曲中的类似剧情也以秧歌戏的形式表现出来。如《挑帘》讲述的就是潘金莲与西门庆的故事。不难发现，婚外恋情戏中偷情的一方全是女主人公，而且我们能够看出，除了个别因偷情而杀人的戏曲外，大部分戏曲中对偷情的女主人公并不持激烈的批评态度，甚至我们能感觉到一丝温情。秧歌戏中传达出的这种意味非常重要，它是否透露出了在正统伦理教化之外乡村社会对于作为"感情弱者"的妇女的同情，甚至是潜存于乡土意识中的对于伦理教化的颠覆？[①]

有关恋爱婚姻的秧歌戏是祁太秧歌中数量最多的一部分内容，由于它贴近乡土生活，反映的是乡村社会的民众感情，因此最能抓住民众的心理。这也是祁太秧歌中较有特色的主题之一。

（二）家庭与伦理：难以捉摸的道德话题

婆媳关系恐怕是每一种地方小戏都乐于表现的主题。婆媳是人伦之常，祁太秧歌中有不少剧目表现了二者之间的感情纠葛。有一出著名的秧歌戏《安安送米》，讲述的是安安母被恶婆婆赶出，在姑姑家安身，安安在南学每日积攒小米，看望母亲的故事。安安向母亲数落祖母的不是，母亲却要他听祖母的话，做个孝顺的孩子。《蒸糕》讲婆婆责骂没有蒸好糕的儿媳，甚至和前来看望女儿的亲家公对骂。《扳牛角》一剧中牛角婆虐待前房儿媳，后经二叔和妯娌相劝方才悔悟。《登云休妻》中的康氏婆婆嫌弃儿媳，借故让儿子写休书，经小姑晓之以理，一家和好。还有《王公送女》讲述的是王公送在婆家受了委屈的女儿返回婆家。此类"婆媳戏"有以下几个特点：1. 婆婆无一例外是"恶婆婆"，剧中的媳妇则都是善良与服从的化身。2. 在冲突中充当正义代表的往往是小姑一类的人物，这种调解一般都还生效。3. 我们试图关注在婆媳冲突中儿子的表

---

① 当然，温和的批判是存在的，比如《探监》一戏中，一位有夫之妇和县协助员恋爱，这位协助员因贪污腐化等原因被收进看守所，女主人公坚决以表妹的名义去探监。在戏文接近结束的时候她唱道："大街上众家嫂嫂议论纷纷，她们在议论我程兰英……叫一声众嫂嫂休要笑人，尘世上打伙计不是我一人。"乡土规范对超越世俗伦理的感情仍然是宽容的。

现，发现戏中的儿子完全成了母亲压制妻子的工具。他们没有丝毫对母亲的违抗或劝解，更没有对妻子的安慰，而是提笔就写休书，结束自己与妻子的婚姻。在诸戏中，婆婆完全成为一个权威符号，她们可以堂而皇之地宣言：

> 千年的水道流成河，三十年的媳妇熬成婆。（《扳牛角》）

权威是资历的产物，媳妇面对这一强大无比的力量，完全没有反抗能力。

> 忽听得婆婆叫一声，吓得我胆战心又惊……小心谨慎上前庭。
> （《扳牛角》）
>
> 提起了婆婆吓掉人魂，这一回走了至死才来。（《王公送女》）

再来看一份写给妻子的休书：

> 一休贱人不孝母亲；二休贱人不处四邻；三休贱人打天骂地；四休贱人不和亲朋；五休贱人抛米撒面，六休贱人不敬鬼神，七休贱人多言多语；八休贱人恶病缠身；九休贱人不生不养；十休贱人不敬夫君。一张休约忙写起，双手交与老母亲。（《登云休妻》）①

婆婆、媳妇、儿子、小姑这四种形象实在是具有乡土象征意义的角色。他们之间的矛盾冲突和伦理纠葛是乡土意识最深入、最基本的伦理纠葛

---

① 祁太秧歌中有不少"离婚戏"。比如在著名的祁太秧歌剧《打冻漓》中，花庄的杨叶子在7岁时有媒人说合，父母包办许给一户人家，当她在14岁时偶然见到了未婚夫，对亲事不满，坚决要求媒人退了婚，杨叶子已经是受新式教育启蒙的姑娘了，她勇敢地说："割了得脑的，身子也不去"的誓言。但对于更为传统时代的婚姻来说，引起我们关注的是"休书"的意义。《登云休妻》等大多数剧目中都是男子遗弃妻子，写下休书，解除婚约。有意思的是有一出秧歌戏《朱买臣休妻》竟讲述了一个妻子不堪同丈夫再过贫穷生活，逼迫丈夫写下休书的故事。这位妻子说："一张休书拿在手，这才息了我的心，回得家去另改嫁，嫁一个风流好男人。"还有一对贫贱夫妻相互取笑，妻子对丈夫说："既这样就把休书写，写好休书我另嫁人。"（《王小儿砍柴》）可见休书是具有道德与法律双重意义的。

表现。乡民愿意在批判权威与压制的同时做到对伦理秩序的某种服从，最终达到矛盾消弭的大团圆结局。这或许是我们从"婆媳戏"中体会出的乡土伦理观。

如果把妻子的形象从"婆媳戏"的框架中解放出来，我们可以看出祁太秧歌戏中的"妻子"形象是多姿多彩的。她们有时是作为良善而且正义的形象出现的：当灾荒降临到缺少防灾能力的乡村社会时，往往是妻子做出最大牺牲——出卖自己，保全丈夫与孩子（《金全卖妻》）；当丈夫陷于危难时，从未迈出过乡土社会的妻子们则勇敢地走向上层政治权威，希求冤屈得伸，夫妻团圆（《二娘写状》）。

然而若寻求更具生活意味和家庭气息的妻子形象，不妨看一看秧歌戏中的"悍妻"与"恶妻"。《五秃儿闹洞房》讲述了家境优裕但肢体有残的五秃儿受到妻子的憎恶，经常遭到妻子的打骂，但后来妻子听众邻嫂之劝，与丈夫和好。剧中告诉我们妻子和五秃儿结合的原因："心里埋怨二老爹娘，为使换银钱害了奴家"，可以看出，贪财的父母看中了五秃儿的钱财，把女儿嫁了过去，那么对于这位妻子的"恶"也就可以理解了。还有两出"惧内戏"，一出讲王老大与他人打赌不怕老婆，但结果证明二人都是怕老婆的丈夫（《背板凳》）；另一出讲男主人公想进京赶考，惧怕老婆不同意，请来学友相劝的故事（《顶砖》）。这两出戏都有闹剧色彩，乡民可以在这种几分诙谐、几分夸张的夫妻戏中舒缓一下僵化的大脑，在与实际生活若即若离的乡土小戏中寻求自己对社会的诠释。

（三）对俗世的牵念：商人家庭写照

如前所述，祁太秧歌的兴盛是与晋中地区经济、商业的繁荣发达分不开的，尤其到了清光绪以后晋中地区的票号遍布全国，经商成为晋中乡民最为常见的生活方式，商业已成为民众生活中平常而最具特色的一部分内容。在祁太秧歌剧中我们经常可以看到这样的内容："……跑到祁县城，十字街里往西行，路北有个谦和成……"甚至在民众的婚恋观中也常常有这样的追求："寻下个买卖人才合奴的意"（《打冻漓》）；对婚姻不满会发出这样的抱怨："人伢的丈夫会做买卖，咱的丈夫就会受苦。"晋中商人的经营能力在秧歌中也有表现：

一办竹器河南省；二办磁器九江行；三办花布到山东；四办农货归化城；五办丝线上北京……

二爹娘在世豪富大，种的地来拴的车马，开的铺子入的东，祁县开的崇义公，平遥开的百川通……（《换碗》）

在秧歌中反映最多的仍是商人的家庭生活，尤其是在他们经商外出之后，他们的妻子与亲人的情况。

商人抛妻别子，离开家园，所担心的是妻子必将担负起一切家务："我去到外边做买卖，家园之事靠何人顾待""我去到天北二京做买卖，亲戚朋友来了叫谁顾待。"（《送行》）妻子揪心的则是丈夫另有新欢、移情别恋："怕的是你去了河南再娶妻……忘了恩爱把奴遗。"于是妻子往往让丈夫将自己的期望与思念随时带在身边："妻儿送你两包笔，一包给你写书信，一包给你学诗文……这一把扇子交与你，想起为妻把扇启。"（《下河南》）离别之后留给妻子的是绵绵无尽的思念，虽然断不了有丈夫寄回的书信和财物，但对于家庭生活的渴望却是无法补偿的："珍珠玛瑙奴不爱，倒不如你回来走一遭。""赚多赚少你回来吧，养上个孩子比咧强。"甚至由念生恨："出外的人儿他把良心丧，三年守寡二年半"，"受苦人比买卖人强，半年辛苦半年闲"（《闹五更》）。妻子们实在厌倦了商妇的生活。①

实际生活中的商人家庭不可能只是痛苦而浪漫的思念，于是有了更多的世俗生活中的故事。哥哥出外做买卖，对于在家的弟弟自然要担负起兄长的责任来："我哥哥捎回一封信，信上写的十两银，五两叫我安家舍，五两叫我做本银。"这样兄弟也有了生活能力（《缉草帽》）。作为一家之主的父亲，虽然远离儿女却也要为他们的生活操心："男人贸易不在家，家业之事全靠咱……昨日他父捎回书信一封，叫与二不愣订亲。"（《四骗》）②

---

① 有一小戏表现一位商妇牵挂外出开当铺的男人，请到一个不学无术的算命先生为丈夫算卦。这首题为《算命》的秧歌戏说明了经商在外是存在相当风险的。

② 对于生意不太成功的商人，他的家庭恐怕就有些困窘。比如《捡麦根》的女主人公讲道："奴的爹爹走关东，三年未捎一两银，无有度用"，"奴家母亲心不顺，躺在床上不能动，是个病人"，这样，这位姑娘只好自己操心自己的婚姻大事。终于她在捡麦根时认识了一位年轻人，订下了婚约。

商人家庭也有普通人家容易上演的"继母戏"。而且由于晋中的商人行商较多,这类秧歌戏中继母的演出空间似乎也就更大。爹爹贸易在外,李三娘受继母虐待,经常去梨花山挑水,她悲苦地倾诉道:"我爹爹贸易不在家,后继母每日苦打咱","奴家今年二十三,继母不给配夫男"(《梨花山挑水》)。如此一个大龄姑娘在远离父亲的生活里该是多么悲惨。更有甚者,《烙碗计》中的继母为了独霸商贩丈夫的家产,对威胁到她的利益的前房子侄下毒手。当然这类故事的结局往往都是传统戏曲共有的大团圆模式,表达了乡土文化对于真善美的追求和对未来生活的宿命式的祈祷。① 最引人注意、也是数量较多的商人戏是有关商人妻子婚外恋的故事。这类故事中,有的是女主人公不满意有钱却不称心的丈夫,于是背着家人,赠送金簪送情人去北京(《上北京》),可以看出这类女主人公对感情的追求是占相当地位的。但大多数商人家庭的偷情戏都是女主人公感情寂寞的产物。比如《做凉袜》的女主人公就是丈夫走关东,把她寄住在太谷的北……村,这位妻子在北……村找到了自己的情人,"白天里做饭洗衣裳,到夜晚做伴在一搭"。《做搂肚肚》中的女主人公情况和这出戏大致相似,还有《改良奶娃娃》中的妻子,也是"他在外,妻在家",从而产生了感情转移。② 这几位女主人公都风华正茂:"奴家的男当家的走南京,留下了女当家的太年青"(《做凉袜》),她们对情人的感情也是质朴真实,没有虚饰,她们真诚地为情人着想,甚至劝他们放弃不良习气:"这两天,整村范,县里的巡警常不断,恐怕把哥哥坐了'模范'③ ……劝哥哥以后莫要钱"。在这些故事中,作为丈夫的商人都隐而不见。秧歌戏似乎无意表现一种感情纠葛,甚至似乎毫不打算去设想如

---

① 乡土小戏中的"继母情节"是一个很有意思的话题。在祁太秧歌剧本中,我们没有看到正面形象的继母,一般继母总是专横、贪欲与狠毒的象征,她们的结局也总是受到惩罚,得到应有的报应这一点。祁太秧歌与民间文化同一主题的模式是基本相同的。

② 值得一提的是,在祁太秧歌的商人戏中,"寄住"是种较为普遍的现象。有的是长辈外出经商,把晚辈寄住一地或招来寄住的客户,使她们生活多一点依靠与帮助:"家住太谷在胡村,寄住在堡子里村当中","奴爷爷,走北京,家留女儿两口人"(《扣麦地》);有的是丈夫外出,担心妻子无人照应,将妻子寄住他户或用自家空房招纳房客,如"奴家的男儿走关东,把奴家寄住在北洮村"(《做凉袜》);"奴男儿。走关东,家中留奴独自己……奴院里住的个姓王的"(《做搂肚肚》)。

③ 即阎锡山整理村范时期所设的"模范监狱"。

果经商的丈夫回家，会发生什么冲突（实际上，在祁太秧歌中笔者没有发现一例这样的剧目），乡民们或许只是在欣赏可以被世俗接纳的感情越轨。尽管这不一定完全表现了晋中地区乡村社会的婚姻真实，但可以肯定，起码在乡土意识中是存在对这种越轨的理解的。①

在民间的理解中，商人对财富的占有并不能使他们成为乡土社会中的"精英"。像《小寡妇上坟》中，那位 18 岁就丧夫的商人妻子感叹的"有钱无势也是枉然"。这种"势"，实际是定位于乡土意识中对"世俗权力"的理解的。再来看这样一段对话：

> "他老子的可恶。"
> "什可恶哩？"
> "自幼儿在北京，做的买卖领的东，接官迎富跑衙门，走衙门脱熟红，俩开二指宽的个帖帖，叫三班衙役把你捉拿，捉拿的堂上，进去一问，不管有理没理，就是啪啪啪三十大板，一面枷……俺们可惹不起呀。"

可以肯定，这样的商人才是乡民眼中的"能人"。在晋中这样一个经济发达、商业行为频繁的地区，乡土意识中对封建权势定位的优越也是根深蒂固的。

虽然由于晋中商业的发达，乡土意识中没有明显的"抑商"情结和"无商不奸"的偏见，但我们偶尔也能看到讽刺商人的小戏。《当板箱》讲述的就是这样一个故事：当铺李掌柜在街上调戏花郎之妻，受辱的妻子和丈夫设下一计，由妻子将李掌柜引至家中，这时丈夫佯装从外归来，李掌柜情急之中被藏入板箱内，丈夫又佯装不知，将板箱抬至李掌柜的当铺内，开价三百两白银。然后故意走开片刻，板箱内的李掌柜只好呼叫伙计如数付银。夫妻得银，欢喜而去。我们发现，这种讽刺戏的对象

---

① 在所见到的秧歌剧本中，确有表现商人回家情景的《算账》中，主人公张三经商 8 年回家，见家境穷困，怀疑妻子浪费银钱，与妻子算账。妻子将收支核算无误，丈夫终于得知这些年来妻子勤俭节约，艰苦度日，于是向妻子认错，夫妻和好。还有一出是根据传统剧目改编的，女主人公被婶娘嫁祸与人私通，在四川贩马的丈夫回来后误认为妻子不忠，休妻绝情。在岳父和妻子说明原因之后，丈夫对表面情况产生怀疑，决心一探实情（《周文送女》）。

仅限于当商，票商或其他行商未见成为嘲弄的靶子。或许是因为当商赚的是本土乡亲的血汗钱，所以才受到乡土意识的讥讽与打击。

（四）烟与赌：晋中社会的"恶之花"

随着晋中地区商业的兴盛，民间的奢侈享乐之风渐盛，清末晋商发展到鼎盛阶段，开始出现衰败势头之时，乡村吸鸦片烟和赌博逐渐有流行之势，而且此后几十年间这股风气愈演愈烈，渗透进晋中的风俗与日常生活中。因此在祁太秧歌中涉及这个主题的小戏并不鲜见。

最令人震惊的是烟赌二祸在晋中乡村的渗透力，它们已完全成为一种娱乐休闲甚至待客摆设的时尚。而远远不被认为应该警惕禁绝、阻挡于乡村社会之外的洪水猛兽。早期祁太秧歌中存留的《踩街秧歌即兴词》唱到："咸丰登基十一年，口里口外种洋烟"，说明在19世纪中期，山西种植烟草就已经很普遍了。再看清末民国时期晋中乡民的日常生活：一位怀孕的妻子想吃南瓜，却无钱买，在瓜园里偷南瓜时被看瓜老人抓住，在她羞怯的解释中有一句是："奴家男人不在家，赌博场里把钱耍。"（《偷南瓜》）还有一位妻子因为沉浸于赌钱忘记了丈夫的嘱咐而耽误了生意（《卖豆腐》）；又有一位丈夫迷恋赌牌，半夜不归，为躲避妻子的寻找甚至钻进狗窝里，他的妻子怒斥他对家庭的漠然："白天里假装病炕上睡觉，黑夜间上赌场不顾家贫。"（《踢银灯》）另一方面，当客人被主人引进家门，获得的招待往往同《缉草帽》中的小贩受到的待遇一样："进门来与姐姐把坐打，吃上袋旱烟喝上杯茶。"还有像《换碗》中那样夸张的要求："洋烟扦子要一根，梅花片和籾棍棍，一粒金丹一万根两瓶瓶，一钵子洋烟整半斤，一布袋金单一万根……"姑娘送给情人的小物件，往往就是一只烟口袋："吃纸烟，太的贵，价钱涨的没底子，做一个烟口袋使用烟锅子。"（《做烟口袋》）甚至一位男主人公公然表示爱吃烟的决心，他如数家珍地一口气报上二三十种香烟名：

> 云南烟，福建烟，大小金川千片烟，湖南烟，四川烟，衡州出的寿育烟。
>
> 广东烟，广西烟，佛山出的好香烟，代州烟，大同烟，雁门出的玉兰烟。

曲沃烟，太平烟，绛州出的联和烟，山东烟，甘肃烟，兰州出的好水烟。

大板烟，小板烟，朱仙镇的元隆烟，细丝烟，金秋烟，江西出的浦城烟。

周口烟，河北烟，济宁出的黑香烟……（《爱吃烟》）

对于烟赌之害，秧歌戏中的乡民是有真切认识的。对于各职业的损害："读书人教会把赌玩，误了今科中状元。买卖人们学会赌，误了生意少赚钱。种地人们学会赌，误了耕种少打粮。"（《小儿盘道》）对于家庭和身心带来的损害："二爹娘在世时家业豪富，先教会抽洋烟后教会要钱。二爹娘下世去未过三年，把一份好家业全然弄干"（《四骗》）；"为人教会吃洋烟，先卖地来后拆院，披毛单，裹毡片……这就是吃金丹累了身冠。""人们教会吸金丹，要想倒霉不作难，多熏丹，少吃饭……抱上个沙锅儿讨吃要饭。""没钱了打发女人卖小子，再无钱，偷人的，逮住送在模范监。"（《改良奶娃娃》）①

在这种清醒的认识下，才有《踢银灯》中那位勇敢的妻子，将赌牌的丈夫从狗窝中打出，踢倒银灯，搅散牌场，力劝丈夫戒掉不良习惯。然而最见效的恐怕还是强制性的禁烟与禁赌。这是在民国之后的事了。张二姐被家人送入戒烟局，她讲道："中华民国断金丹，这两天各村登记烟民。"（《女戒金丹》）还有诸如"中华民国整理村范，先禁赌博后断丹"（《改良奶娃娃》）。但是，我们没有发现反映禁烟效果的剧目，相反，倒是上面引述的《女戒金丹》的主人公在戒烟局度过一星期后，"戒烟局讨保回家里，进门来赶紧找家具，好金丹熏一气，熏上金丹提住气，戒烟局一星期真憋气，戒烟局总不像家里舒气"。这是多么滑稽的结局！

（五）传统与颠覆：乡土意识中的职业观

虽然秧歌戏中没有明确提出"士农工商"的划分，但这种意识是存在的，而且晋中乡民们对职业的分类和等级有自己的看法：

---

① 同时乡民们还认识到进口毒品的危害，正如《换碗》中唱的："宣统爷爷把基登，山西的洋烟不叫种；外国的金丹来得涌，来到山西要害人，害死多少年青人！"

庄户人儿把地刨……一年的庄稼作物好，打下的粮食吃不了。

富豪之家把书攻，十年寒窗苦用功，会进士，中举人，皇上开科点了名，一年一年官高升。

买卖人，迟睡早起苦经营，今日西，明日东，赚下钱儿捎家中。

手艺人，来来往往大街中，东家进，西家出，每日起来去做工，捎种的几亩地还是好收成。(《劝丈夫》)

这出清代小戏中表达的晋中乡土社会的职业观是意味深长的。不是"士"而是"农"是晋中地区最基本的职业构成，它是居首位的。对于"士"，乡民们将它定位于"富豪人家"之上。一方面，衣食无忧生活宽裕的人家才能有余力供子弟读书上进；另一方面，虽然乡村社会商业繁盛，商人阶层兴起，但并不能使经商突破传统伦理成为社会职业的追求，富有家庭的子弟仍然需要"寒窗苦用功"才能求得功名，获得官职。居于第三位的"买卖人"或许应该是晋中社会普遍存在的中小资本的行商。至于"工"阶层即"手艺人"，一般是"工""农"兼务的。那么我们得到的晋中乡村社会阶层图景是这样的：具有传统社会的共性——以农为本，追求仕宦。同时，又有颇具地方特色的工商职业者。①

说到"买卖人"与"手艺人"，祁太秧歌中有大量表现这类乡俗文化的小戏。村落小巷常走动的，是换花布的、卖洋烟的、钉锅的、推小车的（载物或人），固定摊铺在集市上常见卖药的、算卦的、卖艺的、要把戏的，比较多的是商铺：当铺、钱铺、饭铺、酒馆、鞋铺、估衣铺……晋中乡村管雇工和务农者称作"受苦人"。晋中乡村还有一种"卖高底"的职业，这一现象引起了我们的兴趣。由于清代女子绣鞋需用"高底儿"，包括各种类型——高底，木底，大底，小底，扁底等，由此形成了做高底的工匠和卖高底的小贩，《卖高底》一戏就反映了这样一种社会生活。

在诸职业中，乡民有对下贱职业的看法，《小顶嘴》杂说词中就列举

---

① 应该注意，这个顺序并不绝对表示乡间对于这四类职业的尊崇等次。或许它表示了乡民对于这四种谋生手段的可靠程度的评判？

了打莲花落的，做厨工、奶娃娃、老鸨儿和乞丐。其实"打莲花落的"或许就泛指乐人。乡下人对乐人、吹鼓手之类是鄙视的。《王三小儿求妻》中，男主人公在观音庙偶遇仙女，说到"当初一日不及第，我与人家冬冬捣鼓去"。仙女立即打消了与王三小儿交朋友的念头："你与人家捣鼓，不是王八，便是个戏子，我不要你了，不要你了。"当王三小儿解释不过是村里闹秧歌他帮助了几下，这才消除了一个小误会。其实，做媒在乡村社会也是一种职业，《打冻漓》中那位七岁幼女的媒人这样介绍他自己："我的名儿电叫个列理，吹打、管媒捎带种地……我要走去，还要到事筵上去吹咪咪。"① 做媒与乐人相并列，足见其地位之低。

值得一提的是儒生这一社会角色在乡土社会中的地位。传统社会赋予这一阶层以社会特权，正如《古董借妻》中表现的那样：二人发生诉讼，争执到官衙，执法者问其一人："上得堂来，为何立而不跪？"得到的回答是："小生我是生员，爨门秀才。"这位执法者爽快地讲道："咻你就站着讲吧！"特权的诱惑，不仅在于它可以借以获得经济利益，还在于它能为占有者带来地位上的优越感，所以成为社会成员追求的人生目标。正如一位妻子劝丈夫去书馆做文章时说的那样："有朝一日高中了，笙吹鼓打来把奴家搬，亲戚朋友来道喜，丈夫你的体面妻儿奴的好看。"（《拜年》）乡间普通人家子弟对人生的选择也基本上是这样的顺序："二老爹娘把你生，送你南学把书攻。念书念了十年整，字未识来书未通。买卖行中不能行，万般出在无其奈，拾掇起来把地种。"但同时，在祁太秧歌剧中我们也看到了这样一个儒生形象：一个不学无术的教书先生对一体面家庭的妻子心怀不良，最终遭到了戏弄与惩罚。《先生拉磨》这出戏有鲜明的闹剧色彩，但乡俗气息很浓，从一句"先生拉磨人笑话"的唱词中，我们能感受到传统精英文化沦丧，作为这种文化载体的地方精英人物所面临的困窘。正如这位倒霉的先生所唱的："我看这教学没有人用了。"这出戏本身对于传统乡村社会的秩序已经是一种颠覆。旧秩序与颠覆意向并存，反映出了乡土社会边缘化历程中的文化尴尬。

---

① "吹打"即吹鼓手、乐人。"吹咪咪"即吹唢呐。

三 "自下而上"与"本土化"的历史走向

应该说,新时期中国史学发展的突出表现之一是对西方史学的译介与运用。现代西方史学诸流派中实力较强而又对中国史学产生极大影响的是法国的年鉴学派。在1929年吕西安·费弗尔(Lucien Febvre)和马克·布洛赫(Marc Bloch)创刊《经济与社会史年鉴》时,欧洲仍然是传统史学居于主导地位的时代。但《年鉴》已经明确提出要进行跨学科的综合研究。在1946年,《年鉴》杂志易名为《经济·社会·文明年鉴》,增加了一个"文明"的复数名词,鲜明表达出《年鉴》同仁的"整体历史"信念和人文主义追求。年鉴派第二代领袖、史学大师费尔南·布罗代尔(Fernand Braudel)的力著《地中海与腓力二世时期的地中海世界》成为总体史研究的经典之作。年鉴派从此建立起史学研究的新范式,并极大地影响了世界史学研究的走向。

新史学的潮流在第二次世界大战后汹涌澎湃,一往无前,在史学研究方法上带来了革命性的变化。它主要有以下一些特点:1. 研究对象从单一转向整体。宏观性和综合性的历史研究使结构史学研究方法、比较史学研究方法等受到重视,成为构建新历史的工具。2. 研究视角从宏观走向微观。微观研究努力克服以往历史研究中的疏空弊病,力图以精微化的研究体现对整体史的见解。3. 多学科研究方法的运用。这实际上也是对历史研究单向化思维的突破。4. 历史叙述语言的魅力增强。这些方法推动了社会史学、政治史学、经济史学的刷新和诸如心理史学、口述史学和影视史学等的兴起。

中国史学在以马克思主义为指导的原则下,积极吸纳世界史学研究的营养。在新时期尤其是20世纪90年代以来涌现了可喜的成果。可以说,蓬勃发展的中国社会史研究就是其中比较优秀的成果。历史本身是纷繁复杂的,传统的政治史、经济史已无法真实、全面地描述历史,中国史研究需要开垦新的处女地。历史研究应该关注什么?正如史学大师巴勒克拉夫所引述的,应当是"最容易影响到家庭生活、物质生活条件以及基本信念这样一些制约人类的因素所发生的物质变化和心理变化"。①
对于全部社会现实的关注必然大大拓宽历史研究的范围。将眼光从上层
精英移到下层民众，从单个的政治事件到中时段、长时段历史的剖析，
这是对传统历史的背离，却是对真实历史的回归。

　　具体到中国近代社会史研究领域，新史学促使我们关注中国社会边
际化过程中更为广阔的下层社会的状况。在这个时期，新旧思想交替，
传统现代变迁，社会结构改组，新事物涌现都会给下层社会民众带来新
奇与激奋，甚或带来对传统的突破与反动，但同时也会使他们产生茫然、
失范和生疏感。② 因此，对于社会转型时期"边际人"乡土意识的研究就
具有了深刻的意义。同时，新史学的新方法漂洋过海，"嫁接"入境，更
需要史学研究人员做"食洋化洋"的工作，尤其在十年来学习运用西方
史学研究范式的过程中，我们不断听到"中国社会史研究需要本土化"
之类的呼吁，这说明我们现在必须进行不仅要"回归历史"，更要"回归
中国历史"的努力。

　　民族文化与文献资料开启了我们的心智。

　　民俗能否算一种文化，钟敬文先生有这样的评述："过去学者们谈
'文化'，很少涉及'民俗'，因为他们所注意的文化对象，一般只限于上
层文化；对中、下层文化是轻视的。而谈民俗的，又很少把它作为一种
文化现象去对待，似乎民俗算不得一种文化。其实，民俗在民族文化中，
不但是名正言顺的一种，而且是占有相当重要的基础地位的一位。"③ 有
的学者更明确地把社会文化分为统治阶级的文化（表层制度化）、精英文
化（以经典为代表）和民间文化（以民俗为突出代表），并且认为前者往
往是一个国家或社会的主导文化，但实际上民俗文化在时空实体上是始
终占据着"主体"地位的。④ 其实，民俗本身体现着民族的性格，它是文
化积淀的产物，并深受其影响："文化积淀……是一种深层力量，人们深

---

　　① ［英］巴勒克拉夫：《当代史学主要趋势》，杨豫译，上海译文出版社 1987 年版，第 87
页。

　　② 周晓虹：《传统与变迁——江浙农民的社会心理及其近代以来的嬗变》，生活·读书·
新知三联书店 1998 年版，第 84 页。

　　③ 钟敬文：《民俗文化学：梗概与兴起》，中华书局 1996 年版，第 7—8 页。

　　④ 王焰安、戴剑平编：《民间文化学新论》，黄山书社 1993 年版，第 8 页。

深地受着文化的约束却又不觉得有什么约束；文化势力是一种巨大的压力，人们却不觉得有什么压力……"①

通过前面的文本分析，我们可以看出乡土意识对伦理的关注。可以说，伦理价值观体现着乡土意识对社会政治的追求。作为"天然去雕饰"的文化形态，民俗基本上是维护传统文化模式，调解、缓冲文化冲突的机制。中国乡土社会的基层结构是费孝通先生所说的"差序格局"，是一种"有机团结"下的"礼俗社会"。②"上德下礼"，"礼"糅合了经典文化和正统意识对乡土社会的导向功能，下层民众又通过特有的方式和渠道进行吸收和表达。引起我们注意的，正是这种方式与渠道。乡村社会所受正统教育的条件有限，与精英文化的主要载体——书面文字所打交道亦有限，但他们生产经验和生活知识的积累与传承创造了中国乡村社会传统文化的特有载体与象征系统，那就是民间文化。从前面对祁太秧歌的介绍与剧本分析中，我们已经领略到作为民间文化内容之一的祁太秧歌所蕴含的民俗内涵乡土意识是极为丰富多彩的。长日的劳作与辛苦，社会地位的低下，使乡民需要精神愉悦与教育。秧歌这种民间文化的形式化因此具有了极强的娱乐宣泄与教化功能，同时乡村社会也通过秧歌这种娱乐活动，巩固着自身特有的乡土意识系统，表达对正统教化的潜意识的背离与颠覆。

晋中地区秧歌演出之盛，使社会科学工作者不能忽视这种乡村社会生活方式。我们曾以一位家住晋祠附近的乡村绅士刘大鹏的日记为依据，对该地区的秧歌表演进行粗略的分类。当地秧歌剧在清代和民国时期可以说是"月月有、村村有"，演出缘由大致有以下四类：1. 酬神。秧歌演出一般为酬谢龙王、水神、圣母、财神、关帝、五道将军、窑神、泰山大帝等神祇，每年的纯阳吕祖圣诞、药王诞期、城隍圣诞和唐叔虞寿辰也要演秧歌祝寿。2. 节日喜庆。一般是乡村传统的元宵节、添仓节、端午节等节日。3. 家国祀典。这位绅士在清代的日记几次记述了皇太后万寿日地方演出的事实。乡村家庭长辈寿诞也多请秧歌班演出。4. 乡村赛会或其他特殊喜庆之事。晋中地方多赛会，赛会是乡里娱乐和经济交流的最佳时机。由于商业的繁盛，当有商家开市也往往请秧歌班娱乐助兴。

---

① 沙莲香：《中国民族性（二）》，中国人民大学出版社1990年版，第12页。

② 费孝通：《乡土中国》，生活·读书·新知三联书店1985年版，第5、21页。

如果某家科举得中，也会演戏酬谢乡里。可见秧歌是与乡村生活融为一体的。秧歌活动不仅具有娱乐和教化功能，请看乡绅刘大鹏民国十二年六月十五日（1923 年 7 月 28 日）的日记：

> 今日，晋祠、赤桥、纸房三村，渠甲等人，演剧酬谢晋源水神。其费按亩起钱，三村渠甲借以渔利，往年定以每亩起钱一百五十文，一至民国，则巧立名目，于一百五十文外，改加钱数十文不等，近年加至百文。今年实加至二百四十文，每亩共钱三百九十文，则渠甲贪欲无厌，而农家之困苦不堪。①

可见秧歌连接了晋中乡村的每根神经，秧歌研究对于区域社会的研究也就有了非同一般的意义。

现代传播学理论告诉我们：口头信息较之于书面信息更容易为人们所接受，大众媒介具有促进社会准则实行的功能。② 对于乡村社会，各种民间文艺形式就成为乡民接受教化、传播知识与思想的最佳途径。这种方式，西方学术界称之为"小传统（little tradition）"教育，中国有些学者称之为"小渠道"教育，③ 可以达成共识的是，这种教育渠道对塑造乡土意识所起的作用是无可比拟的。著名学者杨庆堃（Yang C. K.）曾提出要分辨所谓的"制度化宗教"（institutional religion）和"扩散的宗教"（diffused religion），指出传统中国的宗教应该属于扩散的宗教，即宗教信念与仪式多混合于生活习俗之中。④ 我们倒觉得，对于乡村社会而言，与其说宗教是混合于生活习俗之中，不如说乡民的生活习俗与日常娱乐处处体现着仪式的象征意义与宗教、伦理信念。

由此看来，民俗文献中包含的社会史内容是丰富、有价值的。甚至值得形成一个专门的研究领域，不妨称为"民俗社会史"。通过对历史上

---

① 刘大鹏：《刘大鹏日记》，乔志强点校，山西人民出版社 1990 年版，第 308 页。

② 中国社科院新闻所世界新闻研究室编：《传播学简介》，人民日报出版社 1983 年版，第 165 页。

③ 张鸣：《乡土心路八十年》，上海三联书店 1997 年版，第 16 页。

④ Yang, C. K., *Religion in Chinese Society*, Berkeley：University of California Press 1961, pp. 294 – 340.

民间文化口头或文献资料的搜集、分析,我们一定可以更深刻而全面地把握我们已经走过的那段历史。

本文利用祁太秧歌剧本对清代民间晋中地区乡土意识的剖析,也算是我们对于"思想史"的一种理解。葛兆光先生对于"经典话语系统"中思想史的写法曾经深抱疑问,认为传统思想史的时间顺序并不完全与历法意义上的时间顺序相吻合,而且精英思想未必在生活世界中起着最重要的作用,在当时的影响也未必巨大或深远。① 虽然葛先生特别提出希望读者不要用"大传统"与"小传统"思路划分思想史的叙述对象,也不要将葛先生力图建立的"一般知识、思想与信仰"仅仅理解为"民间思想"或"民众思想",② 但这并不否认,民众思想,尤其对于传统中国而言的"乡土意识",有它独立存在并且值得认真分析的价值。

社会史对于中国传统历史的革命意义或许就体现在这种试图"重写历史"的努力中。而在这场当代"史学革命"的洪流中,我们作为它的参与者与推进者,深深感到这场革命不是一棵无根之树,也不能完全说成所谓"舶来品"。在史学界,梁启超早就喊出了打倒"二十四姓之家谱"的呼声;但真正动摇了传统思维范式,撼动了整个意识领域与人文追求,具有实质性功能的,当然是发生在五四运动前后的新文化运动。

一批新文化的骁将:胡适、陈独秀、鲁迅等,在文学领域内真正开始了"自下而上"的探寻,而且对这种革新赋予了革命的意义。对于中国文学的四个来源——实际需要,民间,国家所规定的考试,外国文学——胡适认为,"最重要还是第二条路的民间文学",而且它是新文学的重要来源之一。③ 他还在著名的《白话文学史》中这样论述:"一切新文学的来源都在民间。民间的小儿女,村夫农妇,痴男怨女,歌童舞伎,弹唱的,说书的,都是文学上的新形式与新风格的创造者,这是文学史的通例,古今中外都逃不出这条通例。"④ 鲁迅先生则具体而形象地说过:"但我们国民的学问,大多数却实在依靠着小说,甚至还靠着从小说中编出

---

① 葛兆光:《中国思想史》(第一卷),复旦大学出版社1998年版,第10—13页。

② 同上书,第14页。

③ 胡适:《中国文学过去与来路》,《胡适作品集》第26集,(台北)远流出版公司1986年版,第35页。

④ 胡适:《白话文学史》(上卷),《胡适作品集》第19集,第31页。

的戏文。虽是崇奉关岳的大人先生们，倘问他心目中的这两位'武圣'的仪表，怕总不免是细着眼睛的红脸大汉和五绺长须的白面书生，或者还穿着绣金的缎甲，脊梁上还插着四张尖角旗。"① 在他们之后，坚持不懈地朝这个方向努力，并做出了实绩的郑振铎这样认识他眼界中的"俗文学"：

> ……但许多俗文学的作品，却总可以给我们些东西。他们产生于大众之中，为大众而写作，表现着中国过去最大多数的人民的痛苦和呼唤，欢愉和烦闷，恋爱的享受和离别的愁叹，生活压迫的反响，以及对于政治黑暗的抗争；他们表现着另一个社会，另一种人生，另一方面的中国，和正统文学、贵族文学，为帝王所养活着的许多文人学士们所写作的东西星所表现的不同。只有在这里，才能看出真正的中国人民的发展、生活和情绪。②

毋庸讳言，在"自下而上"与"本土化"的学科进程中，文学走在了历史前面。相比那场文学革命，我们能够感受到"青史有待垦天荒"的愉悦与重压。充分占有民间社会的基本资料，揭示构成和表现乡土社会的多种参数，对于更加真实与全面地认识历史具有革命性的意义，因为"一个大众社会的出现……不仅迅速改变我们个人生活的环境，而且改变了我们社会得以组织起来的政治体系。……使整个社会体构的性质也由此改变了"③。

新文化运动对于民间文献发掘之开拓功绩确实意义重大。当下史学思潮与多学科研究方法的融会交流更非任何历史时期可比，对于中国史学，恐怕应像当年的文化学者们收集民间文献，研究民间文学一样，在历史学领域再次挖掘与审视民间资源，借鉴国内外新学科的新方法，构建我们自己的"中国社会史"。我们有理由相信，在这个更为广阔的天地，中国历史学家们会为中国历史学的革新与繁荣做出更大的贡献。

---

① 鲁迅：《马上支日记》，《华盖集续编》，人民文学出版社 1973 年版，第 124—125 页。

② 郑振铎：《中国俗文学史》（上册），上海书店 1984 年影印本，第 20—21 页。

③ ［英］巴勒克拉夫：《当代史导论》，张广勇、张宇宏译，上海社会科学院出版社 1996 年版，第 119 页。